U0083398

古代歷史文化研究輯刊

二五編

王 明 蓀 主編

第12冊

宋遼外交研究續論

蔣武雄 著

國家圖書館出版品預行編目資料

宋遼外交研究續論／蔣武雄 著 -- 初版 -- 新北市：花木蘭文化事業有限公司，2021〔民 110〕

序 2+ 目 2+204 面；19×26 公分

（古代歷史文化研究輯刊 二五編；第 12 冊）

ISBN 978-986-518-314-1（精裝）

1. 外交 2. 宋遼金元史

618　　110000153

古代歷史文化研究輯刊

二五編　第十二冊　　ISBN：978-986-518-314-1

宋遼外交研究續論

作　　者　蔣武雄

主　　編　王明蓀

總 編 輯　杜潔祥

副總編輯　楊嘉樂

編　　輯　許郁翎、張雅淋　美術編輯　陳逸婷

出　　版　花木蘭文化事業有限公司

發 行 人　高小娟

聯絡地址　235 新北市中和區中安街七二號十三樓

電話：02-2923-1455 ／傳真：02-2923-1452

網　　址　http://www.huamulan.tw 信箱 service@huamulans.com

印　　刷　普羅文化出版廣告事業

初　　版　2021 年 3 月

全書字數　170871 字

定　　價　二五編 15 冊（精裝）台幣 45,000 元

宋遼外交研究續論

蔣武雄 著

作者簡介

蔣武雄，1952 年生。1974 年畢業於東海大學歷史學系；1978 年畢業於政治大學邊政研究所；1986 年畢業於中國文化大學史學研究所博士班；現為東吳大學歷史學系教授。主要研究領域為宋遼金元史、明史、中國災荒救濟史、中國古人生活史、中國邊疆民族史。先後在《東方雜誌》、《中華文化復興月刊》、《中國邊政》、《中國歷史學會史學集刊》、《空大人文學報》、《中央日報長河版》、《法光學壇》、《國史館館刊》、《東吳歷史學報》、《中國中古史研究》、《中央大學人文學報》、《史學彙刊》、《玄奘佛學研究》、《史匯》、《成大歷史學報》等刊物發表歷史學術論文約一百四十篇。並出版《遼與五代政權轉移關係始末》、《明代災荒與救濟政策之研究》、《遼金夏元史研究》、《遼與五代外交研究》、《宋遼外交研究》、《宋遼人物與兩國外交》、《中國邊疆史事研究》、《中國古人生活淺論》、《宋遼人物與兩國外交續論》等著作。另主編有《楊其銑校長紀念集》和《東吳大學在臺復校的發展》兩書。

提　　要

本書收錄六篇與宋遼外交有關的論文，另有一篇附錄，討論河東與五代政權轉移的歷史關係，茲敘述各篇提要如下：

一、蘇頌與宋遼外交——討論蘇頌除了整編一部宋遼外交檔案資料彙編——《華戎魯衛信錄》之外，也擔任過接伴、送伴、館伴遼使的工作，以及兩次以生辰使身份出使遼國，並曾經撰寫宋對遼的外交文書。

二、宋使節出使遼西京和獨盧金考——宋使節前往遼皇帝冬捺鉢駐帳地西京和獨盧金，目前存留的相關史料較少，並且有模糊不明與矛盾之處，因此本篇進行論述與考証的工作。

三、宋使節在不同時間季節使遼的原因與影響——宋朝正旦使、生辰使的使遼時間和季節，往往是在冬季的月份，但是約有四個原因，例如遼承天太后生辰未改期受賀、遼帝后死亡與新君登位、宋帝死亡與新君登位、宋派遣泛使，即會造成宋使節有可能在春、夏、秋、冬的月份使遼，導致宋使節晉見遼皇帝的地點、往返的行程路線，以及在遼境中的所見、所聞、所感也隨之不相同。

四、遼泛使在宋的言行——本文先整理遼泛使出使宋國的事蹟表，再舉述幾位遼泛使與宋國君臣言行交鋒的情形，以及論述兩位遼泛使嚴重違背逗留宋汴京日數規定的事例。

五、宋遼白溝驛與兩國使節接送——宋遼兩國在白溝河南北岸均設有驛館，是接送對方使節的重要地點，本文先考證宋遼創設白溝驛的時間，再論述兩國在各自白溝驛接送對方使節的情形。

六、宋與遼訂盟初期對北方邊境事宜的調整和改變——宋與遼訂盟初期，對北方邊境的邊防、榷場、邊民入遼界、修葺邊城、邊屯、邊塘、邊林等事宜進行調整和改變，奠定了日後兩國和平關係長期發展的基礎。

附錄：河東與五代政權轉移的歷史關係——本文針對河東地區與五代政權轉移的歷史關係加以論述，闡明當時的歷史人物在據有河東地區之後，如何發展、如何稱帝建國，或如何對抗敵國，維護國家的生存。

自 序

在民國一零三年三月和一零六年九月，花木蘭文化出版事業有限公司先後幫我出版了三本著作——《宋遼外交研究》、《宋遼人物與兩國外交》、《宋遼人物與兩國外交續論》。如今我又收錄近年發表或完成的六篇相關論文和一篇附錄，以《宋遼外交研究續論》為書名出版。

其中首篇是從人物的角度，論述蘇頌與宋遼外交事務接觸相當深入的情形；次篇是從地點的角度，對宋使節使遼至遼西京和獨盧金晉見遼皇帝的情形，進行論述與考證；第三篇是從時間季節的角度，論述宋使節在不同時間季節使遼的原因和影響；第四篇則是從宋遼外交互動的角度，論述遼泛使因為有使命必達的壓力，因此在出使宋國時，常有言行脫序的行為；第五篇也是從地點的角度，論述宋遼在各自白溝驛接送對方使節的情形；第六篇則是從人事的角度，論述宋與遼訂盟後，在北方邊境進行多項邊務事宜調整和改變的情形。至於附錄，是筆者在民國八十九年十一月，發表於由中國文化大學史學研究所主辦的中國史地關係學術研討會，因為大會未印成論文集，筆者也未留稿，直至最近終又尋得，並且將原標題「山西」改為「河東」，重新整理列入出版。

宋遼兩國長達一百多年的和平外交史，不僅是中國民族關係史重要的階段，也是頗值得我們作深廣研究的領域，因此筆者投注了相當多的心力與時間，試圖從諸多的角度進行研究，期盼能對中國歷史研究有綿薄的貢獻。也再一次感謝花木蘭文化出版事業有限公司幫我出版此一專書。

蔣武雄謹識

民國一零九年九月十六日

於東吳大學歷史學系 D0640 研究室

目次

蘇頌與宋遼外交

摘要：

在宋朝大臣中接觸宋遼外交事務者，蘇頌可算是接觸較深的一位。因為他除了整編一部宋遼外交檔案資料彙編——《華戎魯衛信錄》之外，也擔任過接伴、送伴、館伴遼使的工作，以及兩次以生辰使的身份出使遼國，還曾經撰寫過宋對遼的外交文書。因此蘇頌在宋遼外交事務上的表現，值得我們加以探討。

關鍵詞：宋、遼、蘇頌、外交、交聘。

一、前言

在數年前，筆者發表〈蘇頌與《華戎魯衛信錄》—— 一部失傳的宋遼外交檔案資料彙編〉〔註 1〕之後，即一直想要進一步探討蘇頌（1020～1101）在宋遼外交事務上其他方面的事蹟表現。因為蘇頌不僅是宋朝一位有名的政治家、科學家、文學家，也是一位接觸宋遼外交事務很深的名臣，在宋遼外交史上曾經做出很大的貢獻。因此筆者雖然在該文的結論中，有提到蘇頌整編《華戎魯衛信錄》的貢獻，說：「綜合以上的論述可知，蘇頌當時所整編的宋遼外交檔案資料彙編——《華戎魯衛信錄》，確實是一部全面性收錄而又詳細的宋遼外交文獻巨著。尤其是該書內容分為兩大類，一為宋遼外交關係檔案資料彙編；二為遼國國情資料彙編。這些資料不僅提供了宋朝廷處理遼事的

〔註 1〕蔣武雄，〈蘇頌與《華戎魯衛信錄》——一部失傳的宋遼外交檔案資料彙編〉，《東吳歷史學報》21（臺北，2009 年 6 月），頁 145～168。

重要參考，也對後來宋遼和平外交持續發展產生正面的影響。」〔註2〕但是實際上蘇頌在宋遼外交的表現與貢獻尚不止於此，因為他還擔任過接伴、送伴、館伴遼使的工作，而且有兩次以生辰使的身份出使遼國，至其晚年又因擔任翰林學士承旨，撰寫過對遼的外交文書。因此筆者特別以〈蘇頌與宋遼外交〉為題，在本文中探討其參預宋遼外交事務的情形。〔註3〕

二、擔任接伴、送伴遼使的工作

（一）接伴遼使

關於蘇頌曾經擔任接伴遼使的工作，其實在相關的史書當中甚少提及。筆者只查得蘇頌有作詩，題為〈接伴北使至樂壽寄高陽安撫吳仲庶待制〉，〔註4〕以及鄒浩（1060～1111）所撰〈故觀文殿大學士蘇公行狀〉，說：「（蘇頌）為（宋英宗1032～1067）治平四年（遼道宗1032～1101咸雍三年，一○六七年）壽聖節接送伴使。……。」〔註5〕根據這兩項史料，使我們知道蘇頌

〔註2〕蔣武雄，〈蘇頌與《華戎魯衛信錄》——一部失傳的宋遼外交檔案資料彙編〉，頁162。

〔註3〕關於蘇頌在宋遼外交上的表現，有下列各篇文章做過討論：趙永春，〈略論蘇頌使遼〉，《松遼學刊》1991：3（吉林，1991年6月），頁42～48；鄭鐵巨，〈《石林燕語》所記蘇頌事迹輯略〉，《中南民族學院學報》（哲學社會科學版）1992：2（武漢，1992年4月），頁61～63；趙克，〈蘇頌接伴遼使及首次使遼時間考証——《蘇頌年表》正誤一則〉，《北方論叢》1992：4（哈爾濱，1992年8月），頁58～59；陳子彬、齊敬之，〈蘇頌《使遼詩》注釋〉，《承德民族師專學報》1993：2（承德，1993年4月），頁1～19、38；曹樹森，〈蘇頌與宋遼關係〉，《吉林師範學院學報》1995：7（吉林，1995年7月），頁48～49；石硯樞，〈蘇頌使遼沿途文物勝迹考〉，收入杜江主編，《承德歷史考古研究》（瀋陽：遼寧民族出版社，1995年），頁297～305；蘇冬梅，〈略論蘇頌的歷史功績〉，《鷺江職業大學學報》2000：3（廈門，2000年9月），頁34～38；趙永春，〈蘇頌使遼與曆法改革〉，《昭烏達蒙族師專學報》（漢文哲社會科學版）2000：5（廈門，2000年5月），頁43～47；李慧娟，〈蘇頌與北宋的對外關係〉，《長春師範學院學報》2001：1（長春，2001年3月），頁28～30；胡彥，〈試論蘇頌「使遼詩」中的愛國情懷〉，《開封教育學院學報》2014：7（開封，2014年7月），頁256～259；胡彥，〈蘇頌「使遼詩」和「科學詩」探究〉，《萍鄉學院學報》2015：2（萍鄉，2015年6月），頁38～41，另可參閱顏中其、蘇克福，《蘇頌年譜》（長春：北方婦女兒童出版社，1993年）。

〔註4〕〔宋〕蘇頌，《蘇魏公文集（上）》（北京：中華書局，2004年），卷8，〈接伴北使至樂壽寄高陽安撫吳仲庶待制〉，頁92。

〔註5〕〔宋〕鄒浩，《道鄉集》（臺北：漢華文化事業公司，1970年），卷39，〈故觀文殿大學士蘇公（蘇頌）行狀〉，頁5。

當時確實曾經擔任過接伴遼使的工作，而且所接伴的遼使就是前來祝賀宋英宗生日壽聖節的遼國生辰使。但是蘇頌所接伴的是哪一位遼使呢？由於《遼史》中沒有關於此年遼朝廷派任使節使宋的記載，而宋人史書《續資治通鑑長編》和《宋會要輯稿》也均未有提及此年遼使來聘的記事。因此我們只能依據《宋史》〈英宗本紀〉，說：「（宋英宗）治平三年（遼道宗咸雍二年，一〇六六年）十二月……癸卯（二十四日），……遼遣蕭靖等來賀正旦、壽聖節。」〔註 6〕知道在此年有遼使蕭靖等人前來祝賀宋正旦和宋英宗生日。但是此項記載過於簡略，只提到蕭靖是遼所派的正旦使，至於是由哪一位遼臣擔任祝賀宋英宗壽聖節的生辰使，卻未見提及，以致於使我們仍然未能得知蘇頌所接伴的遼使到底是哪一位？

另外，筆者查閱《宋史》〈英宗本紀〉，說：「（宋仁宗 1010～1063）明道元年（遼興宗 1016～1055 景福二年，一〇三二年）正月三日，（宋英宗）生於宣平坊第。」〔註 7〕知道宋英宗的生日是在一月三日，與元旦日相近，因此推知蘇頌當時應是與另一位接伴使一起到宋遼邊境，迎接遼所派的生辰使、正旦使，並且在宋英宗治平三年十二月二十四日返抵汴京，以便讓兩位遼使能在治平四年的正月一日、三日，進行祝賀宋元旦和宋英宗生日的交聘活動。

蘇頌在北上接伴遼使的途中，曾經撰寫了十三首使北詩，提到他此次北行所經過的城市、對宋國北方邊地的觀察，以及與舊識相逢的情形。例如他從宋汴京啟程北上後，經過樂壽作〈接伴北使至樂壽寄高陽安撫吳仲庶待制〉詩，說：

> 道路傳聞北守賢，就中清尚是河間。轅門臥鼓軍無警，幕府賡歌筆不閒。
> 只合論思居禁闥，豈宜留滯在邊關。寧容舊客升堂室，擬請新篇滿篋還。
> 〔註 8〕

按，吳中復（1011～1079）字仲庶，在宋英宗時，為天章閣待制，並且出知瀛州，兼高陽關路安撫使。與蘇頌為舊識，因此蘇頌行經樂壽時，寄此首詩予吳中復，表達希望吳中復能早日改遷回朝的期待。

〔註 6〕〔元〕脫脫，《宋史》（北京：中華書局，2003 年），卷 13，本紀第 13，英宗，頁 260。

〔註 7〕〔元〕脫脫，《宋史》，卷 13，本紀第 13，英宗，頁 253。

〔註 8〕〔宋〕蘇頌，《蘇魏公文集（上）》，卷 8，〈接伴北使至樂壽寄高陽安撫吳仲庶待制〉，頁 92。

接著蘇頌行至瀛州時，作〈和李子儀瀛洲（州）借馬寄安撫待制〉詩，說：

塞草黃明畜牧肥，外閑千駟氣增威。權奇毛骨森相映，騄裹精神動若飛。
暫借行人持玉節，屢陪方伯展朱旂。料君早晚趨嚴召，安穩乘歸從六騑。
〔註 9〕

按，李綎字子儀，當時負責接伴遼正旦使蕭靖，因此與蘇頌同行前往宋遼邊境。而根據此首詩可知蘇頌行至瀛州時，曾向吳中復借用馬匹。

數日之後，蘇頌在此年冬至日行至瓦橋關，作詩〈冬至日瓦橋與李綎少卿會飲〉，說：

使傳驅馳同被命，邊城迢遞偶相從。風霜正急偏催老，歲月如流又過冬。
方念去家千里遠，無辭沈醉十分濃。須知此會又堪喜，北上河橋便寡悰。
〔註 10〕

按，此年冬至日為十一月二十七日，是中國重要的傳統節日，因此蘇頌與李綎特別宴飲祝賀，但是也難免因為離家千里遠而有許多感觸。

蘇頌到達宋國北方邊鎮雄州時，曾經登上雄州城樓，瞭望宋遼邊地的形勢，因此作〈登雄州城樓〉詩，說：

三關相直斷華戎，燕薊山川一望中。斥堠人閒風馬逸，朝廷恩廣使軺通。
歲頒金絮非無策，利盡耕桑豈有窮。自古和親誚儒者，可憐漢將亦何功。
〔註 11〕

從這一首詩，可知蘇頌具有弭兵息民的主張，因此頗為肯定宋遼訂立澶淵盟約，由宋國予遼歲幣，而換得雙方的和平。

另外，蘇頌也觀察了宋國邊地具有國防用途的塘堤，作〈行次塘堤〉詩，說：

淼淼寒流千里餘，帶城襟壘似江湖。侯王設險古未有，敵騎窺邊今遂無。
數郡營屯歸耒耨，萬家生聚利菰蒲。長堤不絕才如綫，南北衡衝是坦途。
〔註 12〕

蘇頌在這首詩中，提到塘堤範圍廣闊，不僅有阻礙敵騎入侵的作用，也兼具農業經濟價值。

〔註 9〕〔宋〕蘇頌，《蘇魏公文集（上）》，卷 8，〈和李子儀瀛洲（州）借馬寄安撫待制〉，頁 94。

〔註 10〕〔宋〕蘇頌，《蘇魏公文集（上）》，卷 8，〈冬至日瓦橋與李綎少卿會飲〉，頁 93。

〔註 11〕〔宋〕蘇頌，《蘇魏公文集（上）》，卷 8，〈登雄州城樓〉，頁 92。

〔註 12〕〔宋〕蘇頌，《蘇魏公文集（上）》，卷 8，〈行次塘堤〉，頁 91～92。

筆者仔細閱讀蘇頌此次北行所作的使北詩，發現除了以上有提到地名的幾首詩之外，其他則均為蘇頌賦和李綖、吳中復的詩作，描述他們彼此舊識的情誼和相逢時的感觸，例如作〈和吳仲庶待制見寄〉詩，說：

幾日風沙結契懷，忽傳嘉惠眼重開。交情不改乘車約，和氣先隨掞藻來。元帥本由詩禮選，行人愧匪語言才。相逢且喜論平素，若校文章未易陪。〔註 13〕

〈和李少卿寄吳仲庶〉詩，說：

延閣儒臣出撫邊，指縱強敵坐揮鞭。歌謠早已流南楚，唱和今還到北燕皇華詩皆是與使遼諸君賡唱。使客過從車結轍，耕夫安佚土開阡。更將佳句刊齋壁，留作河間故事傳。〔註 14〕

〈和吳仲庶寄李子儀〉詩，說：

五紀修邊好，重關四向開。村郊縱牛馬，戰地長蒿萊。過客朝連暮，征軺去復回。元侯勤主禮，一一倒瓶罍。〔註 15〕

〈和李子儀寄吳仲庶〉詩，說：

並馳絕塞待燕隣，喜過重關值故人。闊別經年勞遠夢，留連此日奉清塵。威行列郡連營肅，恩浹諸戎異域春。願學子雲承漢詔，未央宮壁頌功臣。〔註 16〕

〈和北遊〉詩，說：

銜命初開朔土遊，故人威重肯回眸。旌旗在列千餘騎，棨戟遙臨十一州。令尹投兵方秉羽，羊公臨塞但輕裘。諸賢酬唱無閑日，卷軸今應束兩牛李白詩云「詩裁兩牛腰」，言其卷大如牛腰耳。〔註 17〕

〈和吳仲庶龍圖寄德仁致政比部〉詩二首，說：

道骨仙風擅世華，肯將璠玉混泥沙。潛郎未老辭朝路，傲吏歸來學道家。逸似子荊將漱石，清如中散本餐霞。應思平日市朝客，韁鏁拘攣正可嗟。〔註 18〕

〔註 13〕〔宋〕蘇頌，《蘇魏公文集（上）》，卷 8，〈和吳仲庶待制見寄〉，頁 92。
〔註 14〕〔宋〕蘇頌，《蘇魏公文集（上）》，卷 8，〈和李少卿寄吳仲庶〉，頁 93。
〔註 15〕〔宋〕蘇頌，《蘇魏公文集（上）》，卷 8，〈和吳仲庶寄李子儀〉，頁 94。
〔註 16〕〔宋〕蘇頌，《蘇魏公文集（上）》，卷 8，〈和李子儀寄吳仲庶〉，頁 94。
〔註 17〕〔宋〕蘇頌，《蘇魏公文集（上）》，卷 8，〈和北遊〉，頁 94～95。
〔註 18〕〔宋〕蘇頌，《蘇魏公文集（上）》，卷 8，〈和吳仲庶龍圖寄德仁致政比部〉二首，頁 95。

〈再和〉詩，說：

> 勸遊城闕厭紛華，一棹南歸出白沙。簪紱棄來如釋負，山林到處便為家。流泉繞舍鏘金玉，仙餌盈槃泛露霞。珍重宗英嘉穩操，遠栽清句重咨嗟。〔註 19〕

蘇頌在這七首詩中，提到其與舊識吳中復相逢的喜悅、稱讚吳中復在地方上的表現，以及吳中復學道的情形。另外，也強調了宋遼雙方和平交往所帶來的好處。

蘇頌此次北行，尚有一首詩〈和王臨謝寄蜀箋雙井茶〉，說：

> 鈴閣優閑斲句新，客停傳誦慰馳神。誠知擷露敲冰陋，豈敢揮毫掞藻春。固乏瓊瑤酬錯寶，多慚魚目換驪珍。近來聞道談機迅，更恐難當彼上人。來書云近于真如妙用，不敢多謝，故以此答。〔註 20〕

按，王臨（？～1087）當時知順安軍，蘇頌北行經此地，得知王臨學道近況，並且獲贈蜀箋和雙井茶，因此特別作詩表達謝意。

綜觀蘇頌這十三首使北詩，可知其因為受命北行至宋遼邊境接伴遼使，因此得以有機會和舊識重逢，並且也觀察了邊地的情形，使其更加堅定在宋遼事務上有關弭兵息民的主張。

（二）送伴遼使

根據當時宋朝廷處理宋遼外交事務的慣例，當遼國使節往返進出宋國境內時，宋朝廷所派任接伴使和送伴使的人選，往往都是由同一位大臣擔任。關於此種情形，聶崇岐（1903～1962）在〈宋遼交聘考〉中，說：「鄰使及境，例遣人相接，是為接伴使；至都，另易人相伴，是為館伴使；回程，復派人相送，是為送伴使。使皆有副，而接伴往往即充送伴。此則兩朝皆無差異。」〔註 21〕因此蘇頌在接伴遼使至宋汴京，完成祝賀宋英宗生日的交聘活動之後，接著又擔任送伴遼使的工作。根據鄒浩〈故觀文殿大學士蘇公行狀〉，說：「（蘇頌）為（宋英宗）治平四年壽聖節接送伴使。虜使還，至恩州，……。」〔註 22〕曾肇（1047～1107）〈贈司空蘇公墓誌銘〉，說：「公適送伴契丹使，次

〔註 19〕〔宋〕蘇頌，《蘇魏公文集（上）》，卷 8，〈再和〉，頁 95。

〔註 20〕〔宋〕蘇頌，《蘇魏公文集（上）》，卷 8，〈和王臨謝寄蜀箋雙井茶〉，頁 93。

〔註 21〕聶崇岐，〈宋遼交聘考〉，收入《宋史叢考（下）》，（臺北：華世出版社，1986 年），頁 204。

〔註 22〕〔宋〕鄒浩，《道鄉集》，卷 39，〈故觀文殿大學士蘇公行狀〉，頁 5。

恩州驛，……。」〔註 23〕以及《宋史》〈蘇頌傳〉，說：「送契丹使，宿恩州，……。」〔註 24〕可以確定蘇頌不僅在宋英宗治平三年年底擔任接伴遼使的工作，並且在治平四年（遼道宗咸雍三年，一〇六七年）正月送伴遼使返遼，至宋遼邊境。

關於蘇頌送伴遼使北返的情形，因為蘇頌本人並未留下相關的使北詩，因此無法如前文一樣，討論其北行的情形。但是筆者仍擬提出兩件事加以討論，一是根據《續資治通鑑長編》卷二〇九，說：「治平四年正月……丁巳（八日），帝（宋英宗）崩於福寧殿。（宋）神宗（1048～1085）即位，……。」〔註 25〕以及《宋史》〈英宗本紀〉、〈神宗本紀〉，說：「（治平四年）正月……丁巳（八日），帝（宋英宗）崩于福寧殿，……。」、〔註 26〕「（治平）四年正月丁巳（八日），英廟崩，帝（宋神宗）即皇帝位，……。」〔註 27〕使我們進一步知道遼使在完成祝賀宋英宗正月三日生日的交聘活動之後，接著由蘇頌負責送伴遼使至宋遼邊境返國，但是在他們從宋汴京啟程後數日，即正月八日宋英宗卻因病死亡，而由宋神宗繼位。發生這樣的情況，不禁使我們想到當時遼正旦使與生辰使在祝賀宋元旦與宋英宗的生日時，宋英宗可能即因病而未能召見遼使，並且在賜宴中也有可能是缺席的，據《續資治通鑑長編》卷二〇八、二〇九，說：「治平三年十一月……戊午（九日），帝（宋英宗）不豫。……十二月，先是，帝久服藥，……。帝自得疾不能語，凡處分事皆筆於紙。辛丑（二十二日），帝疾增劇，……。」、〔註 28〕「治平四年正月庚戌（一日）朔，……契丹賀正使在館，故事，賜宴紫宸殿，時上（宋英宗）不豫，命宰臣就館宴之，使者以非故事，不即席。曾公亮（999～1078）責以：『賜宴不赴，是不虔君命也。人之不便，必待親臨，非體國也。』使者乃即席。」〔註 29〕可知初在治平三年十一月、十二月，宋英宗的病況即逐

〔註 23〕〔宋〕曾肇，《曲阜集》，收入《叢書集成續編（八）》（臺北：新文豐出版公司，1989 年），卷 4，頁 22。

〔註 24〕〔元〕脫脫，《宋史》，卷 340，列傳第 99，蘇頌，頁 10861。

〔註 25〕〔宋〕李燾，《續資治通鑑長編》（北京：中華書局，2008 年），卷 209，宋英宗治平四年正月丁巳條，頁 5073。

〔註 26〕〔元〕脫脫，《宋史》，卷 13，本紀第 13，英宗，頁 260。

〔註 27〕〔元〕脫脫，《宋史》，卷 14，本紀第 14，神宗一，頁 264。

〔註 28〕〔宋〕李燾，《續資治通鑑長編》，卷 208，宋英宗治平三年十一月戊午條，頁 5066、十二月辛丑條，頁 5068。

〔註 29〕〔宋〕李燾，《續資治通鑑長編》，卷 209，宋英宗治平四年正月庚戌條，頁 5073。

漸加重，以致於在治平四年元旦日的賜宴中，宋英宗已因病重未能參與宴會，因此至宋英宗生日正月三日當天，遼生辰使祝賀的交聘活動，應也是受到影響。

二是蘇頌在此次送伴遼使北返途中，曾有一件頗受肯定的事蹟表現。據鄒浩〈故觀文殿大學士蘇公行狀〉，說：「（蘇頌）遷三司度支判官，為治平四年壽聖節接送伴使。虜使還，至恩州。驛舍夜火，左右白請與虜使出避，州兵叩門欲入救。公閉門不納，令曰：『妄動者寘之法。』徐使防卒撲滅之。郡人恟恟以為虜反，州兵亦欲因緣生事，飛語至京師。公還入對，神宗首以問公，聞奏本末，喜曰：『朕始亦疑之，使人密詗，皆如卿言。聞卿措置甚得宜，其所鎮遏多矣。』」〔註 30〕另外，曾肇〈贈司空蘇公墓誌銘〉，也說：「（宋）神宗自在藩邸聞公（蘇頌）名，及即位，公適送伴契丹使，次恩州驛，夜火，左右請與虜使出避，兵叩門欲入捄，公不為動。閉門堅卧如常，徐使守衛卒撲滅之。是夕，州人譁言虜有變，捄兵亦欲乘間生事。至聞京師，使還，上（宋神宗）問公所以處之者，稱善久之，益知公為可用」。〔註 31〕根據這兩項史料的記載，可知當時蘇頌在送伴遼使返遼途中，曾經鎮定果斷地對突發狀況做出恰當的處理，因此避免了一次無謂的紛爭與困擾，並且也獲得宋神宗的讚賞。

三、第一次以生辰使出使遼國

蘇頌曾有兩次以生辰使的身份出使遼國，第一次是在宋神宗熙寧元年（遼道宗咸雍四年，一〇六八年）十月，前往遼國祝賀遼宗天太后的生日。但是關於蘇頌此次被派任為生辰使一事，卻因為其使遼返國所撰的《使遼語錄》已經失傳，其他史書也多未記載，尤其是《續資治通鑑長編》剛好缺失從宋英宗治平四年（遼道宗咸雍三年，一〇六七年）四月至宋神宗熙寧三年（遼道宗咸雍六年，一〇七〇年）三月，與宋哲宗元祐八年（遼道宗大安九年，一〇九三年）七月至紹聖四年（遼道宗壽昌三年，一〇九七年）三月，以及元符三年（遼道宗壽昌六年，一一〇〇年），二月盡徽、欽二朝的記事。因此使我

〔註 30〕〔宋〕鄒浩，《道鄉集》，卷 39，〈故觀文殿大學士蘇公行狀〉，頁 5。

〔註 31〕〔宋〕曾肇，《曲阜集》，卷 4，〈贈司空蘇公墓誌銘〉，頁 23～24。另外〔元〕脫脫，《宋史》，卷 340，列傳第 99，〈蘇頌傳〉，頁 10861；〔清〕王捷南，《福建通志稿》，〈蘇頌傳〉，收入《蘇魏公文集（下）》，附錄二，頁 1234，也都有類似的記載。

們也無法從《續資治通鑑長編》中得知蘇頌當時被宋朝廷派任為生辰使的情形。〔註32〕

基於以上的情況，筆者只好根據蘇頌在熙寧十年（遼道宗大康三年，一〇七七年）第二次使遼時，所作的使遼詩〈向忝使遼於今十稔再過古北感事言懷奉呈同事閤使西上閤門使英州刺史姚麟〉，說：「曾到臨潢已十齡，今朝復忝建旟行。……。」〔註33〕以及鄒浩〈故觀文殿大學士蘇公行狀〉，說：「（宋神宗）熙寧元年（遼道宗咸雍四年，一〇六八年），……（蘇頌）俄充北朝皇太后生辰國信使。」〔註34〕來確定蘇頌確實曾在宋神宗熙寧元年以生辰使身份出使遼國。另外，據《宋史》〈神宗本紀〉，說：「熙寧元年八月……丁卯（二十七日），遣張宗益等賀遼主生辰、正旦。」〔註35〕使我們進一步知道蘇頌與張宗益均是在八月二十七日，被派任為生辰使，兩人同行一起至遼國祝賀遼皇太后和遼道宗的生日。

筆者認為要討論蘇頌此次使遼的過程，有必要先討論遼道宗和遼皇太后生日的日期。據《遼史》〈興宗本紀〉，說：「重熙元年（宋仁宗明道元年，一〇二二年）……八月丙午（七日），……皇子（耶律）洪基（遼道宗）生。」〔註36〕同書〈道宗本紀〉，說：「清寧元年（宋仁宗至和二年，一〇五五年）冬十月丁亥（三日），有司請以帝（遼道宗）生日為天安節，從之。」〔註37〕可知遼道宗的生日為八月七日，節名是天安節。但是根據傅樂煥（1913～1966）〈宋遼聘使表稿〉「丙、遼帝后生辰改期受賀考」，說：「……使臣供應之煩擾，（宋遼）兩國均視以為畏途。在中國重禮儀尚虛文，對此尚可安之，生活質樸簡單之塞外民族，自感不耐。而『國主自遠而至，躬親延接』一點，當亦為改期一大原因。蓋遼帝等終年遊獵，居處無定所。今為接待異國使人，須趕往三數地點，坐待無謂禮儀之舉行，其為苦事，可想像而知也。……是使臣之蒞臨，打斷其『鈎魚射鵝』之樂，加之以『拱手朝會』之苦，改賀之

〔註32〕清人黃以周雖然編有《續資治通鑑長編拾補》（北京：中華書局，2004年），但是有關宋遼交聘活動的史事其實均未見補上。

〔註33〕〔宋〕蘇頌，《蘇魏公文集（上）》，卷13，《後使遼詩》，〈向忝使遼於今十稔再過古北感事言懷奉呈同事閤使西上閤門使英州刺史姚麟〉，頁169。

〔註34〕〔宋〕鄒浩，《道鄉集》，卷39，〈故觀文殿大學士蘇公行狀〉，頁6。

〔註35〕〔元〕脫脫，《宋史》，卷14，本紀第14，神宗一，頁269。

〔註36〕〔元〕脫脫，《遼史》（北京：中華書局，2003年），卷18，本紀第18，興宗一，頁214。

〔註37〕〔元〕脫脫，《遼史》，卷21，本紀第21，道宗一，頁252。

制在以上種種局勢下產生，事甚自然也。」、〔註 38〕「……依前考知其（指遼道宗）誕日為八月初七日。……然則道宗生辰受賀之期為十二月初七日。」〔註 39〕因此可知遼道宗的生日本為八月七日，但是為了方便遼宋兩國進行祝賀的交聘活動，遂改期為十二月七日。

至於遼道宗時期的皇太后是何人？據《遼史》〈道宗本紀〉，說：「清寧二年（宋仁宗至和三年，一〇五六年）……十二月……甲寅（七日），上皇太后尊號曰慈懿仁和文惠孝敬廣愛宗天皇太后。」〔註 40〕以及同書〈后妃傳〉，說：「（遼）興宗仁懿皇后蕭氏，……生道宗。重熙四年，立為皇后。……道宗即位，尊為皇太后。清寧二年，尊號曰慈懿仁和文惠孝敬廣愛宗天皇太后。」〔註 41〕因此知道遼道宗時期的皇太后為「宗天太后」。其生日的日期在《遼史》中雖未明確提及，但是在《遼史》〈道宗本紀〉，有言：「咸雍六年十二月……己未（三日），以坤寧節，赦死罪以下」、〔註 42〕「咸雍八年十二月……丁丑（三日），以坤寧節，大赦。」〔註 43〕按，坤寧節是宗天太后生日的節名，因此可知其生日本為年底的十二月三日，沒有必要改期受賀。傅樂煥〈宋遼聘使表稿〉「丙、遼帝后生辰改期受賀考」，也說：「宗天生辰據前考知為十二月三日，無改期必要。王安石（1021～1086）《臨川集》（四八）有所草神宗於宗天生辰時問候道宗之書，中有語云『華歲幾終』可為宗天受賀在歲末之一證。」〔註 44〕

從以上的討論，可知遼道宗生日的受賀日期，是改期之後的十二月七日，而宗天太后生日的受賀日期，則是未改期的十二月三日，兩者只相差幾天。因此我們可以了解當時張宗益是被派任為「北朝皇帝生辰國信使」，而蘇頌則是被派任為「北朝皇太后生辰國信使」，兩人均為正使，一起同時、同行前往遼國。〔註 45〕

〔註 38〕傅樂煥，〈宋遼聘使表稿〉，收入《遼史叢考》（北京：中華書局，1984 年），頁 244。

〔註 39〕傅樂煥，〈宋遼聘使表稿〉，頁 246～247。

〔註 40〕〔元〕脫脫，《遼史》，卷 21，本紀第 21，道宗一，頁 255。

〔註 41〕〔元〕脫脫，《遼史》，卷 71，列傳第 1，后妃，頁 1204。

〔註 42〕〔元〕脫脫，《遼史》，卷 22，本紀第 22，道宗二，頁 270。

〔註 43〕〔元〕脫脫，《遼史》，卷 23，本紀第 23，道宗三，頁 274。

〔註 44〕傅樂煥，〈宋遼聘使表稿〉「丙、遼帝后生辰改期受賀考」，頁 249。

〔註 45〕數年前，筆者發表〈蘇頌與《華戎魯衛信錄》——一部失傳的宋遼外交檔案資料彙編〉，(《東吳歷史學報史》21，2009 年 6 月，頁 145～168），該文也發

（一）赴遼時在國內的行程

由於蘇頌《使遼語錄》至今已經失傳，因此我們無法清楚知道其此次使遼的經過情形。但是幸好蘇頌撰有《前使遼詩》三十首，讓我們知道其使遼的行程，以及所見、所聞、所感的大概情形。首先根據蘇頌《前使遼詩》〈和就日館〉詩中註文提到「十月五日出都」，〔註 46〕可知蘇頌在八月二十七日被任命為生辰使之後，又經過各方面事宜的準備，包括國書的擬定、要贈予遼國的禮物，以及使節團人事的安排等，因此至此年十月五日，才從宋汴京啟程使遼。關於這種情形，傅樂煥在〈宋遼聘使表稿〉「丙、遼帝后生辰改期受賀考」，有分析說：「宋遼互賀，雙方遣使，例在賀期前三、二月。如賀正旦使，例遣於九月左右。大體命既下後，受命者尚準備一、二月，期前一月許始啟行。其時使臣逗留敵國都城例在十日左右，而沿途行程預有規定，無遲滯之虞，故無需早行也。考《長編》所記賀遼生辰聘使，自興宗之後，統命遣於八、九月間，與賀正旦使同時。則到遼亦應在十二月、一月之間。」〔註 47〕根據此一分析，使我們對於當時蘇頌使遼的派任、啟程，以及到達遼皇帝駐帳地的時間，有一大概的了解。

至於蘇頌北上在國內所行的路線，根據王文楚〈宋遼驛路及其改遷〉〔註 48〕一文指出，宋遼驛路在宋國境內的路線，至宋神宗元豐五年（遼道宗大康八年，一〇八二年）之後，為了避開黃河北流的影響，而改遷西移。因此蘇頌在此年（一〇六八年）使遼時，所行仍是尚未改遷西移的舊驛路——從汴京出發，經過長垣縣、書城縣、衛南縣、澶州、德清軍、大名府、永濟縣、臨清縣、恩州（原名貝州）、冀州、深州、武強縣、樂壽縣、瀛州、莫州（東路）、高陽縣（西路）、易水上瓦橋、雄州，最後到達邊驛白溝驛，然後再進入遼境。

表於東吳大學歷史學系舉辦第四屆史學與文獻學學術研討會，並收錄於蔣武雄，《宋遼人物與兩國外交》（臺北：花木蘭文化出版社，2014 年），頁 133～144。其中有一段，說：「宋神宗熙寧元年（遼道宗咸雍四年，一〇六八年）十月，蘇頌以副使身份隨同正使張宗益至遼國，祝賀遼道宗的生日。」當時筆者未能查明，造成此段有兩點錯誤，甚覺慚愧，其實蘇頌是「北朝皇太后生辰國信使」，張宗益是「北朝皇帝生辰國信使」，兩人均為正使，而且蘇頌是要祝賀遼宗天太后的生日，並不是要祝賀遼道宗的生日。

〔註 46〕〔宋〕蘇頌，《蘇魏公文集（上）》，卷 13，《前使遼詩》，〈和就日館〉，頁 169。

〔註 47〕傅樂煥，〈宋遼聘使表稿〉「丙、遼帝后生辰改期受賀考」，頁 241。

〔註 48〕王文楚，〈宋遼驛路及其改遷〉，《歷史地理》11（上海：1993 年 6 月），頁 64～74。

蘇頌使遼在國內的這段行程上，作有五首使遼詩，例如〈和國信張宗益少卿過潭（有誤，應為澶）州朝拜信武殿〉詩，說：

夷裔陵邊久，文明運算高。三冬馳日御，一夜殞星旄。從此通戎賂，於今櫜戰袍。威靈瞻廟像，列侍寫賢豪。民獲耕桑利，時無斥堠勞。金繒比千櫓，未損一牛毛。〔註 49〕

從這一首詩的內容來看，我們可以再度了解蘇頌對於宋遼澶淵盟約的肯定，也就是宋雖然給予遼歲幣，但是卻能讓宋朝百姓在和平當中過著安居樂業的生活。

蘇頌經過澶州後，至德清軍，曾作詩〈和張少卿過德清憶郎中五弟〉，說：

平昔知君兄弟名，籍隨廉茂策通經。昆仲同舉進士，至南宮請試明經。已傷荊木一枝折，重過桐鄉雙淚零。朝見鶺鴒詩思苦，夜聽鴻雁睡魂醒。近聞阮巷有才子，異日軒昂看拾青。〔註 50〕

按，「少卿」為張宗益官銜。因為張宗益五弟死後葬於德清，蘇頌與張宗益此次北行經過該地時頗有感觸，尤其嘆惜張宗益五弟的英年早逝。

數日後，蘇頌行至瀛州時，作〈和張仲巽過瀛州感舊〉詩，說：

覽君關外感懷篇，重到藩城倍愴然。豈為宦遊無定止，却思世故易推遷。流年忽復龍周紀，仲巽去高陽今十二年矣。急景仍逢雁去燕。物是人非重惆悵，空餘陳迹吏民傳。仲巽近悼亡過此，故吏迎候，因語舊，愴然懷念。〔註 51〕

按，張宗益字仲巽。蘇頌之前接送遼使，曾行經瀛州，而張宗益曾在瀛州高陽任官，因此兩人睹物思情，頗有人事皆非之嘆。尤其是張宗益最近曾悼其亡弟經過此地，與地方官談起此事，更覺愴然。

另外，蘇頌此次北行，繼上次接送遼使的機會，又與舊識王臨重逢，因此作有〈和安撫王臨騏驥見寄〉詩，說：

十月河濱土未乾，行人裘褐苦沾汗。邊候顧遇勞紆軫，驛舍留連暫

〔註 49〕〔宋〕蘇頌，《蘇魏公文集（上）》，卷 1，《前使遼詩》，〈和國信張宗益少卿過潭（有誤，應為澶）州朝拜信武殿〉，頁 160。

〔註 50〕〔宋〕蘇頌，《蘇魏公文集（上）》，卷 13，《前使遼詩》，〈和張少卿過德清憶郎中五弟〉，頁 160。

〔註 51〕〔宋〕蘇頌，《蘇魏公文集（上）》，卷 13，《前使遼詩》，〈和張仲巽過瀛州感舊〉，頁 160～161。

> 騘鞍。義貫雪霜松操古，氣淩星斗劍光寒。待君早晚功名就，重約虛齋論隱桓。大觀舊學春秋。〔註 52〕

以及〈和王大觀寄張仲巽〉，說：

> 內使名卿話昔遊，高談術略氣橫秋。邊亭一別嗟淹久，故眼相看重唱酬。舊德朝端方見用，仲巽清才關外苦難留。大觀腰間鞶綬頻加寵，幾見新頭代故頭。大觀自順安守，歲中移邊撫，再還騏驥。〔註 53〕

按，王臨字大觀，此時已改遷河北沿邊安撫都監安撫副使，蘇頌此次再度北行，與其有所互動，尤其盼望王臨能早日功成名就。

（二）在遼境內往返的行程

1、進入遼境與前往廣平淀的路線

蘇頌與張宗益在熙寧元年十月五日從宋汴京啟程北行，至十月下旬到達宋邊鎮雄州之後，根據兩國外交的慣例，必須等到遼國的接伴使副前來迎接，才能一起進入遼境，前往遼道宗此年冬捺鉢的駐帳地。

至於遼國接伴使副迎接蘇頌進入遼境的情形，因為蘇頌與張宗益所撰的《使遼語錄》目前都已經失傳，因此筆者據包拯（999～1062）《包孝肅公奏議》〈請絕三番取索〉，說：「常年兩次國信使，自有久來體制，過界月日，亦須候接伴使副到雄州，方有過界之期。」〔註 54〕推知當時蘇頌與張宗益行至雄州白溝驛之後，應該也是依照慣例在此地等待遼國接伴使副前來迎接，然後再一起進入遼境。而有關迎接的程序，據陳襄（1017～1080）《神宗皇帝即位使遼語錄》，說：

> 臣襄等昨奉敕，差充皇帝登寶位北朝皇太后、皇帝國信使副，于五月十日（宋神宗）治平四年（一〇六七年）到雄州白溝驛。十一日，接伴使副泰州觀察使蕭好古、太常少卿楊規中差人傳語，送到主名、國諱、官位，及請相見。臣等即時過白溝橋北，與接伴使副立馬相

〔註 52〕〔宋〕蘇頌，《蘇魏公文集（上）》，卷 13，《前使遼詩》，〈和安撫王臨騏驥見寄〉，頁 161。

〔註 53〕〔宋〕蘇頌，《蘇魏公文集（上）》，卷 13，《前使遼詩》，〈和王大觀寄張仲巽〉，頁 161。

〔註 54〕〔宋〕包拯，《包孝肅公奏議》（臺北：新興書局，1960 年），卷 5，〈請絕三番取索〉，頁 87。

> 對。接伴使副問：南朝皇帝聖體萬福？臣等亦依例，問其君及其母安否？相揖。至于北亭，……。〔註55〕

陳襄使遼的時間只比蘇頌早一年半，因此陳襄此段記載，可讓我們知道當時遼接伴使副前來迎接蘇頌與張宗益時，應該也是彼此有初步的寒暄與問候，然後再一起進入遼境。

但是陳襄所述似乎有些簡化，因為筆者另外根據許亢宗《宣和乙巳奉使金國行程錄》的記載，知道宋遼兩國接伴使副在邊境迎接對方使節入境時，其實是有比較嚴謹的程序，其說：

> 行人并依《奉使契丹條例》，所至州，備車馬，護送至界首。前期具國信使副職位、姓名，關牒虜界，備車馬人夫以待。虜中亦如期差接伴使副于界首伺候。兩界各有幕次，行人先令引接賚國信使副門狀過彼，彼亦令引接以接伴使副門狀回示，仍請過界。于例，三請方上馬，各于兩界心對立馬，引接互呈門狀，各舉鞭虛揖如儀，以次行焉。〔註56〕

此段記載雖然是在敘述北宋末年，宋使節初次與剛興起的金國進行交聘活動的情形，但是其迎接使節的禮儀仍然採行《奉使契丹條例》，因此可做為我們了解遼接伴使副前來迎接蘇頌與張宗益的參考。至於當時迎接蘇頌與張宗益的遼接伴使副是何人呢？因為蘇頌與張宗益所撰的《使遼語錄》均已經失傳，以及筆者查閱相關史書也都未見有記載，因此暫時未能加以查考。

有關蘇頌與張宗益進入遼境之後，前往遼道宗此年冬捺鉢駐帳地和路線為何呢？筆者先據《遼史》〈道宗本紀〉，說：「咸雍四年（宋神宗熙寧元年，一〇六八年）……九月己亥（二十八日），駐蹕藕絲淀。」〔註57〕再據傅樂煥〈廣平淀考〉的考証，說：「……此三處宋人記廣平淀者，《遼史》悉作藕絲淀，則廣平淀應即藕絲淀。……然此三年之記錄符合若此，謂藕絲淀即廣平淀，諒不遠於事實也。」〔註58〕可知蘇頌與張宗益在此年使遼，其目的地就是前往宋人所稱的「廣平淀」晉見遼宗天太后與遼道宗。《遼史》〈營衛志〉，

〔註55〕〔宋〕陳襄，《神宗皇帝即位使遼語錄》，收入趙永春編，《奉使遼金行程錄》（長春：吉林文史出版社，1995年），頁59～60。

〔註56〕〔宋〕許亢宗，《宣和乙巳奉使金國行程錄》，收入趙永春編，《奉使遼金行程錄》，頁150。

〔註57〕〔元〕脫脫，《遼史》，卷22，本紀第22，道宗三，頁268。

〔註58〕傅樂煥，〈廣平淀考〉，收入《遼史叢考》，頁66。

提到廣平淀的地理形勢，以及與遼宋外交的關係，說：「冬捺鉢：曰廣平淀。在永州東南三十里，本名白馬淀。東西二十餘里，南北十餘里。地甚坦夷，四望皆沙磧，木多榆柳。其地饒沙，冬月稍暖，牙帳多於此坐冬，與北、南大臣會議國事，時出校獵講武，兼受南宋及諸國禮貢。」〔註 59〕可知遼朝皇帝在冬季常駐帳於廣平淀，並且在此接見宋國來聘的使節，因此這段記載，可做為我們了解蘇頌與張宗益前往廣平淀進行交聘活動的參考。

而關於蘇頌等人前往廣平淀的路線，傅樂煥在其〈宋人使遼語錄行程考〉「宋臣使遼路線系統表」中，列有當時宋使節前往遼幽州、清泉淀、炭山、九十九泉、北安州、中京、長泊、木葉山、上京、神恩泊、東京等地點晉見遼皇帝的路線和行經的驛館。〔註 60〕可惜此表並未列舉出前往廣平淀的路線，但是根據傅樂煥〈廣平淀考〉，說：「《遼史》又每載諸帝駐木葉山，亦即指廣平淀一帶。……宋綬北使至木葉山，記在木葉山所見，與他人見自廣平淀者符合。蓋兩地相去非遙，或舉一葉以代廣平也。」〔註 61〕這表示木葉山與廣平淀兩地相近，因此筆者據傅樂煥在「宋臣使遼路線系統表」中所列，前往木葉山的路線是白溝—新城縣—涿州—良鄉縣—幽州—孫侯館—順州—檀州—金溝館—古北口館—新館—臥如來館—柳河館—打造部落館—牛山館—鹿兒峽館—鐵匠館—富谷館—通天館—中京—羖歷河館—榆林館—訥都烏館—香山子館—水泊館—張司空館—木葉山，〔註 62〕則蘇頌一行人前往廣平淀的行程，大致上應該也是沿著此一路線經過這些驛館。

2、從遼境至遼中京的行程

有關蘇頌進入遼境後，抵達遼中京的行程，由於蘇頌此次使遼所撰的《使遼語錄》至今已經失傳，因此假如只根據其在此段行程所作使遼詩提及的地名，實在使我們對其行程頗有不清楚之處。幸好在路振（957～1014）《乘軺錄》〔註 63〕、王曾（977～1038）《王沂公行程錄》〔註 64〕、沈括（1031～1095）

〔註 59〕〔元〕脫脫，《遼史》，卷 32，志第 2，營衛志中，行營，頁 375。

〔註 60〕傅樂煥，〈宋人使遼語錄行程考〉，收入《遼史叢考》，頁 28。

〔註 61〕傅樂煥，〈廣平淀考〉，頁 73。

〔註 62〕傅樂煥，〈宋人使遼語錄行程考〉，頁 28。

〔註 63〕〔宋〕路振，《乘軺錄》，收入趙永春編，《奉使遼金行程錄》，頁 17。

〔註 64〕〔宋〕王曾，《王沂公行程錄》，收入趙永春編，《奉使遼金行程錄》，頁 29。按，王曾，《王沂公行程錄》，也收入〔宋〕葉隆禮，《契丹國志》（北京：中華書局，2014 年），卷 24，頁 258。

《熙寧使虜圖抄》〔註65〕，以及陳襄《神宗皇帝即位使遼語錄》〔註66〕等四本《使遼語錄》中，對於此段行程均有相關的記載，可供我們參考。

至於蘇頌在此段行程，隨著其所見、所聞、所感，則作有下列使遼詩。例如〈初過白溝北望燕山〉詩，說：

青山如壁地如盤，千里耕桑一望寬。虞帝肇州疆域廣，漢家封國冊書完。因循天寶興戎易，痛惜雍熙出將難。今日聖朝恢遠略，偃兵為義一隅安。〔註67〕

這首詩顯示蘇頌剛過宋遼界河——白溝河，向北遙望燕山，不禁對於燕山一帶的歷史演變頗有感慨，也對宋朝目前所進行的弭兵息民政策加以肯定。

蘇頌過白溝後，行經新城縣、涿州、良鄉縣、幽州、孫侯館、順州、檀州、金溝館，但是在其《前使遼詩》中，並未見到有關此段行程的使遼詩，一直至古北口館，才見蘇頌作有〈和仲巽過古北口楊無敵廟〉詩，說：

漢家飛將領熊羆，死戰燕山護我師。威信仇方名不滅，至今遺俗奉遺祠。〔註68〕

按，楊無敵即是宋將楊業（923～986），在宋太宗雍熙三年（遼聖宗統和四年，九八六年）征遼之役，「中流矢，墮馬被擒，瘡發不食，三日死」。〔註69〕遼人感佩其忠勇，特別建造楊無敵廟於古北口附近，而宋使節使遼經過古北口時，常會前往拜謁，蘇頌也不例外。從這一首詩可知蘇頌對楊業為國犧牲的表現，非常敬佩。

接著蘇頌又行經新館、臥如來館、柳河館、打造部落館、牛山館、鹿兒峽館、鐵匠館、富谷館、通天館，到達遼中京。在這段行程上，蘇頌作詩多首，例如〈和仲巽山行〉，說：

天險限南北，回環千里山。客亭依斗絕，朔地信偏慳。伴月驅行傳，緣雲度故關。林泉雖勝賞，無奈霤奚間。〔註70〕

〔註65〕〔宋〕沈括，《熙寧使虜圖抄》，收入趙永春編，《奉使遼金行程錄》，頁87～88。

〔註66〕〔宋〕陳襄，《神宗皇帝即位使遼語錄》，收入趙永春編，《奉使遼金行程錄》，頁62～63。

〔註67〕〔宋〕蘇頌，《蘇魏公文集（上）》，卷13，《前使遼詩》，〈初過白溝北望燕山〉，頁161。

〔註68〕〔宋〕蘇頌，《蘇魏公文集（上）》，卷13，《前使遼詩》，〈和仲巽過古北口楊無敵廟〉，頁162。

〔註69〕〔元〕脫脫，《遼史》，卷11，本紀第11，聖宗二，頁124。

〔註70〕〔宋〕蘇頌，《蘇魏公文集（上）》，卷1，《前使遼詩》，〈和仲巽山行〉，頁162。

〈和仲巽過度雲嶺〉，說：

磴道青冥外，躋攀劇箭飛。朔風增凜冽，寒日減清暉。使者手持節，征人淚濕衣。此時仁傑意，心向白雲歸。〔註 71〕

〈奚山道中〉，說：

山路縈回極險屯，才經深澗又高原。順風衝激還吹面，灩水堅凝幾敗轅。山澗水流遇冰凍則橫溢道上，彼人謂之灩水，險滑百狀，每為車馬之患。巖下有時逢虎跡，馬前終日聽夷言。使行勞苦誠無憚，所喜殊方識漢恩。〔註 72〕

〈和仲巽奚山部落〉，說：

千里封疆薊霫間，時平忘戰馬牛閑。居人處處營耕牧，盡室穹車往復還。〔註 73〕

〈過摘星嶺〉，說：

路無斥堠惟看日，嶺近雲霄可摘星。握節偶求觀國俗，漢家恩厚一方寧。〔註 74〕

〈和晨發柳河館憩長源郵舍〉，說：

君逢嘉景思如泉，欲和慚無筆似椽。山谷水多流乳石，旃裘人鮮佩純綿。服章幾類南冠繫，星土難分列宿纏。安得華風變殊俗，免教辛有歎伊川。敵中多掠燕薊之人，雜居番界，皆削頂垂髮以從其俗，惟巾衫稍異，以別番漢耳。〔註 75〕

〈和宿牛山館〉，說：

山深孤館迥，部落不成城。夜永人無寐，冬溫氣自清。夷音通夏楚。漢地接平營。恩信今無外，戎庭肯背盟？〔註 76〕

〔註 71〕〔宋〕蘇頌，《蘇魏公文集（上）》，卷 13，《前使遼詩》，〈和仲巽過度雲嶺〉，頁 162。

〔註 72〕〔宋〕蘇頌，《蘇魏公文集（上）》，卷 13，《前使遼詩》，〈奚山道中〉，頁 162～163。

〔註 73〕〔宋〕蘇頌，《蘇魏公文集（上）》，卷 13，《前使遼詩》，〈和仲巽奚山部落〉，頁 163。

〔註 74〕〔宋〕蘇頌，《蘇魏公文集（上）》，卷 13，《前使遼詩》，〈過摘星領〉，頁 163。

〔註 75〕〔宋〕蘇頌，《蘇魏公文集（上）》，卷 13，《前使遼詩》，〈和晨發柳河館憩長源郵舍〉，頁 163。

〔註 76〕〔宋〕蘇頌，《蘇魏公文集（上）》，卷 13，《前使遼詩》，〈和宿牛山館〉，頁 163～164。

〈又七絕〉，說：

孤村四望百重山，使節相陪北度關。休歎光陰懷往昔，且看巖石自斕斑。〔註77〕

〈和題會仙石〉，說：

雙石層稜倚翠巔，相傳嘗此會羣仙。繫風捕影誰能問？空見遺蹤尚巋然。〔註78〕

〈和宿鹿兒館〉，說：

朔人射獵取麀麛，天麇仁心所不為。鳴角秋山少閒日，標名郵館客慵窺。〔註79〕

從以上這十首使遼詩來看，可知蘇頌在此段行程是行走於環山之間，因此述及山險、路遙、天寒的情形。但是奚族部落生活的景象與民情風俗也頗引起蘇頌的注意，因此蘇頌在以上十首使遼詩中，對此方面有較多的描述。筆者另引路振《乘軺錄》，說：「下虎北口山，即入奚界。……自通天館東北行，至契丹國（遼中京）三十里。山遠路平，奚、漢民雜居益眾，里民言：漢使歲至，虜必盡驅山中奚民就道而居，欲其人烟相接也。」〔註80〕以及宋綬（991～1040）《契丹風俗》，說：「由古北口至中京北皆奚境。……言語、風俗與契丹不同，善耕種、步射，入山采獵，其行如飛。」〔註81〕此二項對奚族生活景象和民情風俗的記載，應可做為我們了解蘇頌在此段行程所見、所聞、所感的參考。

3、從遼中京至廣平淀的行程

蘇頌在離開遼中京前往廣平淀的行程上，作有下列五首使遼詩，例如〈和冬至紫蒙館書事〉，說：

泰畤迎長日，殊方展慶杯。關山厭沙磧，星斗望昭回。月共寒更永，風隨協氣來。欲知王歷正，候津應孳荄。〔註82〕

〈和就日館〉，說：

〔註77〕〔宋〕蘇頌，《蘇魏公文集（上）》，卷13，《前使遼詩》，〈又七絕〉，頁164。

〔註78〕〔宋〕蘇頌，《蘇魏公文集（上）》，卷13，《前使遼詩》，〈和題會仙石〉，頁164。

〔註79〕〔宋〕蘇頌，《蘇魏公文集（上）》，卷13，《前使遼詩》，〈和宿鹿兒館〉，頁164。

〔註80〕〔宋〕路振，《乘軺錄》，收入趙永春編，《奉使遼金行程錄》，頁17。

〔註81〕〔宋〕宋綬，《契丹風俗》，收入趙永春編，《奉使遼金行程錄》，頁35。

〔註82〕〔宋〕蘇頌，《蘇魏公文集（上）》，卷13，《前使遼詩》〈和冬至紫蒙館書事〉，頁164。

戎疆迢遞戴星行，朔騎奔馳束火迎。人向萬山峯外過，月從雙石嶺間生。館之東南有雙峯山，行李將至，見月初上。馬蹄看即三千里，客舍今踰四十程。十月五日出都，迨今四十一日矣。每念皇華承命重，愧無才譽副羣情。〔註 83〕

〈和過神水沙磧〉，說：

沙行未百里，地險已萬狀。逢迎非長風，狙擊殊博浪。昔聞今乃經，既度愁復上。幸無漲天災，日月免遮障。〔註 84〕

〈和土河館遇小雪〉，說：

薄雪悠揚朔氣消，衡風吹拂毳裘輕。人看滿路瓊瑤跡，盡道光華使者行。〔註 85〕

〈和檀香板〉，說：

鏤檀芬馥貫綃裒，擊玉敲金一串花。自與麗妃親記曲，後來傳玩幾人家？〔註 86〕

蘇頌在此段行程行經了艱險的沙磧地區，也遇到下雪的天氣，並且適值冬至日，因此使其有許多感觸，尤其是想到在十月五日從宋汴京啟程之後，至此時已經歷四十一天，行走了近三千里，顯現出離開家國已久、已遠的心情。

另外，筆者發現以上這五首使遼詩，除了〈和檀香板〉之外，蘇頌在詩題中都有提到所經過驛館的地名，但是此四個驛館名稱「紫蒙館」、「就日館」、「神水館」、「土河館」，卻與宋綬在《契丹風俗》中，敘述其從中京前往廣平淀所經過驛館的名稱不相同，宋綬《契丹風俗》，說：「（從中京北上）凡六十里至羖歷河館，過惠州，……七十里至榆林館，……自此入山，……七十里至訥都烏館，……其東北三十里，即長泊也。涉沙磧，過白馬淀。九十里至水泊館。過土河，……凡八十里至張司空館，七十里至木葉館。」〔註 87〕亦即蘇頌所述驛館名稱與前文所述羖歷河館、榆林館、訥都烏館、香山子館、

〔註 83〕〔宋〕蘇頌，《蘇魏公文集（上）》，卷 13，《前使遼詩》，〈和就日館〉，頁 165。

〔註 84〕〔宋〕蘇頌，《蘇魏公文集（上）》，卷 13，《前使遼詩》〈和過神水沙磧〉，頁 165。

〔註 85〕〔宋〕蘇頌，《蘇魏公文集（上）》，卷 13，《前使遼詩》，〈和土河館遇小雪〉，頁 165。

〔註 86〕〔宋〕蘇頌，《蘇魏公文集（上）》，卷 13，《前使遼詩》〈和檀香板〉，頁 165。

〔註 87〕〔宋〕宋綬，《契丹風俗》，收入趙永春編，《奉使遼金行程錄》，頁 35～36。

水泊館、張司空館、木葉山等驛館名稱不相同。關於此一問題，胡廷榮在〈遼中京至廣平甸捺鉢間驛館考略〉中，有逐項的考証，其說：「按宋綬所說由中京經羖攊河再經惠州至榆林館的線路方向是自中京東北行，……通過對近代舊路的實地調查，……扎蘭城村東北 70 里便是榆樹林村，即遼榆林館址地，與宋綬所言頗相合，故可以初步推斷扎蘭城村可能是羖歷河館址」、「與就日館相關還有另一地貌信息，……因此，筆者認為其東南側有雙峰山的今扎蘭城村，既是宋綬使遼時的羖攊河館所在地，也很可能是後來的就日館址地」、「由蘇頌前使遼〈和冬至紫蒙館書事〉，知他此年冬至到紫蒙館，此年冬至宋歷是十一月十九日。再由詩中『欲知王歷正』語，可判斷出此年冬至日宋遼歷有別。中科院南京紫金山天文台研究員張培瑜先生認為此年冬至遼歷為十一月十八日，比宋歷早一日。按此，蘇頌這次使遼由就日館到紫蒙館無疑是三日程（行十六、十七、十八日），歷就日館→榆林館（或惠州）→訥都烏館→紫蒙館。這一考証，還表明蘇頌前使遼詩中關于紫蒙、就日二館的詩按時序應交換一下位置」、「關于紫蒙館，……應是香山子館更名為紫蒙館；就日館顯然是前期的羖歷河館」、「將水泊館向北遷往土河南岸，這一帶土河別稱『神水』，用于此館名故稱『神水館』」、「此土河館當是使遼往程中駐神水館後，次日過神水（神水館以東即轉東北流仍稱土河）後轉向沿土河西北岸邊（參見彭汝礪〈大小沙陀〉詩自注 2）前行的當日駐地。宋綬使遼時所稱的『張司空館』即此」。〔註 88〕從胡先生以上的討論，可讓我們大略知道宋綬與蘇頌所述驛館名稱不相同的原因，原來是因為這些驛館名稱改名所致，並且也讓我們知道蘇頌在此段行程，應是先經過就日館再行至紫蒙館才對。

4、返宋在遼境內的行程

筆者對照蘇頌《前使遼詩》三十首和《後使遼詩》二十八首，發現有一頗為相異處，即是在《前使遼詩》中，竟然都沒有提到其在廣平淀進行祝賀遼宗天太后生日時，與遼太后、遼道宗、遼臣互動的情形，因此其《前使遼詩》的最後八首是描述其返宋在遼境中的所見、所聞、所感。例如有〈和神水館齊葉二國信〉，說：

〔註 88〕胡廷榮，〈遼中京至廣平甸捺鉢間驛館考略〉，《中國邊疆史地研究》14：1（北京，2004 年 3 月），頁 53～55。

幾旬馳傳困風埃，忽聽南軺病眼開。千里故疆難際遇，一封京信況同來。論情不異聲投谷，適意過於渴望梅。談笑未終催命駕，歸心雖切且徘徊。〔註 89〕

〈使回蹉榆林侵夜至宿館十二月十七日〉，說：

使還兼道趣南轅，朝出沙陁暮水村。邊落蕭疎人自少，朔天悽慘日長昏。鴟聞宿客驚如鬧，馬識歸途去似奔。屈指開年到京闕，夢魂先向九重閽。〔註 90〕

〈和使回過松子嶺〉，說：

石徑縈紆甚七盤，披榛策馬上煙巒。回頭却見臨潢境，千里猶如指掌看。〔註 91〕

〈和遊中京鎮國寺〉，說：

塔廟奚山麓，乘軺偶共登。青松如拱揖，棟宇欲騫騰。俗禮多依佛，居人亦貴僧。縱觀無限意，紀述恨無能。〔註 92〕

〈和富谷館書事〉，說：

迢迢歸馭指榆津，日淡西風起塞塵。沙底暗冰頻踠馬，道路冰凍多在沙底，彼人謂之暗冰，行馬危險百狀。嶺頭危徑罕逢人。客心牢落偏多感，天意融怡漸發春。珍重詩翁饒藻思，翦裁風物見長新。〔註 93〕

〈和奚山偃松〉，說：

亂枝轇轕翠陰圓，倚岫垂崖盡偃然。不為深根生觸石，定應高幹上摩天。〔註 94〕

〔註 89〕〔宋〕蘇頌，《蘇魏公文集（上）》，卷 13，《前使遼詩》，〈和神水館齊葉二國信〉，頁 166。

〔註 90〕〔宋〕蘇頌，《蘇魏公文集（上）》，卷 13，《前使遼詩》，〈使回蹉榆林侵夜至宿館十二月十七日〉，頁 166。

〔註 91〕〔宋〕蘇頌，《蘇魏公文集（上）》，卷 13，《前使遼詩》，〈和使回過松子嶺〉，頁 166。

〔註 92〕〔宋〕蘇頌，《蘇魏公文集（上）》，卷 13，《前使遼詩》，〈和遊中京鎮國寺〉，頁 166。

〔註 93〕〔宋〕蘇頌，《蘇魏公文集（上）》，卷 13，《前使遼詩》，〈和富谷館書事〉，頁 167。

〔註 94〕〔宋〕蘇頌，《蘇魏公文集（上）》，卷 13，《前使遼詩》，〈和奚山偃松〉，頁 167。

〈和過打造部落〉，說：

奚夷居落瞰重林，背倚蒼崖面曲潯。澗水逢春猶積凍，山雲無雨亦常陰。田塍開墾隨高下，樵路攀緣極險深。漢節經過人競看，忻忻如有慕華心。〔註 95〕

〈新歲五十始覺衰悴因書長句奉呈仲巽少卿〉，說：

始衰心事自堪嗟，但覺時光似轉車。白傅開經五秩滿，仲尼學易數年加。負薪筋力誠難強，報國功名事轉賒。若問信書何所得，樂天知命任天涯。〔註 96〕

從這八首使遼詩的內容來看，我們可以體會出蘇頌從廣平淀啟程返宋，沿路所經過的驛館、路線、山川景象雖然與之前赴遼時一樣，但是其心情卻是不相同，可謂是充滿了返國歸鄉迫切和愉悅的情緒。

但是筆者針對這八首詩，擬提出三點討論，一是蘇頌提到〈和神水館齊葉二國信〉，可知蘇頌返行至神水館時，曾遇到了正要前往廣平淀的齊姓與葉姓兩位正旦國信使，但是因為今日留存的《續資治通鑑長編》缺失此年的記事，而《宋史》〈神宗本紀〉也只記載：「熙寧元年八月……丁卯（二十七日），遣張宗益等賀遼主生辰、正旦。」〔註 97〕因此在八月二十七日，宋朝廷所派任，亦即蘇頌和張宗益返宋途中在神水館所遇到的齊姓、葉姓兩位正旦國信使是指何人？仍待日後考查。

二是蘇頌提到〈使回蹉榆林侵夜至宿館十二月十七日〉，這表示蘇頌在十二月十七日已經返行至榆林館，但是他在十二月幾日從遼道宗駐帳地廣平淀啟程返宋呢？據《續資治通鑑長編》卷二六二，說：「故事，使者留京，不過十日。」〔註 98〕這句話雖然是說根據往例，遼使節逗留於宋汴京的日數不能超過十天，但是此項規定其實也是宋使節使遼時必須遵守的。也就是說遼使節來到宋汴京，或是宋使節到達遼皇帝駐帳地之後，都必須在十天內完成交聘的活動或交涉的事宜，然後請辭啟程返國。〔註 99〕而蘇頌此行既然是

〔註 95〕〔宋〕蘇頌，《蘇魏公文集（上）》，卷 13，《前使遼詩》，〈和過打造部落〉，頁 167。

〔註 96〕〔宋〕蘇頌，《蘇魏公文集（上）》，卷 13，《前使遼詩》，〈新歲五十始覺衰悴因書長句奉呈仲巽少卿〉，頁 167～168。

〔註 97〕〔元〕脫脫，《宋史》，卷 14，本紀第 14，神宗一，頁 269。

〔註 98〕〔宋〕李燾，《續資治通鑑長編》，卷 262，宋神宗熙寧八年四月丙寅條，頁 6。

〔註 99〕可參閱蔣武雄，〈宋使節逗留對方京城日數的探討〉，《空大人文學報》12（臺北，2003 年 12 月），頁 197～212。

要祝賀遼宗天太后十二月三日的生日，因此其應是在十二月三日的前一兩天到達廣平淀，然後在十天之內完成祝賀的交聘活動。但是蘇頌此次使遼，尚有祝賀遼道宗生日的國信使張宗益同行，因此其必須等張宗益在十二月七日也完成祝賀遼道宗生日的交聘活動之後，才一起向遼宗天太后和遼道宗請辭，然後啟程返宋。據前引蘇頌返宋所作使遼詩〈新歲五十始覺衰悴因書長句奉呈仲巽少卿〉，〔註 100〕可知其二人不僅同行使遼，也同行返宋。而據蘇頌後來第二次使遼啟程返宋時，所作〈離廣平〉詩，其詩題下有註，說：「十二月十日離廣平，……。」〔註 101〕以及在宋哲宗元祐四年（遼道宗大安五年，一〇八九年）同樣以生辰使身份使遼祝賀遼道宗生日的蘇轍（1039～1112），在其詩題說：〈(十二月）十日南歸馬上口占呈同事〉，〔註 102〕兩者在詩中都提到在十二月十日啟程返宋。因此我們可以推測蘇頌此次使遼啟程返宋的日期，最遲應該也是在十二月十日。

至於蘇頌返宋進入宋境的日期，據今日所能見到有關蘇頌的史料，幾乎都沒有提及，因此無法予以確定。但是筆者再度根據後來也曾為生辰使而使遼的蘇轍，在其所作使遼詩〈贈知雄州王崇拯二首〉其一，說：「使君約我南來飲，人日河橋柳正黃。」〔註 103〕並且自注，說：「生辰使例以人日還至雄州。」〔註 104〕按，人日即是指正月七日，因此可知蘇頌返抵宋國邊鎮雄州，應該是在宋神宗熙寧二年（遼道宗咸雍五年，一〇六九年）正月七日。

四、第一次館伴遼使

據鄒浩〈故觀文殿大學士蘇公行狀〉，說：「(宋神宗熙寧）二年，……（蘇頌）又為北朝賀生辰館伴使。」〔註 105〕可知蘇頌在此之前不僅曾經擔任過接伴、送伴遼使的工作，以及以生辰使身份出使遼國，並且在此年也擔任了館伴遼使的工作。也就是依據前文的論述，蘇頌在宋英宗治平三年十二月，接伴遼使；治平四年正月，送伴遼使；宋神宗熙寧元年十月，從宋汴京啟程使遼，祝

〔註 100〕〔宋〕蘇頌，《蘇魏公文集（上）》，卷 13，《前使遼詩》，〈新歲五十始覺衰悴因書長句奉呈仲巽少卿〉，頁 167～168。

〔註 101〕〔宋〕蘇頌，《蘇魏公文集（上）》，卷 13，《後使遼詩》，〈離廣平〉，頁 176。

〔註 102〕〔宋〕蘇轍，《欒城集》，〈十日南歸馬上口占呈同事〉，收入張元濟主編，四部叢刊初編本（臺北：臺灣商務印書館，1965 年），卷 16，頁 196。

〔註 103〕〔宋〕蘇轍，《欒城集》，卷 16，〈贈知雄州王崇拯二首〉其一，頁 194。

〔註 104〕〔宋〕蘇轍，《欒城集》，卷 16，〈贈知雄州王崇拯二首〉其一，頁 194。

〔註 105〕〔宋〕鄒浩，《道鄉集》，卷 39，〈故觀文殿大學士蘇公行狀〉，頁 6。

賀遼宗天太后的生日；至熙寧二年正月，返抵宋汴京，隔三個月，在此年四月，又被派任為館伴使。顯現出蘇頌在這四年當中，接觸宋遼外交的事務很頻繁。

筆者再另查《宋史》〈神宗本紀〉，說：「（宋仁宗）慶曆八年（遼興宗重熙十七年，一〇四八年）四月戊寅（十日），（宋神宗）生于濮王宮，……。」、〔註 106〕「熙寧二年四月……壬寅（六日），遼遣耶律昌等來賀同天節。」〔註 107〕則知蘇頌曾在宋神宗熙寧二年，以館伴使的身份，陪伴在四月六日抵達宋汴京的遼使耶律昌，讓其能在宋神宗生日四月十日同天節，順利進行祝賀的交聘活動。

五、第二次以生辰使出使遼國

（一）被派任為生辰使與赴遼時在國內的行程

據《續資治通鑑長編》卷二八四，說：「（宋神宗）熙寧十年（遼道宗大康三年，一〇七七年）八月己丑（十二日），秘書監、集賢院學士蘇頌為遼主生辰國信使，西上閤門使、英州刺史姚麟副之。……。」〔註 108〕鄒浩〈故觀文殿大學士蘇公行狀〉，說：「（熙寧）十年，……是歲，再充北朝生辰國信使。」〔註 109〕以及《宋史》〈神宗本紀〉，說：「熙寧十年八月壬寅，……遣蘇頌等賀遼道宗生辰、正旦。」〔註 110〕可知蘇頌在宋神宗熙寧十年又再度被宋朝廷派任為生辰國信使，與副使姚麟前往遼國，祝賀遼道宗改期為十二月七日接受朝賀的生日。

有關蘇頌此次使遼返國後，所撰的《使遼語錄》至今也已經失傳，但是幸運的是，其在此次使遼過程中，所撰的《後使遼詩》二十八首留存至今，可做為我們了解蘇頌使遼情形的參考。首先據其《後使遼詩》標題下，註說：

> 熙寧十年八月，自國史院被命假龍圖閣直學士、給事中，充大遼生辰國信使，十月三日進發。明年正月二十八日還闕，道中率爾成詩，以紀經見之事，及歸錄之。〔註 111〕

〔註 106〕〔元〕脫脫，《宋史》，卷 14，本紀第 14，神宗一，頁 263。

〔註 107〕〔元〕脫脫，《宋史》，卷 14，本紀第 14，神宗一，頁 270。

〔註 108〕〔宋〕李燾，《續資治通鑑長編》，卷 284，宋神宗熙寧十年八月己丑條，頁 6952。

〔註 109〕〔宋〕鄒浩，《道鄉集》，卷 39，〈故觀文殿大學士蘇公行狀〉，頁 10。

〔註 110〕〔元〕脫脫，《宋史》，卷 15，本紀第 15，神宗二，頁 292。

〔註 111〕〔宋〕蘇頌，《蘇魏公文集（上）》，卷 13，《後使遼詩》，頁 168。

可知蘇頌此次使遼，也是經過一些相關事宜的準備，因此至此年十月三日，從宋汴京啟程北上，並且將沿路所見、所聞、所感撰寫成二十八首使遼詩。

筆者詳閱蘇頌《後使遼詩》二十八首，發現其中只有一首是敘述在宋國境內的行程，詩題為〈某奉使過北都奉陪司徒侍中潞國公雅集堂宴會開懷縱談形於善謔因道魏收有逋峭難為之語人多不知逋峭何謂宋元憲公云事見木經蓋梁上小柱名取有折勢之義耳文人多用近語而未及此輒借斯語抒為短章以紀一席之事繕寫獻呈〉(《宋詩紀事》引《却埽編》作〈即席獻文潞公〉)，其說：

> 高宴初陪聽拊鼙，清譚仍許奉揮犀。自知伯起難逋峭，不比淳于善滑稽。
>
> 舞奏未終花十八，酒行先困玉東西。荷公德度容狂簡，故敢忘懷去町畦。
>
> 〔註 112〕

蘇頌在此首詩題中敘述了其北行經過北都大名府，與在此任官的潞國公文彥博（1006～1097）相會宴飲唱和，並且作詩獻給文彥博。關於此事，據蘇頌長孫蘇象先在《丞相魏公譚訓》卷第四，說：「祖父過北都，與潞公唱和。以『逋峭』對『骨稽』、『花十八』對『玉東西』，遂賞嘆不已。」〔註 113〕以及同書卷第七，說：「祖父使虜過北都。潞公為尹，禮意隆異，窮冬盛寒，必達旦。每至夜分，即呼工伎逼廳奏樂。初疑其喧憒，不喜所以，久之乃悟。近廳多秈燭，可以附炎。欲加恤而不欲為例，特設故也。乃知前輩事事有智。」〔註 114〕另外徐度《却掃編》卷上，也說：「熙寧間蘇丞相（蘇頌）奉使契丹，道過北京，時文潞公為留守。燕會欵，文公因問魏收有『逋峭難為』之語，人多不知『逋峭』何謂？蘇公曰：『聞之宋元憲公云《事是本經》，蓋梁上小柱名，取有折勢之義耳。』蘇公以文人多用近語而未及此，乃用是語為一詩紀席上之事獻文公曰：『高燕初陪聽拊鼙，清譚仍許奏揮犀。自知伯起難逋峭，不及淳于善滑稽。舞奏未終花十八，酒行先困玉東西。荷公德度容狂簡，故敢忘懷去

〔註 112〕〔宋〕蘇頌，《蘇魏公文集（上）》，卷 13，《後使遼詩》，〈某奉使過北都奉陪司徒侍中潞國公雅集堂宴會開懷縱談形於善謔因道魏收有逋峭難為之語人多不知逋峭何謂宋元憲公云事見木經蓋梁上小柱名取有折勢之義耳文人多用近語而未及此輒借斯語抒為短章以紀一席之事繕寫獻呈〉(《宋詩紀事》引《却埽編》作〈即席獻文潞公〉)，頁 168。

〔註 113〕〔宋〕蘇象先，《丞相魏公譚訓》，卷 4，收入《蘇魏公文集（下）》，附錄一，頁 1145。

〔註 114〕〔宋〕蘇象先，《丞相魏公譚訓》，卷 7，收入《蘇魏公文集（下）》，附錄一，頁 1163。

町畦。』」〔註 115〕此三則記載，有助於我們知道蘇頌此次北行至大名府與文彥博互動的情形。

（二）在遼境內的往返行程

關於蘇頌第二次使遼，在遼境內的往返行程，筆者先查閱《遼史》〈道宗本紀〉，說：「大康三年（宋神宗熙寧十年，一〇七七年）……冬十月辛丑（二十四日），駐蹕藕絲淀。」〔註 116〕可知遼道宗在此年冬捺鉢駐帳地是在藕絲淀，與蘇頌第一次使遼的目的地一樣，即是宋人所稱的「廣平淀」，因此蘇頌第二次使遼的路線與第一次相同。

1、進入遼境後至遼中京的行程

蘇頌進入遼境後，在到達遼中京的行程上，曾作了下列十首使遼詩，例如〈向忝使遼於今十稔再過古北感事言懷奉呈同事閤使西上閤門使英州刺史姚麟〉，說：

> 曾到臨潢已十齡，今朝復忝建旜行。正當朔地百年運，又過秦王萬里城。盡日據鞍消髀肉，通宵聞柝厭風聲。自非充國圖方略，但致金繒慰遠甿。〔註 117〕

蘇頌此次使遼，距其第一次在熙寧元年使遼，已有十年之久，因此再度經過古北口，使其感觸良多，特別作詩呈示同行的副使姚麟。

接著蘇頌所經過的驛館均是屬於奚山道上的驛館，而蘇頌在此段行程也和上次一樣，作有多首描述奚族生活景象與民情風俗的使遼詩，包括〈次行奚山〉，說：

> 奚山繚繞百重深，握節何妨馬上吟。當路牛羊眠薦草，避人烏鵲噪寒林。羸肌已怯旜裘重，衰鬢寧禁平聲霰雪侵。獨愛潺湲溪澗水，無人知此有清音。〔註 118〕

〈同事閤使見問奚國山水何如江鄉以詩答之〉，說：

〔註 115〕〔宋〕徐度，《却掃編》，收入《叢書集成新編（八十四）》（臺北：新文豐出版公司，1985），頁 136～137。

〔註 116〕〔元〕脫脫，《遼史》，卷 23，本紀第 23，道宗三，頁 280。

〔註 117〕〔宋〕蘇頌，《蘇魏公文集（上）》，卷 13，《後使遼詩》，〈向忝使遼於今十稔再過古北感事言懷奉呈同事閤使西上閤門使英州刺史姚麟〉，頁 169。

〔註 118〕〔宋〕蘇頌，《蘇魏公文集（上）》，卷 13，《後使遼詩》，〈次行奚山〉，頁 169。

奚疆山水比東吳，物色雖同土俗殊。萬壑千巖南地有，扁舟短棹此間無。因嗟好景當邊國，却動歸心憶具區。終待使還酬雅志，左符重乞守江湖。〔註 119〕

〈早行新館道中〉，說：

經旬霜雪倦晨征，重過邊疆百感生。日上東扶千嶂影，風來空谷萬號聲。人心自覺悲殊土，物色偏能動旅情。況是天恩懷憬俗，不妨遊覽趁嚴程。〔註 120〕

〈奚山道中村店炊黍賣餳，有如南土〉，說：

擁傳經過白霫東，依稀村落見南風。食飴宛類吹簫市，逆旅時逢煬竈翁。漸使邊氓歸畎畝，方知厚澤遍華戎。朝廷涵養恩多少，歲歲軺車萬里通。〔註 121〕

〈過新館罕見居人〉，說：

引弓風俗可傷嗟，滿目清溪與白沙。封域雖長編戶少，隔山才見兩三家。〔註 122〕

〈牛山道中耕種甚廣，牛羊遍谷。問之皆漢人佃奚土，甚苦輸役之重〉，說：

農夫耕鑿遍奚疆，部落連山復枕岡。種粟一收饒地力，開門東向雜夷方。田疇高下如棋布，牛馬縱橫似谷量。賦役百端閑日少，可憐生事甚茫茫。〔註 123〕

〈發牛山朝發牛山，道路回遠，終日南行，至暮又北趨宿館〉，說：

山坂縈紆道阻長，數程行處尚相望。晨裝方指南高外，館南一峯最高，彼人謂之南高山。宿館還趨北斗旁。既乏遠謀慚肉食，空將衰鬢冒寒霜。却尋十載曾行地，風物依然土境荒。〔註 124〕

〔註 119〕〔宋〕蘇頌，《蘇魏公文集（上）》，卷 13，《後使遼詩》，〈同事閤使見問奚國山水何如江鄉以詩答之〉，頁 169。

〔註 120〕〔宋〕蘇頌，《蘇魏公文集（上）》，卷 13，《後使遼詩》，〈早行新館道中〉，頁 170。

〔註 121〕〔宋〕蘇頌，《蘇魏公文集（上）》，卷 13，《後使遼詩》，〈奚山道中村店炊黍賣餳，有如南土〉，頁 170。

〔註 122〕〔宋〕蘇頌，《蘇魏公文集（上）》，卷 13，《後使遼詩》，〈過新館罕見居人〉，頁 170。

〔註 123〕〔宋〕蘇頌，《蘇魏公文集（上）》，卷 13，《後使遼詩》，〈牛山道中耕種甚廣，牛羊遍谷。問之皆漢人佃奚土，甚苦輸役之重〉，頁 170。

〔註 124〕〔宋〕蘇頌，《蘇魏公文集（上）》，卷 13，《後使遼詩》，〈發牛山朝發牛山，道路回遠，終日南行，至暮又北趨宿館〉，頁 171。

〈契丹帳鹿兒館中見契丹車帳，全家宿泊坡坂〉，說：

> 行營到處即為家，一卓穹廬數乘車。千里山川無土著，四時畋獵是生涯。酪漿羶肉誇希品，貂錦羊裘擅物華。種類益繁人自足，天教安逸在幽遐。〔註 125〕

〈奚山路出奚山路，入中京界，道旁店舍頗多，人物亦眾〉，說：

> 行盡奚山路更賒，路旁時見百餘家。風煙不改盧龍俗，唐盧龍節度兼押契丹使。塵土猶兼澣海沙。朱板刻旗村肆食，食邸門掛木刻朱旗。青氈通幰貴人車。貴族之家，車屋通以青氈覆之。皇恩百歲如荒憬，物俗依稀欲慕華。〔註 126〕

從以上這九首使遼詩，可知蘇頌行走於奚山道中，對於沿路的山川形勢和奚人耕種、畜牧的生活情形，有很深的觀察。也提到風物依舊，勾起了他十年前行經此地的回憶。

至十一月十六日，蘇頌到達遼中京，曾作詩〈中京紀事十一月十六日到中京，未經苦寒，天氣溫煦幾類河朔。行人皆知厚幸，紀事書呈同事閤使。〉，說：

> 東遼本是苦寒鄉，況復嚴冬入朔疆。一帶土河猶未凍，數朝晴日但凝霜。上心固已推恩信，天意從茲變燠暘。最是使人知幸處，輕裘不覺在殊方。〔註 127〕

顯然蘇頌在此段行程上，天氣大多是溫暖少寒，殊為難得，因此作詩呈示同行的副使姚麟。

2、從遼中京至廣平淀的行程

在此段行程中讓蘇頌感受較深的是，行走於結冰的河面上和艱險的沙陁路，以及遼人圍獵的壯觀和牧羊千百成群的景象，因此作有下列五首使遼詩加以描述。這也是蘇頌第一次使遼，行經此段行程時，所作的使遼詩較少提及的部分，例如其中前三首詩，〈過土河中京北一山最高，土人謂之長𡀔山。

〔註 125〕〔宋〕蘇頌，《蘇魏公文集（上）》，卷 13，《後使遼詩》，〈契丹帳鹿兒館中見契丹車帳，全家宿泊坡坂〉，頁 171。

〔註 126〕〔宋〕蘇頌，《蘇魏公文集（上）》，卷 13，《後使遼詩》，〈奚山路出奚山路，入中京界，道旁店舍頗多，人物亦眾〉，頁 171。

〔註 127〕〔宋〕蘇頌，《蘇魏公文集（上）》，卷 13，《後使遼詩》，〈中京紀事十一月十六日到中京，未經苦寒，天氣溫煦幾類河朔。行人皆知厚幸，紀事書呈同事閤使〉，頁 172。

此河過山之東才可漸車，又北流百餘里，則奔注瀰漫，至冬冰厚數尺，可過車馬，而冰底細流涓涓不絕。〉，說：

長呌山旁一水源，北流迢遞勢傾奔。秋來注雨瀰郊野，冬後層冰度輻轅。白草悠悠千嶂路，青煙裊裊數家村。終朝跋涉無休歇，遙指郵亭日已昏。〔註 128〕

〈贈同事閤使〉，說：

山路盡陂陁，行人陟險多。風頭沙磧暗，日上雪霜和。草淺鷹飛地，冰流馬飲河。平生畫圖見，不料再經過。〔註 129〕

〈沙陁路二十三日入沙陁路，行馬頗艱。〉，說：

上得陂陁路轉艱，陷輪摧馬苦難前。風寒白日少飛鳥，地迴黃沙似漲川。結草枝梢知里堠，放牛墟落見人煙。從來天地絕中外，今作通逵近百年。〔註 130〕

蘇頌在此三首詩中，述及行於冰河和沙陁路的艱難，也讓我們頗能體會當時宋使節使遼，實在是一件相當艱辛的任務。

而後二首使遼詩，〈觀北人圍獵北人以百騎飛放謂之羅草，終日才獲兔數枚，頗有愧色。顧謂予曰：「道次小圍不足觀，常時千人已上為大圍，則所獲甚多，其樂無涯也。」〉，說：

莽莽寒郊晝起塵，翩翩戎騎小圍分。引弓上下人鳴鏑，羅草縱橫獸軼羣。畫馬今無胡待詔，世傳陰山七騎圖乃唐胡瓌創造，後人多模搨及別為變態，然皆不及舊製。射鵰猶懼李將軍。山川自是從禽地，一眼平蕪接暮雲。〔註 131〕

以及〈遼人牧羊以千百為羣，縱其自就水草，無復欄柵，而生息極繁。〉，說：

〔註 128〕〔宋〕蘇頌，《蘇魏公文集（上）》，卷 13，《後使遼詩》，〈過土河中京北一山最高，土人謂之長呌山。此河過山之東才可漸車，又北流百餘里，則奔注瀰漫，至冬冰厚數尺，可過車馬，而冰底細流涓涓不絕。〉，頁 172。

〔註 129〕〔宋〕蘇頌，《蘇魏公文集（上）》，卷 13，《後使遼詩》，〈贈同事閤使〉，頁 172。

〔註 130〕〔宋〕蘇頌，《蘇魏公文集（上）》，卷 13，《後使遼詩》，〈沙陁路二十三日入沙陁路，行馬頗艱。〉，頁 173。

〔註 131〕〔宋〕蘇頌，《蘇魏公文集（上）》，卷 13，《後使遼詩》，〈觀北人圍獵北人以百騎飛放謂之羅草，終日才獲兔數枚，頗有愧色。顧謂予曰：「道次小圍不足觀，常時千人已上為大圍，則所獲甚多，其樂無涯也。」〉，頁 173。

牧羊山下動成羣，齧草眠沙淺水濱。自免觸藩羸角困，應無挾策讀書人。

氊裘冬獵千皮富，湩酪朝中百品珍。生計不贏衣食足，土風猶似茹毛純。〔註 132〕

蘇頌在此二首詩中述及其所見遼人以百騎圍獵壯觀的場面，以及讓千百成群的羊隻，自逐水草的生息方式，都讓他留下深刻的印象。

3、在廣平淀的活動情形

蘇頌前後兩次使遼至廣平淀，第一次是為了進行祝賀遼宗天太后生日的交聘活動，但是蘇頌在三十首《前使遼詩》中，卻無一首是述及其在廣平淀與遼宗天太后、遼道宗互動的情形，或相關的觀察與感受。而第二次再度至廣平淀，是為了進行祝賀遼道宗生日的交聘活動，則作有下列六首使遼詩，讓我們對於蘇頌此次使遼在廣平淀的活動情形能有一些了解。例如作〈某兩使遼塞俱值郊禮之歲今以至日到北帳感事言懷寄呈同館諸公〉，說：

兩忝臨潢使，俱逢泰畤祠。國陽隨仗日，塞外抗旍時。盛禮羣公預，丹心萬里馳。周南歎留滯，何似異方悲。〔註 133〕

〈初至廣平紀事言懷呈同事閤使〉，說：

雙節同來朔漠邊，三冬行盡雪霜天。朝飧羶酪幾分飽，同事常言修養法，行路飲食不得飽過五分，則諸病不生。夜擁貂狐數鼓眠。予平生少睡，雖三鼓就枕，至五鼓亦不復瞑矣。光景不停如轉轂，歸心難遏似流煙。須將薄宦同羇旅，奔走何時是息肩？〔註 134〕

〈冬日北庭懷餘杭舊僚屬〉，說：

曾約尋山春水間，越江吳岫遍留連。沙頭寺院看花日，湖上樓臺試茗天。酒後歌呼常薄暮，風流雲散忽經年。東遼萬里相望處，滿眼荒郊倍慘然。〔註 135〕

〔註 132〕〔宋〕蘇頌，《蘇魏公文集（上）》，卷 13，《後使遼詩》，〈遼人牧羊以千百為羣，縱其自就水草，無復欄柵，而生息極繁。〉，頁 173。

〔註 133〕〔宋〕蘇頌，《蘇魏公文集（上）》，卷 13，《後使遼詩》，〈某兩使遼塞俱值郊禮之歲今以至日到北帳感事言懷寄呈同館諸公〉，頁 174。

〔註 134〕〔宋〕蘇頌，《蘇魏公文集（上）》，卷 13，《後使遼詩》，〈初至廣平紀事言懷呈同事閤使〉，頁 174。

〔註 135〕〔宋〕蘇頌，《蘇魏公文集（上）》，卷 13，《後使遼詩》，〈冬日北庭懷餘杭舊僚屬〉，頁 174。

據此三首詩，可知蘇頌對於自己以五十八歲之齡，經過長程的跋涉，遠離家國至遼道宗的駐帳地，因此心中有許多感觸，例如他想到兩次使遼，均錯過了宋皇帝在冬至日帶領百官祭拜天神的大典，倍覺遺憾。也想到與副使姚麟歷盡天寒、路遙、身疲，以及飲食相異、就枕難眠等問題，終於來到廣平淀，遂作詩呈示姚麟，並且問他何時我們可以停止奔走，息肩休息呢？甚至於因身在三千里之遙的東北偏野處，使蘇頌不禁想起當年在江南餘杭與僚屬同遊寺院、西湖和暢飲、歌唱的歡樂時光。

另外，蘇頌在遼道宗駐帳地也觀察了遼人牧馬的情形，因此在〈契丹馬契丹馬羣動以千數，每羣牧者才三二人而已。縱其逐水草，不復羈帠。有役則旋驅策而用，終日馳驟而力不困乏。彼諺云：「一分餵，十分騎。」番漢人戶亦以牧養多少為高下。視馬之形，皆不中相法。蹄毛俱不剪剔，云馬遂性則滋生益繁，此養馬法也。〉，說：

> 邊林養馬逐萊蒿，棧皁都無出入勞。用力已過東野稷，相形不待九方臯。
> 人知良御鄉評貴，家有材駒事力豪。略問滋繁有何術？風寒霜雪任蹄毛。
> 〔註 136〕

遼人這種以兩、三位牧人逐千數馬群的牧馬方式，以及順著馬性的養馬法，都給予蘇頌深刻的印象，因此特別作詩記述此事。

蘇頌此次使遼，不論是在往返途中，或在遼道宗駐帳地廣平淀，天氣的變化也是其所關注的。因此作詩〈北帳書事到會同館晚夕大風，沙塵蔽日，倍覺苦寒。赴行帳之辰，厲風頓止，晴和可愛。〉，說：

> 北海蓬蓬氣怒號，厲聲披拂晝兼宵。百重沙漠連空暗，四向茅簷捲地飄。與日過河流水涸，行天畜物密雲遙。北中久旱，經冬無雨雪。輶軒使者偏蒙福，夙駕陰霾斗頓消。〔註 137〕

可知蘇頌當時初抵廣平淀會同館時天氣惡劣，但是在晉見遼道宗當天，卻轉為晴天，讓他頗為欣喜。

〔註 136〕〔宋〕蘇頌，《蘇魏公文集（上）》，卷 13，《後使遼詩》，〈契丹馬契丹馬羣動以千數，每羣牧者才三二人而已。縱其逐水草，不復羈帠。有役則旋驅策而用，終日馳驟而力不困乏。彼諺云：「一分餵，十分騎。」番漢人戶亦以牧養多少為高下。視馬之形，皆不中相法。蹄毛俱不剪剔，云馬遂性則滋生益繁，此養馬法也。〉，頁 175。

〔註 137〕〔宋〕蘇頌，《蘇魏公文集（上）》，卷 13，《後使遼詩》，〈北帳書事到會同館晚夕大風，沙塵蔽日，倍覺苦寒。赴行帳之辰，厲風頓止，晴和可愛。〉，頁 175。

接著蘇頌在〈廣平宴會禮意極厚，雖名用漢儀，其實多參遼俗。〉描述當時祝賀遼道宗生日的禮儀，說：

遼中宮室本穹廬，暫對皇華闢廣除。編曲垣牆都草創，張旃帷幄類鶉居。朝儀強效鵷行列，享禮猶存體薦餘。玉帛係心真上策，方知三表術非疎。〔註 138〕

關於宋使節在遼皇帝駐帳地交聘的禮儀，在《遼史》〈禮志〉中，列有〈宋使見皇太后儀〉、〈宋使見皇帝儀〉、〈曲宴宋使儀〉、〈賀生辰正旦宋使朝辭太后儀〉、〈賀生辰正旦宋使朝辭皇帝儀〉〔註 139〕等五項詳細的記載，讀者可據以參考。

4、離廣平淀返宋在遼境內的行程

蘇頌完成祝賀遼道宗生日的交聘活動之後，從廣平淀啟程返宋，在遼境內的行程中，作有下列使遼詩，例如〈離廣平十二月十日離廣平，一向晴霽，天氣溫暖。北人皆云未嘗有之，豈非南使和煦所致耶！〉，說：

歸騎駸駸踏去塵，數朝晴日暖如春。向陽漸喜聞南雁，炙背何妨效野人。度漠兼程閑鼠褐，據鞍濃睡測烏巾。窮冬荒景逢溫煦，自是皇家覆育仁。〔註 140〕

顯然蘇頌在十二月十日離開廣平淀啟程返宋時，有幾天是溫暖的天氣，使其歸國返鄉的心情，更增添了和煦的感覺。

〈山路連日衝冒風雨頗覺行役之難〉，說：

却到深山歲已殘，西風連日作晴寒。塵埃季子貂裘敝，憔悴休文革帶寬。往復七旬人意怠，崎嶇千險馬行難。三關猶有燕山隔，安得陵空縱羽翰。〔註 141〕

〔註 138〕〔宋〕蘇頌，《蘇魏公文集（上）》，卷 13，《後使遼詩》，〈廣平宴會禮意極厚，雖名用漢儀，其實多參遼俗。〉，頁 175。

〔註 139〕〔元〕脫脫，《遼史》，卷 51，志第 20，禮志四，〈宋使見皇太后儀〉、〈宋使見皇帝儀〉、〈曲宴宋使儀〉、〈賀生辰正旦宋使朝辭太后儀〉、〈賀生辰正旦宋使朝辭皇帝儀〉，頁 848～854。

〔註 140〕〔宋〕蘇頌，《蘇魏公文集（上）》，卷 13，《後使遼詩》，〈離廣平十二月十日離廣平，一向晴霽，天氣溫暖。北人皆云未嘗有之，豈非南使和煦所致耶！〉，頁 176。

〔註 141〕〔宋〕蘇頌，《蘇魏公文集（上）》，卷 13，《後使遼詩》，〈山路連日衝冒風雨頗覺行役之難〉，頁 176。

從這一首詩的內容，可知蘇頌後來行走於山路中，還是遇到了風雨，以致於使其又面臨行路艱難的問題。

〈發柳河十二月二十七日早發柳河，蹉程山路，險滑可懼，因見舊游，宛然如昨。〉，說：

> 清晨驅馬兩崖間，霜重風高極險艱。前日使人衝雪去，今朝歸路踏冰還。道旁榛莽樵蘇少，野外汙萊耒耨閑。遼土甚沃，而地寒不可種，春深始耕，秋熟即止。還似昔年經歷處，下弦殘月插東山。〔註 142〕

以及〈摘星嶺二十八日過摘星嶺，行人相慶云：「過此則路漸平坦，更無登涉之勞矣。」〉，說：

> 昨日才離摸斗東，今朝又過摘星峯。摸斗、摘星二嶺名。疲軀坐困千騎馬，一行二百餘騎。遠目平看萬嶺松。絕塞阻長踰百舍，畏途經歷盡三冬。出山漸識還家路，騶御人人喜動容。一云：「行行漸識還家路。」〔註 143〕

據蘇頌此二首詩，可知其一行人在回程途中又再度面臨行路的艱難與煎熬，因此當過了摘星嶺之後，一行人皆慶幸險路已盡，將可行走於平坦之路了。而且在返程的路上，越往前行似乎越能認得歸國返鄉的路，使他們感到欣喜。另外，蘇頌因兩次使遼，沿路驛館等於來回行經四次，因此常使其邊行邊回憶起之前所見的景象，而感觸良多。

〈契丹紀事契丹飲食風物皆異中華，行人頗以為苦，紀事書呈同事閤使。〉，說：

> 夷俗華風事事違，矯情隨物動非宜。肥醲肴膳嘗皆遍，繁促聲音聽自悲。沙眯目看朱似碧，火薰衣染素成緇。退之南食猶成詠，若到窮荒更費辭。〔註 144〕

據此一首詩，可知蘇頌兩次使遼，除了頗以天寒、路遙、地險為苦之外，另一深感痛苦困擾的，即是每位宋使節出使遼國時，都必須面對的飲食問題。

〔註 142〕〔宋〕蘇頌，《蘇魏公文集（上）》，卷 13，《後使遼詩》，〈發柳河十二月二十七日早發柳河，蹉程山路，險滑可懼，因見舊游，宛然如昨。〉，頁 176。

〔註 143〕〔宋〕蘇頌，《蘇魏公文集（上）》，卷 13，《後使遼詩》，〈摘星嶺二十八日過摘星嶺，行人相慶云：「過此則路漸平坦，更無登涉之勞矣。」〉，頁 177。

〔註 144〕〔宋〕蘇頌，《蘇魏公文集（上）》，卷 13，《後使遼詩》，〈契丹紀事契丹飲食風物皆異中華，行人頗以為苦，紀事書呈同事閤使。〉，頁 177。

〔註 145〕關於這種宋遼兩國飲食文化不同的情形，據路振《乘軺錄》，說：「大中祥符元年（遼聖宗統和二十六年，一〇〇八年），……十二月……九日，虜遣使置宴于副留守之第，……，以駙馬都尉蘭陵郡王蕭寧侑宴，文木器盛虜食，先薦駱糜，用杓而啖焉。熊肪、羊、豚、雉、兔之肉為濡肉，牛、鹿、雁、鶩、熊、貉之肉為臘肉。割之令方正，雜置大盤中。二胡雛衣鮮潔衣，持帨巾，執刀匕，遍割諸肉，以啖漢使。」〔註 146〕顯然宋使節在遼地所吃「駱糜」、「熊肪、羊、豚、雉、兔之肉」、「牛、鹿、雁、鶩、熊、貉之肉」都是在宋國境內平時比較難以吃得到的食物。而且有些食物並未能合於宋使節的胃口，例如蘇轍在其〈渡桑乾〉詩，說：「會同出入凡十日，腥羶酸薄不可食。羊修乳粥差便人，風隧沙場不宜客。」〔註 147〕即是描述他在遼上京十天當中，異國風味的飲食，讓他感到很困擾。另外，朱彧《萍州可談》，說：「先公使遼，日供乳粥一碗，甚珍。但沃以生油，不可入口。諭之使去油，不聽。因紿令以他器貯油，使自酌用之，乃許，自後遂得淡粥。」〔註 148〕也讓我們知道遼人食物中的調味配料，常使宋使節食之無法下嚥。因此難怪蘇頌在其詩中，特別提到「契丹飲食風物皆異中華，行人頗以為苦」、「肥醲肴膳嘗皆遍」，可知在遼國境內的飲食，使其有很深的感受。

（三）使遼返宋在宋境內的行程

由於蘇頌此次使遼所撰的《使遼語錄》已經失傳，而且相關的史書也均未提到其返宋在宋境內的行程，因此未能得知蘇頌在此段行程的情形如何？但是筆者查閱其所作詩，發現除了《後使遼詩》二十八首之外，在其使遼將返抵宋汴京時，曾作詩〈奉使還至近畿先寄史院諸同舍二首〉，說：

> 書林輕別紫雲邊，史院在燕殿南軺傳重行北斗間。正類子卿悲異國，不同太史訪名山。次道出相臺，正仲子中禱衡廬，安中謁告淮浙，邦直案刑京東。雖經出入，皆有山河之賞，與使異域不類也。鞍韉騰踏雙腨重，風日煎熬兩鬢斑。待得使回繙舊藁，只應新例又刊刪。

〔註 145〕可參閱蔣武雄，〈宋使節在遼的飲食活動〉，《東吳歷史學報》16（臺北，2006 年 12 月），頁 1～24。

〔註 146〕〔宋〕路振，《乘軺錄》，收入趙永春編，《奉使遼金行程錄》，頁 14～15。

〔註 147〕〔宋〕蘇轍，《欒城集》，卷 16，〈渡桑乾〉，頁 196。

〔註 148〕〔宋〕朱彧，《萍州可談》，收入《宋代筆記小說（八）》（石家莊：河北教育出版社，1994 年），卷 2，頁 6。

倏忽經冬又涉春，年光冉冉暗催人。要荒一去三千里，晦朔俄驚十二旬。

絕代方言空問俗，篷山直舍已凝塵。汗青何日成書去，頭白常慚竊祿頻。〔註149〕

根據這兩首詩，使我們可以體會蘇頌此次使遼，離鄉去國三千里，往返長達四個月當中，他是一直想念著國史院的同事們，以及牽掛著修史的工作。據《續資治通鑑長編》卷二八二，說：「宋神宗熙寧十年（遼道宗大康三年，一〇七七年）……五月……戊午（九日），詔修仁宗、英宗兩朝正史，命宰臣吳充提舉；以龍圖閣直學士、右諫議大夫宋敏求為修史；秘書監、集賢院學士蘇頌同修史；秘書丞、集賢校理王存、太子中允、集賢校理、崇政殿說書黃履、著作佐郎、集賢校理林希并為編修官；勾當御藥院李舜舉管勾兼受奏事。暫通銀臺司入修國史院。」〔註150〕此段記載使我們進一步知道，蘇頌所想念的國史院同事們，原來就是吳充（1021～1080）、宋敏求（1019～1079）、王存（1023～1101）、黃履（1030～1101）、林希（1035～1101）、李舜舉（1033～1082）等人，而所牽掛的工作就是編修宋仁宗、宋英宗兩朝正史。

（四）使遼返宋之後與宋神宗的對話

由於蘇頌所撰的《使遼語錄》已經失傳，因此蘇頌此次使遼，在遼道宗駐帳地與遼君臣互動的情形如何？我們已難以知道。但是有一件蘇頌與遼臣為了宋、遼兩國曆法互相辯駁的事件，卻是值得我們加以論述，而且蘇頌返宋之後，也與宋神宗論及此事，並且進而論及有關遼國的情勢，因此筆者特別在此提出討論。

其起因是蘇頌此次使遼，逗留於遼道宗駐帳地期間，正值冬至日十一月二十七日，因為兩國曆法「冬至日」相差一天，因此引起爭論。為了讓讀者能更清楚此一史實，筆者先徵引下列史書的記載，首先據《續資治通鑑長編》卷二八四，說：「熙寧十年（遼道宗大康三年，一〇七七年）八月己丑（十二日），……蘇頌為遼主生辰國信使，……故事，使北者冬至日與北人交相慶，是歲本朝曆先契丹一日，契丹固執其曆為是。頌曰：『曆家算術小異，則遲速不同，謂如亥時節氣當交，則猶是今夕，若踰刻則屬子時為明日矣。或先或

〔註149〕〔宋〕蘇頌，《蘇魏公文集（上）》，卷10，〈奉使還至近畿先寄史院諸同舍二首〉，頁120～121。

〔註150〕〔宋〕李燾，《續資治通鑑長編》，卷282，宋神宗熙寧十年五月戊午條，頁6903。

後，各從本朝之曆可也。』北人不能屈，遂各以其日為節。使還奏之，上（宋神宗）喜曰：『朕思之，此最難處，卿對極得宜。』」〔註 151〕

鄒浩〈故觀文殿大學士蘇公行狀〉，說：「（熙寧）十年，……是歲，再充北朝生辰國信使，……在虜中遇冬至，本朝曆先北朝一日，北人問公（蘇頌）孰是？公曰：『曆家算術小異，遲速不同。謂如亥時，節氣當交則猶是今夕，若逾數刻；則屬子時，為明日矣。或先或後，各從本朝之曆可也。』虜人深以為然，遂各以其日為節慶賀。使還奏之，上（宋神宗）喜曰：『朕思之，此最難處。卿之所對，極中事理。』」〔註 152〕

葉夢得（1077～1148）《石林燕語》卷三，也有類似的記載，說：「契丹歷法與本朝素差一日。熙寧中，蘇子容（蘇頌）奉使賀生辰，適遇冬至，本朝先契丹一日。使副欲為慶，而契丹館伴官不受。子容徐曰：『歷家遲速不同，不能無小異。既不能一，各依其日為節致慶可也。』契丹不能奪，遂從之。歸奏，〔宋〕神宗嘉曰：『此事難處，無逾于此。』其後奉使者或不知此，遇朔日有不同，至更相推謁而不受，非國禮也。」〔註 153〕

綜合以上三項史書的記載，可知當時在「冬至日」的問題上，宋曆確實比遼曆提早一天。但是如果蘇頌強言宋曆正確，將會影響宋遼兩國和平外交的情誼，因此蘇頌婉轉分析說明，並且提出可以各依自己本朝的曆法，而巧妙地化解了一場無謂的爭論，使宋神宗頗為讚許。蘇頌能有如此的表現，當然是緣自他對曆法有充分的研究與了解，因此《石林燕語》卷九，又說：「蘇子容過省賦『歷者，天地之大紀』，為本場魁。既登第，遂留意歷學。元豐中使虜，適會冬至，虜歷先一日，趣使者入賀。虜人不禁天文術數之學，往往皆精，其實虜歷為正也。然勢不可從，子容乃為泛論歷學，援據詳博，虜人莫能測，無不聳聽。即徐曰：『此亦無足深校，但積刻差一刻爾。以夜半子論之，多一刻即為今日，少一刻即為明日，此蓋失之多爾。』虜不能遽析，遂從。歸奏，神宗大喜，即問：『二歷竟孰是？』因以實告，太史皆坐罰。」〔註 154〕此

〔註 151〕〔宋〕李燾，《續資治通鑑長編》，卷 284，宋神宗熙寧十年八月己丑條，頁 6952。另可參閱〔宋〕張光祖編，《言行龜鑑》，收入《文淵閣四庫全書》(臺北：臺灣商務印書館，1983 年)，子部，雜家類，卷 6，政事門，頁 33～34；《宋史》，卷 340，列傳第 99，〈蘇頌傳〉，頁 10863。

〔註 152〕〔宋〕鄒浩，《道鄉集》，卷 39，〈故觀文殿大學士蘇公（蘇頌）行狀〉，頁 10～11。

〔註 153〕〔宋〕葉夢得，《石林燕語》（北京：中華書局，1984 年），卷 3，頁 45。

〔註 154〕〔宋〕葉夢得，《石林燕語》，卷 9，頁 133～134。

段所言，雖然和前三項引文有些不同，但是仍有助於我們進一步知道其實遼曆才是正確的。〔註 155〕

蘇頌使遼返國後，除了與宋神宗有以上關於宋、遼曆法問題的對話之外，當時宋神宗也曾「因問契丹山川形勢、人情向背，〔蘇〕頌曰：『通盟歲久，頗取中國典章禮義，以維持其政令，上下相安，未有離貳之意。昔人以謂匈奴直百年之運，言其盛衰有數也。』上〔宋神宗〕曰：『契丹自耶律德光至今，何止百年？』頌曰：『漢武帝自謂：高皇帝遺朕平城之憂，雖久勤征討，而匈奴終不服。至宣帝，呼韓單于稽首稱藩。唐自中葉以後，河湟陷于吐蕃，憲宗每讀《貞觀政要》，慨然有收復意。至宣宗時，乃以三關、七州歸于有司。由此觀之，夷情之叛服不常，不繫中國之盛衰也。』」〔註 156〕《丞相魏公譚訓》卷第一，也記載此事，說：「祖父元豐初使虜回，陛對，神宗問虜中山川形勢、人情向背。祖父言：『虜講和日久，頗竊中國典章禮義，以維持其政令。上下相安，未有離貳之意。昔人以為匈奴直百年之運，言其盛衰有數也。』上〔宋神宗〕曰：『虜自耶律德光何止百年？』祖父曰：『漢武帝自謂："高皇帝遺朕平城之憂，雖久勤征討，而匈奴終不服。"至宣帝時，呼韓單于稽首稱藩。唐自中葉以後，河湟陷于吐蕃，憲宗每覽《貞觀政要》，慨然有收復意。至宣宗時，乃以三關、七州歸于有司。由此觀之，夷狄之叛服不常，夷狄之外復有夷狄，不繫中國之盛衰也。』上深然之。」〔註 157〕據此二項引文所言，我們可知宋神宗應是很認同蘇頌與遼國和平相處的主張，以及持續與遼國進行和平外交的作法。因此在朱熹（1130～1200）《宋名臣言行錄》中，有言：「公〔蘇頌〕在金華，每進讀，至弭兵息民，則必反復條奏，援引古今，使上〔宋神宗〕不忘弭兵息民之意。」〔註 158〕可知宋神宗與蘇頌在對遼外交的策略上，採取弭兵息民的主張與作法，兩人是頗為契合的。

〔註 155〕關於遼曆優於宋曆的討論，可參閱趙永春，〈蘇頌使遼與曆法改革〉，《昭烏達蒙族師專學報》（漢文哲學社會科學版）2000：5（赤峰：2005 年 5 月），頁 43～47。

〔註 156〕〔宋〕李燾，《續資治通鑑長編》，卷 284，宋神宗熙寧十年八月己丑條，頁 6952～6953。

〔註 157〕〔宋〕蘇象先，《丞相魏公譚訓》，收入《蘇魏公文集（下）》，附錄一，頁 1121。在鄒浩，《道鄉集》，卷 39，〈蘇公行狀〉，頁 14。〈福建通志稿〉〈蘇頌傳〉、《宋史》〈蘇頌傳〉也均有類似的記載。

〔註 158〕〔宋〕朱熹，《宋名臣言行錄（後集）》（臺北：文海出版社，1967 年），卷 11，〈蘇頌〉，頁 13。

後來蘇頌在整編《華戎魯衛信錄》時，也曾特別強調宋神宗這種與遼國相處的態度，在〈華夷魯衛信錄總序〉，說：「陛下欽若成憲，羈縻要荒，及命儒臣討論故事，將欲垂於方冊，副在有司，其所以慮遠防微紆意及此者，皆以偃兵息民故也。」〔註 159〕以及在〈進華戎魯衛信錄〉，說：「豈若我朝之綏遠，率令異域之歸忠，偃革有年，曠古無并。而聖慮猶虞其越軼，遂詔書思所以持循，乃屬下臣，討求故實，科平日嘗行之務，著一朝永久之規。將欲付之有司，使知所守，又以待其來者，無得而踰。」〔註 160〕可見蘇頌也頗呼應宋神宗弭兵息民的態度。

六、第二次館伴遼使

據《續資治通鑑長編》卷三三九，說：「遼使鄭顓來賀（元豐）五年（遼道宗太康八年，一〇八二年）正旦，顓明辯有才智，（蘇）頌為館伴，……。」〔註 161〕另據鄒浩《故觀文殿大學士蘇公行狀》，說：「元豐五年，（蘇頌）為北虜賀正館伴使，虜使鄭顓明辯有才智，……。」〔註 162〕以及《丞相魏公譚訓》卷第一，也說：「元豐五年，（蘇頌）為北虜賀正館伴使，虜使鄭顓明辯有才智，……。」〔註 163〕可知蘇頌在宋神宗元豐四年（遼道宗大康七年，一〇八一年）十二月至翌年正月，曾以館伴使的身份，陪伴前來祝賀宋國正旦的遼使鄭顓。

當時蘇頌與遼使鄭顓互動的情形，據《續資治通鑑長編》卷三三九，說：「……（宋神宗）賜（蘇）頌銀、絹三百，檢討官、朝奉郎王汝翼升一任，通直郎李士京銀、絹六十。……先是，遼使鄭顓來賀五年正旦，顓明辯有才智，頌為館伴，上（宋神宗）命副使張山甫諭顓，以近令頌修《信錄》，欲以固兩朝盟好。顓感激稱謝，見頌益恭，私覿禮物皆異常時。上遣使諭旨曰：『聞北使以卿儒學醞籍，贈遺特殊，今以上龍茶、琉璃器賜卿，可予之，以答其意。』顓復遺頌異錦一端，即日進之。後因奏事語及，上曰：『宮中所

〔註 159〕〔宋〕蘇頌，〈華夷魯魏信錄總序〉，《蘇魏公文集（下）》，卷 66，頁 1003。

〔註 160〕〔宋〕蘇頌，〈進華戎魯魏信錄〉，《蘇魏公文集（下）》，卷 44，頁 652。

〔註 161〕〔宋〕李燾，《續資治通鑑長編》，卷 339，宋神宗元豐六年九月丙寅條，頁 8171。

〔註 162〕〔宋〕鄒浩，《道鄉集》，卷 39，〈故觀文殿大學士蘇公（蘇頌）行狀〉，頁 14。

〔註 163〕〔宋〕蘇象先，《丞相魏公譚訓》，卷 1，收入《蘇魏公文集（下）》，附錄一，頁 1123。

無也。』」〔註 164〕以及鄒浩《故觀文殿大學士蘇公行狀》，說：「元豐五年，（蘇頌）為北虜賀正館伴使，虜使鄭顓明辯有才智。上（宋神宗）命副使張山甫諭以近命蘇頌修《信錄》，欲以重兩朝盟好之固，顓感激稱謝，見公益恭遜，私覿禮物皆異常時。遣使喻旨曰：『聞虜使以卿儒學醞藉，贈遺特殊。今以小龍茶、琉璃器賜卿，可予之，以答其意。』顓復遺公異錦一端，即日進之。後因奏事語及，上曰：『禁中所無也。』」〔註 165〕可見《華戎魯衛信錄》的編成，對於宋遼兩國和平外交的發展具有很大的意義和貢獻，因此不僅宋神宗給予蘇頌豐厚的獎賞，甚至於遼使鄭顓使宋時，聽聞此事之後，也心存崇敬與感激之意，特別致送貴重的禮物給蘇頌。

七、撰寫對遼外交文書

蘇頌在宋哲宗（1077～1100）元祐四年（遼道宗大安五年，一〇八九年）五月，其七十歲之年，被派任為翰林學士承旨，因此至元祐五年二月改遷右光祿大夫守尚書左丞之前的這段期間，蘇頌曾為宋哲宗撰內制文書，其中對遼外交文書包括國書與口宣二種，現依《蘇魏公文集》所收錄列表如下：〔註 166〕

（一）國書

	時　間	文書題名
1	宋哲宗元祐四年七月	皇帝達太皇太后回大遼皇帝賀坤成節書
2	同上	皇帝回大遼皇帝問候書
3	宋哲宗元祐五年正月	皇帝達太皇太后回大遼皇帝正旦書
4	同上	皇帝賀大遼皇帝正旦書
5	同上	皇帝回大遼皇帝賀正旦書
6	同上	皇帝達太皇太后回大遼皇帝賀正旦書
7	同上	皇帝回大遼皇帝賀興龍節書
8	同上	皇帝達太皇太后回大遼皇帝問候書

〔註 164〕〔宋〕李燾，《續資治通鑑長編》，卷 339，宋神宗元豐六年九月丙寅條，頁 8171。

〔註 165〕〔宋〕鄒浩，《道鄉集》，卷 39，〈故觀文殿大學士蘇公（蘇頌）行狀〉，頁 14。

〔註 166〕〔宋〕蘇頌，《蘇魏公文集（上）》，卷 25，〈內制口宣〉、卷 26，〈口宣〉，〈外國書〉，頁 336～360。

（二）口宣

	時　間	文書題名
1	宋哲宗元祐四年七月	賜大遼賀坤成節人使銀沙鑼等口宣
2	同上	班荊館賜大遼賀坤成節國信使副到闕酒果口宣
3	同上	就驛賜大遼賀坤成節人使內中酒果口宣
4	同上	班荊館賜大遼賀坤成節國信使副回程酒果口宣
5	宋哲宗元祐四年十二月	送伴賀興龍節使副沿路與賀正旦人使相見傳宣撫問口宣
6	同上	送伴賀興龍節使副沿路與接伴賀正旦使副相見傳宣撫問口宣
7	同上	白溝驛賜大遼賀興龍節人使御筵并傳宣撫問口宣
8	同上	雄州撫問大遼賀興龍節使副口宣
9	同上	趙州賜大遼皇帝賀興龍節使副茶藥口宣
10	宋哲宗元祐五年正月	白溝驛賜大遼賀正旦人使御筵兼傳宣撫問口宣
11	同上	相州賜大遼賀興龍節使副御筵口宣
12	同上	班荊館賜大遼賀興龍節人使到闕御筵口宣
13	同上	班荊館賜大遼賀正旦人使到闕御筵口宣
14	同上	相州賜大遼賀正旦人使回程御筵口宣
15	同上	瀛州賜大遼賀正旦人使回程御筵口宣
16	同上	賜大遼賀興龍節使副銀沙鑼等口宣
17	同上	賜大遼賀興龍節人使辭訖酒果口宣
18	同上	班荊館賜大遼賀興龍節人使回程御筵口宣
19	同上	玉津園賜大遼賀興龍節人使射弓例物口宣
20	同上	班荊館賜大遼賀興龍節人使回程酒果口宣
21	同上	賜大遼賀興龍節人使內中酒果口宣
22	同上	賜大遼賀興龍節人使內中酒果口宣
23	同上	賜大遼賀興龍節人使回朝辭訖歸驛御筵口宣
24	同上	班荊館賜大遼賀正旦人使到闕酒果口宣
25	同上	賜大遼賀正旦人使沙鑼唾盂盂子錦被褥等口宣
26	同上	賜大遼賀正旦人使春幡勝口宣
27	同上	賜大遼賀正旦使副歲除日酒果口宣
28	同上	正月三日賜大遼賀正旦使副內中酒果口宣

29	同上	送伴正旦使副沿路與北朝生辰正旦使副相見傳宣撫問口宣
30	同上	玉津園賜大遼賀正旦人使射弓例物口宣
31	同上	正旦日賜大遼賀正旦人使酒果口宣
32	同上	雄州賜大遼賀正旦人使回程御筵口宣
33	同上	正月六日賜大遼賀正旦人使朝辭訖歸驛御筵口宣
34	同上	賜大遼賀正旦人使正月一日就驛御筵口宣
35	同上	賜大遼賀正旦使副朝辭酒果口宣
36	同上	班荊館賜大遼賀正旦人使回程御筵口宣
37	同上	班荊館賜大遼賀正旦人使回程酒果口宣

按，宋哲宗時期高太皇太后的生日是在七月十六日，坤成節為其生日節名；而宋哲宗的生日是在十二月七日，興龍節為其生日節名。因此從上列二表可知蘇頌在這段期間，曾為宋朝廷撰寫過有關高太皇太后生日、宋哲宗生日，以及元旦等宋遼交聘活動方面的外交文書。

八、結論

綜合上文的論述，我們可以更加瞭解，蘇頌確實是一位接觸宋遼外交事務很深的宋臣，例如其在宋英宗治平三年十二月與治平四年正月，擔任接伴與送伴遼使的工作；宋神宗熙寧元年八月，被派任為「北朝皇太后生辰國信使」，十月啟程前往遼國祝賀遼宗天太后的生日；熙寧二年四月，被派任為館伴使，陪伴前來宋汴京祝賀宋神宗生日的遼使耶律昌；熙寧十年八月，被任命為「北朝皇帝生辰國信使」，十月啟程前往遼國祝賀遼道宗的生日；宋神宗元豐四年十二月至翌年正月，又擔任館伴使，陪伴前來祝賀宋國正旦的遼使鄭顓；宋哲宗元祐四年五月，蘇頌被派任為翰林學士承旨，曾為宋哲宗撰內制文書，其中對遼外交文書包括國書與口宣二種。在宋臣中像蘇頌如此深入地接觸宋遼外交事務，可謂是少有的，因此趙永春先生在〈略論蘇頌使遼〉一文中，強調蘇頌使遼的貢獻，說：「（一）蘇頌圓滿完成了外交任務，為保持宋遼和平友好關係做出了貢獻。……（二）蘇頌向人們介紹了遼朝的風土人情，為宋朝及其後人了解契丹做出了重要貢獻。……（三）蘇頌記述了遼朝經濟發展狀況，為人們研究遼史提供了重要史料。」〔註167〕

〔註167〕趙永春，〈略論蘇頌使遼〉，頁44～46。

除此之外，筆者認為蘇頌在宋遼外交關係史上的貢獻，尚有兩項必須加以強調，一是蘇頌在處理宋遼外交事務上，累積了豐富的經驗，因此宋神宗在蘇頌第二次擔任館伴使的前一年，即元豐四年（遼道宗大康七年，一〇八一年）八月，特別派任他負責整編宋遼外交檔案資料彙編，蘇頌在元豐六年（遼道宗大康九年，一〇八三年）九月如期完成，呈上於宋神宗後，賜名為《華戎魯衛信錄》，並且「特賜銀、絹各一百五十兩匹」。〔註 168〕可見蘇頌在宋遼和平外交方面確實有很大的貢獻。

二是當時蘇頌與宋神宗兩人對維持宋遼和平外交所作的種種努力。也就是在前文，筆者論及宋神宗與蘇頌在對遼的策略上均主張弭兵息民，因此蘇頌在宋神宗時期所擔任接伴、送伴、館伴遼使和兩次使遼的工作，以及負責整編《華戎魯衛信錄》，我們可謂就如同代替宋神宗去執行弭兵息民的策略一樣，發揮了加強兩國和平外交情誼的效果，並且獲得宋神宗的讚賞與肯定。筆者認為假如我們從這個角度，來看蘇頌在宋遼外交事務上的事蹟表現與貢獻，則除了給予蘇頌肯定之外，也對其充滿了敬佩之意。

一、史料

1. 〔宋〕王曾，《王沂公行程錄》，收入趙永春編，《奉使遼金行程錄》，長春：吉林文史出版社，1995 年。
2. 〔宋〕包拯，《包孝肅公奏議》，臺北：新興書局，1960 年。
3. 〔宋〕朱彧，《萍州可談》，收入《宋代筆記小說（八）》，石家莊：河北教育出版社，1994 年。
4. 〔宋〕朱熹，《宋名臣言行錄（後集）》，臺北：文海出版社，1967 年。
5. 〔宋〕宋綬，《契丹風俗》，收入趙永春編，《奉使遼金行程錄》。
6. 〔宋〕沈括，《熙寧使虜圖抄》，收入趙永春編，《奉使遼金行程錄》。
7. 〔宋〕李燾，《續資治通鑑長編》，北京：中華書局，2008 年。
8. 〔宋〕徐度，《却掃編》，收入《叢書集成新編（八十四）》，臺北：新文豐出版公司，1985。
9. 〔宋〕許亢宗，《宣和乙巳奉使金國行程錄》，收入趙永春編，《奉使遼金行程錄》。

〔註 168〕〔宋〕蘇頌，《蘇魏公文集（下）》，卷 44，〈謝支賜〉，頁 653。

10. 〔宋〕陳襄，《神宗皇帝即位使遼語錄》，收入趙永春編，《奉使遼金行程錄》。
11. 〔宋〕曾肇，《曲阜集》，收入《叢書集成續編（八）》，臺北：新文豐出版公司，1989 年。頁 59～60。
12. 〔宋〕張光祖編，《言行龜鑑》，收入《文淵閣四庫全書》，臺北：臺灣商務印書館，1983 年。
13. 〔宋〕葉夢得，《石林燕語》，北京：中華書局，1984 年。
14. 〔宋〕葉隆禮，《契丹國志》，北京：中華書局，2014 年。
15. 〔宋〕路振，《乘軺錄》，收入趙永春編，《奉使遼金行程錄》。
16. 〔宋〕鄒浩，《道鄉集》，臺北：漢華文化事業公司，1970 年。
17. 〔宋〕蘇頌，《蘇魏公文集（上）》，北京：中華書局，2004 年）。
18. 〔宋〕蘇轍，《欒城集》，收入張元濟主編，《四部叢刊初編本》，臺北：臺灣商務印書館，1965 年。
19. 〔宋〕蘇象先，《丞相魏公譚訓》，收入《蘇魏公文集（下）》，附錄一。
20. 〔元〕脫脫，《宋史》，北京：中華書局，2003 年。
21. 〔清〕黃以周，《續資治通鑑長編拾補》，北京：中華書局，2004 年。

二、近人著作

1. 傅樂煥，《遼史叢考》，北京：中華書局，1984 年。
2. 趙永春編，《奉使遼金行程錄》，長春：吉林文史出版社，1995 年。
3. 蔣武雄，《宋遼人物與兩國外交》，臺北：花木蘭文化出版社，2014 年。
4. 顏中其、蘇克福，《蘇頌年譜》，長春：北方婦女兒童出版社，1993 年。
5. 聶崇岐，《宋史叢考（下）》，臺北：華世出版社，1986 年。

三、論文

1. 王文楚，〈宋遼驛路及其改遷〉，《歷史地理》11，上海：1993 年 6 月。
2. 石硯樞，〈蘇頌使遼沿途文物勝迹考〉，收入杜江主編，《承德歷史考古研究》，瀋陽：遼寧民族出版社，1995 年。
3. 李慧娟，〈蘇頌與北宋的對外關係〉，《長春師範學院學報》2001：1，長春，2001 年 3 月。

4. 胡彥，〈試論蘇頌「使遼詩」中的愛國情懷〉，《開封教育學院學報》2014：7，開封，2014 年 7 月。
5. 胡彥，〈蘇頌「使遼詩」和「科學詩」探究〉，《萍鄉學院學報》2015：2，萍鄉，2015 年 6 月。
6. 胡廷榮，〈遼中京至廣平甸捺鉢間驛館考略〉，《中國邊疆史地研究》14：1，北京，2004 年 3 月。
7. 陳子彬、齊敬之，〈蘇頌《使遼詩》注釋〉，《承德民族師專學報》1993：2，承德，1993 年 4 月。
8. 曹樹森，〈蘇頌與宋遼關係〉，《吉林師範學院學報》1995：7，吉林，1995 年 7 月。
9. 傅樂煥，〈宋遼聘使表稿〉，收入《遼史叢考》，北京：中華書局，1984 年。
10. 傅樂煥，〈廣平淀考〉，收入《遼史叢考》。
11. 傅樂煥，〈宋人使遼語錄行程考〉，收入《遼史叢考》。
12. 趙克，〈蘇頌接伴遼使及首次使遼時間考証——《蘇頌年表》正誤一則〉，《北方論叢》1992：4，哈爾濱，1992 年 8 月。
13. 趙永春，〈略論蘇頌使遼〉，《松遼學刊》1991：3，吉林，1991 年 6 月。
14. 趙永春，〈蘇頌使遼與曆法改革〉，《昭烏達蒙族師專學報》（漢文哲社會科學版）2000：5，廈門，2000 年 5 月）。
15. 蔣武雄，〈宋使節逗留對方京城日數的探討〉，《空大人文學報》12，臺北，2003 年 12 月。
16. 蔣武雄，〈宋使節在遼的飲食活動〉，《東吳歷史學報》16，臺北，2006 年 12 月。
17. 蔣武雄，〈蘇頌與《華戎魯衛信錄》——一部失傳的宋遼外交檔案資料彙編〉，《東吳歷史學報》21，臺北，2009 年 6 月。
18. 鄭鐵巨，〈《石林燕語》所記蘇頌事迹輯略〉，《中南民族學院學報》（哲學社會科學版）1992：2，武漢，1992 年 4 月。
19. 聶崇岐，〈宋遼交聘考〉，收入《宋史叢考（下）》，臺北：華世出版社，1986 年。

20. 蘇冬梅，〈略論蘇頌的歷史功績〉，《鷺江職業大學學報》2000：3，廈門，2000 年 9 月。

（《東吳歷史學報》第三十八期，民國 107 年 6 月）

宋使節出使遼西京和獨盧金考

摘要：

遼興宗曾經各有一次以遼西京和獨盧金為冬捺鉢駐帳地，至於遼道宗則有四次以獨盧金為冬捺鉢駐帳地，但是其中有三次在獨盧金逗留一段時間之後，又從獨盧金前往遼西京。因此在這六個年份，此二地點也就成為宋使節出使遼國的目的地，是宋使節晉見遼皇帝與進行交聘活動的地方。但是因為目前存留有關宋使節前往遼西京和獨盧金的記載相當不足，並且有模糊不明與矛盾之處，因此筆者擬在本文中，針對這些史實進行論述與考證的工作。

關鍵詞：宋、遼、使節、外交、遼西京、獨盧金

一、前言

在宋與遼的和平外交關係史當中，假如僅就兩國皇帝接見對方使節的地點來說，則彼此有很大的不同。關於這種差異的情形，傅樂煥（1913～1966）在〈宋人使遼語錄行程考〉中，曾經加以分析說：

> 契丹本是一個游牧的民族，但在吞併四鄰，尤其是掠奪得一部分中國領土人民之後，漸漸漢化，遂變成一個城居的國家，但同時他們還保存了一部分舊有的遊牧習慣。他們的君主雖則也有都城宮殿，卻絕不像中國君主，蟄居不出，而時時到各處去捕漁打獵。於是宋使見他的地方，也隨之漫無定所了。〔註1〕

〔註 1〕傅樂煥，〈宋人使遼語錄行程考〉，收錄於《遼史叢考》（北京：中華書局，1984年11月），頁21。

另外，聶崇岐（1903～1962）在〈宋遼交聘考〉，也說：

宋之帝后，少出都城，受禮之處率在東京（汴京、開封）……。若遼則不然，其俗好漁獵，帝后居處，年每數徙，故受禮之處不一。〔註 2〕

從以上兩則引文可知，宋為農業朝廷的國家，宋皇帝一向長駐於汴京，因此他接見遼使節的地點也就都在宋汴京。至於遼皇帝接見宋使節的地點則不固定，因為遼是漁獵和農業並行的國家，尤其是遼皇帝每年都會隨著季節的變化，移動駐帳地，而形成所謂的春、夏、秋、冬捺鉢文化。因此宋人晁載之在〈《乘軺錄》跋語〉，說：

契丹今改其國號大遼，見宋使無常處，不皆在中京也。〔註 3〕

可見遼皇帝雖然有建置京城，但是因為四季捺鉢駐帳地的不同，導致宋使節必須配合這種情形，前往遼皇帝的駐帳地，才能獲得接見與進行交聘的活動。

基於以上的史實，筆者曾發表〈遼皇帝接見宋使節的地點〉〔註 4〕一文，舉出遼皇帝接見宋使節的地點，至少有幽州（燕京、遼南京、今北京）、中京、上京、長泊（長濼）、鞾淀（靴淀）、木葉山、穆丹河（沒打河）、九十九泉、雲中甸（雲中淀）、永安山、廣平淀、混同江、遼河等，約十四個不同名稱的地點。其中「雲中甸」即是遼人所稱的「獨盧金」，位於遼西京道境內，而且是宋遼一百多年和平交往中，宋使節比較少前往的地點。由於目前尚未有學者發表專文討論此一史實，因此筆者擬在本文中，針對遼興宗（1016～1055）與遼道宗（1032～1101）時期，宋使節出使遼西京道獨盧金的一些相關問題進行探討。

另外，筆者也進一步發現遼興宗在位二十四年期間，曾經各有一次以遼西京和獨盧金為冬捺鉢駐帳地。而遼道宗在位四十七年期間，雖然有四次以獨盧金為冬捺鉢駐帳地，但是其中有三次他在獨盧金逗留一段時間之後，又從獨盧金前往遼西京。因此在這六個年份，宋使節出使遼國就必須前往遼西

〔註 2〕聶崇岐，〈宋遼交聘考〉，收錄於《宋史叢考》（下）（臺北：華世出版社，1986 年 12 月），頁 303。

〔註 3〕（宋）晁載之，〈《乘軺錄》跋語〉，《續談助》，收錄於《叢書集成新編》（臺北：新文豐出版公司，1984 年 6 月），卷 3，頁 49。

〔註 4〕蔣武雄，〈遼皇帝接見宋使節的地點〉，《東吳歷史學報》14（臺北：東吳大學，2005 年 12 月），頁 223～252。

京或獨盧金，才得以晉見遼皇帝和進行交聘的活動，也因而筆者以〈宋使節出使遼西京和獨盧金考〉為題撰寫成本文。

然而關於這一方面的史實，因為宋遼兩國史書記載相當不足，並且有一些模糊不明和矛盾之處，因此造成筆者在論述與考證工作上的困難，尚請學者專家能不吝予以指正。

二、遼興宗與遼道宗曾經以遼西京道獨盧金為冬捺鉢駐帳地

西京大同府為遼五京之一，其設置的經過，據《遼史》〈地理志一〉，說：

（遼）太宗（902～947）以皇都為上京，升幽州為南京，改南京為東京，聖宗（972～1031）城中京，興宗升雲州為西京，於是五京備焉。……西京道：西京大同府，……（唐）開元十八年（七三〇年）置雲州。天寶六年（七四七年）改雲中郡。乾元元年（七五八年）曰雲州。……（後唐）同光三年（九二五年）復以雲州為大同軍節度使。晉高祖（892～942）代唐，以契丹有援立功，割山前、代地為賂，大同來屬，因建西京。……初為大同軍節度，重熙十三年（宋仁宗慶曆四年，一〇四四年）升為西京，府曰大同。〔註5〕

另外，《遼史》〈興宗本紀〉，也說：

重熙十三年……十一月……丁卯（九日），改雲州為西京。……十二月己丑（二日），幸西京。〔註6〕

由以上兩則記載可知，遼朝能擁有雲州，是因為五代後唐時期，石敬瑭為了稱帝建立後晉，求援於遼，事成之後以燕雲十六州割讓予遼，因此雲州（大同）劃歸遼朝，遼興宗重熙十三年升為西京，成為遼的五京之一。而遼西京道也因而形成，其所轄有西京大同府、豐州、雲內州、天德軍、寧邊州、奉聖州、蔚州、應州、朔州、東勝州、金肅州、河清軍等地方行政單位。〔註7〕

至於遼皇帝冬捺鉢駐帳地的情形，據《遼史》〈營衛志上〉，說：

有遼始大，設制尤密。居有宮衛，謂之斡魯朵；出有行營，謂之捺鉢。……。〔註8〕

〔註 5〕（元）脫脫，《遼史》（北京：中華書局，1974 年 10 月），卷 37，志第 7，地理志 1，頁 438、卷 41，志第 11，地理志 5，西京道，頁 505～506。

〔註 6〕（元）脫脫，《遼史》，卷 19，本紀第 19，興宗 2，頁 231。

〔註 7〕（元）脫脫，《遼史》，卷 41，志第 11，地理志 5，西京道，頁 505～515。

〔註 8〕（元）脫脫，《遼史》，卷 31，志第 1，營衛志上，頁 361。

以及〈營衛志中〉，說：

> 遼國盡有大漠，浸包長城之境，因宜為治。秋冬違寒，春夏避暑，隨水草就畋漁，歲以為常。四時各有行在之所，謂之「捺鉢」。……冬捺鉢：曰廣平淀。……其地饒沙，冬月稍暖，牙帳多於此坐冬，與北、南大臣會議國事，時出校獵講武，兼受南宋及諸國禮貢。〔註 9〕

可知廣平淀是遼皇帝冬捺鉢的駐帳地，也是遼皇帝與遼大臣討論國事，以及接見宋使節的地方。因此在宋使節的使遼詩中，有一些詩題和內容與廣平淀有關，例如蘇頌（1020～1101）兩次使遼都是至廣平淀，作有〈初至廣平紀事言懷呈同事閤使〉、〈廣平宴會〉、〈離廣平〉〔註 10〕等詩；而彭汝礪（1042～1095）也作有〈廣平甸謂虜地險至此廣大而平易云〉〔註 11〕詩。

但是我們仔細查閱相關史料，可以發現遼代歷朝皇帝冬捺鉢的駐帳地，其實並不只限於廣平淀一地，另有幾個地點，其中之一即是在遼西京道境內的獨盧金。傅樂煥在〈遼代四時捺鉢考五篇〉「（一）春水秋山考」中，曾論及獨盧金在遼境何地？以及宋人對該地的稱呼，說：

> 遼代地名其本國人習稱者與見之宋人記載者每不相同。是年《遼史》云獨盧金，《長編》作雲中甸，名雖有異，地實相同。文彥博（1006～1097）《潞公集》（卷七）〈贈國信畢少卿仲衍（1040～1082）〉詩有云：「朔風不度龍沙遠，只向雲中講信回」。仲衍使遼在元豐二年，當遼大康五年。檢是年《遼紀》道宗亦駐蹕獨盧金。知獨盧金與雲中甸確指同一地點。獨盧金《遼史》不詳所在，由前後相關地名準之，知在西京境內。今悉又稱雲中甸，雲中為遼西京大同府倚郭縣，雲中甸即謂雲中縣境郊野之地。〔註 12〕

傅先生這一段分析與推論，應可供我們參考。

〔註 9〕（元）脫脫，《遼史》，卷 32，志第 2，營衛志中，行營，頁 373～375。

〔註 10〕（宋）蘇頌，〈初至廣平紀事言懷呈同事閤使〉、〈廣平宴會〉、〈離廣平〉，《蘇魏公文集》（北京：中華書局，2004 年），卷 13，《後使遼詩》，頁 174、175、176。

〔註 11〕（宋）彭汝礪，〈廣平甸謂虜地險至此廣大而平易云〉，收錄於傅璇琮主編《全宋詩》（北京：北京大學出版社，1998 年），卷 901，《後使遼詩》，頁 10553。

〔註 12〕傅樂煥，〈遼代四時捺鉢考五篇〉，「（一）春水秋山考」，收錄於《遼史叢考》，頁 48～49。

有關遼西京道獨盧金與遼興宗冬捺鉢駐帳地的關係，據《遼史》〈興宗本紀〉，說：

（遼興宗）重熙十七年（宋仁宗慶曆八年，一〇四八年），……冬十月……甲午（三十日），駐蹕獨盧金。〔註13〕

可知此年遼興宗冬捺鉢駐帳地是在遼西京道境內的獨盧金，而且筆者要加以強調的是，這是遼代歷朝皇帝中第一次，同時也是遼興宗在位二十四年，僅有的一次以獨盧金為冬捺鉢駐帳地。

至於遼道宗以遼西京道獨盧金為冬捺鉢駐帳地的情形，據《遼史》〈道宗本紀〉，說：

（遼道宗）清寧八年（宋仁宗嘉祐七年，一〇六二年），……冬十月甲戌（一日）朔，駐蹕獨盧金。……十二月……癸未（十日），幸西京。……咸雍九年（宋神宗熙寧六年，一〇七三年），……九月癸卯（三日），駐蹕獨盧金。冬十月，幸陰山，遂如西京。……大康五年（宋神宗元豐二年，一〇七九年），……冬十月己亥（四日），駐蹕獨盧金。……十二月……乙卯（二十一日），幸西京。……壽隆五年（宋哲宗元符二年，一〇九九年），……閏九月丙子（七日），駐蹕獨盧金。〔註14〕

顯然遼道宗在位四十七年，曾經有四次以遼西京道獨盧金為其冬捺鉢駐帳地。

依據以上的論述，可知在遼興宗與遼道宗時期，曾經先後共有五次以遼西京道獨盧金為冬捺鉢駐帳地，並且根據前引〈營衛志中〉，說：「冬捺鉢：……，兼受南宋及諸國禮貢。」〔註15〕以及《續資治通鑑長編》（以下簡稱《長編》）卷五一五，說：

宋哲宗（1077～1100）元符二年（遼道宗壽隆五年，一〇九九年）……是歲，北主於雲中甸（遼人稱獨盧金）受回謝、生辰、正旦國信禮。〔註16〕

〔註13〕（元）脫脫，《遼史》，卷20，本紀第20，興宗3，頁239。

〔註14〕（元）脫脫，《遼史》，卷22，本紀第22，道宗2，頁261～262、卷23，本紀第23，道宗3，頁275、卷23，本紀第23，道宗3，頁275、卷24，本紀第24，道宗4，頁284、卷26，本紀第26，道宗6，頁312。

〔註15〕（元）脫脫，《遼史》，卷32，志第2，營衛志中，行營，頁375。

〔註16〕（宋）李燾，《續資治通鑑長編》（以下簡稱《長編》）（上海：上海古籍出版社，1986年），卷515，宋哲宗元符二年十二月甲寅條，頁10。

因此遼西京道獨盧金在這五個年份應是宋遼進行交聘活動的地點，也就是宋使節使遼必須前往該地，才能見到遼興宗或遼道宗。

但是實際上並非完全如此，因為根據前引《遼史》〈道宗本紀〉，我們可以發現遼道宗雖然有四次「駐蹕獨盧金」，然而其中有三次，他在獨盧金逗留了一段時間之後，又從獨盧金前往遼西京。因此在這三個年份，宋朝廷所派的生辰使、正旦使，他們使遼前往的地點，應該是在遼西京，而不是獨盧金。關於類似遼道宗以獨盧金為冬捺鉢駐帳地，卻又前往西京的情形，楊軍在〈遼代捺鉢三題〉中，有特別指出，說：

> 學界通常認為，遼朝國家政治中心在四時遷徙的斡魯朵中，不在五京。毫無疑問，由于皇帝經常在捺鉢地，四時捺鉢成為遼代政治中心之一。但從上述情況來看，五京亦非虛設，甚至為某種特殊原因，皇帝會中止捺鉢，將捺鉢隊伍留在捺鉢地，自己臨時返回某京。如果我們考慮到遼朝政治的二元性特點，估計更為可能的情況是，五京是漢式政體或者說南面官體制的政治中心，而捺鉢地則是游牧政體或者說北面官體制的政治中心，與南北面官制中北面官居主導地位一樣，作為政治中心，捺鉢地的重要性要超過五京，但是皇帝中止捺鉢返回五京的現象表明，五京畢竟也是不容完全忽視的政治中心之一。……皇帝中止捺鉢返回五京的現象，也反映着遼朝皇帝要在捺鉢與五京兩種政治中心之間維持一種平衡，這正是契丹皇帝貫徹二元制立國原則的體現。〔註 17〕

可知類似遼道宗從冬捺鉢駐帳地獨盧金，卻又前往遼西京的舉動，在遼代並不少見，是一項時或有之的情況。因此筆者在本文中，探討這幾個年份宋使節晉見遼皇帝和進行交聘活動的地點，也就包括了遼西京和獨盧金兩個地點。

三、宋使節至遼西京和獨盧金晉見遼興宗

（一）遼西京

根據前引《遼史》〈興宗本紀〉的記載，遼興宗在重熙十三年十二月初曾經「幸西京」，因此該年宋朝廷所派的生辰使、正旦使，使遼的目的地是在遼

〔註 17〕楊軍，〈遼代捺鉢三題〉，《史學集刊》3（長春：吉林大學，2016 年 5 月），頁 154。

西京。筆者根據《長編》卷一五一，進一步查閱這一年宋朝廷所派的使遼人選，說：

> 宋仁宗慶曆四年（遼興宗重熙十三年，一〇四四年）……八月……壬子（二十三日），右正言、秘閣校理孫甫（998～1057）為契丹國母生辰使，如京使夏防副之；太常少卿、直史館劉夔（981～1063）為契丹生辰使，崇儀使楊宗讓副之；鹽鐵判官、祠部員小郎、秘閣校理張瓌（1004～1073）為契丹國母正旦使，內閣副使焦從約副之；開封府推官、監察御史劉湜為契丹正旦使，東頭供奉官、閤門祗候李士勳副之。〔註 18〕

這表示孫甫、劉夔、張瓌、劉湜等人在此年使遼將必須前往遼西京，才得以晉見遼興宗和進行交聘的活動。

但是可惜的是，筆者查閱《長編》、《宋會要輯稿》、《宋史》、《遼史》、《東都事略》、《隆平集》、《名臣碑傳琬琰集》、《使遼語錄》、使遼詩和墓誌銘等記載，均未能查得這一批宋使節使遼的其他相關記事。只查得曾鞏在〈故朝散大夫尚書刑部郎中充天章閣待制兼侍讀上輕車都尉賜紫金魚袋孫公行狀〉，說：「（孫）公諱甫，字之翰。……已而奉使契丹，……。」〔註 19〕此一行狀雖然有述及孫甫曾經使遼，但是對於這一批宋使節是否前往遼西京晉見遼興宗呢？並無法提供一個明確的說法。

（二）獨盧金

另外，根據前引《遼史》〈興宗本紀〉，記載遼興宗在重熙十七年十月底曾經「駐蹕獨盧金」，而且未提到後來他又前往遼西京，因此在該年宋朝廷所派的生辰使、正旦使，使遼的目的地是在遼西京道獨盧金。然而是哪些宋使節前往呢？筆者查閱《長編》卷一六五，說：

> 宋仁宗慶曆八年（遼興宗重熙十七年，一〇四八年）……八月……庚辰（十四日），太常丞、直集賢院、同修起居注李絢為契丹國母生辰使，如京副使、兼閤門通事舍人李珣副之。度支判官、太常博士、集賢校理何中立為契丹生辰使，內殿承制、閤門祗候鄭餘

〔註 18〕（宋）李燾，《長編》，卷 151，宋仁宗慶曆四年八月壬子條，頁 21。

〔註 19〕（宋）曾鞏，〈故朝散大夫尚書刑部郎中充天章閣待制兼侍讀上輕車都尉賜紫金魚袋孫公行狀〉，《元豐類稿》（臺北：世界書局，1963 年 11 月），卷 47，頁 9。

> 懿副之。工部郎中、判度支勾院李仲偃（982～1058）為契丹國母正旦使，左侍禁、閤門祇候孫世京副之。司勳郎中、判理欠憑由司李永德為契丹正旦使，左侍禁、閤門祇候康遵度副之。既而絢辭不行，改命祠部員外郎、直集賢校理、同修起居注胡宿（995～1067）。〔註 20〕

以上為宋朝廷在宋仁宗慶曆八年所派任的使遼生辰和正旦人選，而此年遼興宗的冬捺鉢駐帳地既然是在遼西京道獨盧金，因此這一批宋使節胡宿、何中立、李仲偃、李永德等人在此年使遼，將必須前往獨盧金晉見遼興宗，以及進行交聘的活動。但是筆者同樣查閱了《長編》、《宋會要輯稿》、《宋史》和《遼史》、《東都事略》、《隆平集》和《名臣碑傳琬琰集》等記載，也是均未見有進一步敘述他們此次使遼的相關記事。

筆者再另查這一批宋使節的墓誌銘，在胡宿《文恭集》〈故朝散大夫太常少卿致仕李公墓誌銘〉中，有提到李仲偃使遼，但是僅稱「（李仲偃）假太常少卿直昭文館充契丹國信使」。〔註 21〕如此簡略的敘述頗令筆者不解，因為根據前引《長編》卷一六五所言，胡宿和李仲偃同是該年使遼的宋使節，但是胡宿述及李仲偃使遼的事蹟，卻是這麼簡短。另外，歐陽修撰〈贈太子太傅胡公墓誌銘〉，說：「（胡宿）奉使契丹、館伴北朝人使，亦皆再，而虜人嚴憚之。」〔註 22〕雖然有提到胡宿曾經使遼，然而我們還是無法從這一段記載，知道胡宿等宋使節前往遼西京道獨盧金，晉見遼興宗和進行交聘活動的情形。

至於他們使遼返宋之後，所撰的《使遼語錄》至今都已經失傳，因此筆者再另查他們所作的使遼詩，可是也只查得其中一位胡宿有使遼詩，例如〈登雄州視遠亭〉，說：

> 誰將粉水掃天衢，萬里全開晦景圖。百尺凍雲飛未起，一箏寒雁遠相呼。由來封略非三代，大抵漁樵似五湖。欲望繁臺何處是，繁臺不見見平蕪。予家在京城東南，繁台之下，繁音婆。〔註 23〕

〔註 20〕（宋）李燾，《長編》，卷 165，宋仁宗慶曆八年八月庚辰條，頁 4～5。

〔註 21〕（宋）胡宿，〈故朝散大夫太常少卿致仕李公墓誌銘〉，《文恭集》（臺北：新文豐出版公司，1984 年 6 月），卷 37，頁 449。

〔註 22〕（宋）歐陽修，〈贈太子太傅胡公墓誌銘〉，《歐陽修全集》（北京：中華書局，2001 年 3 月），卷 35，居士集卷 35，頁 515。

〔註 23〕（宋）胡宿，〈登雄州視遠亭〉，《文恭集》，卷 3，頁 29～30。

以及〈寄題雄州宴射亭〉，說：

北壓三關氣象雄，主人仍是紫髯翁。樽前樂按摩訶曲，塞外威生廣莫風。龍向城頭吟畫角，雁從天末避雕弓。休論萬里封侯事，靜勝今為第一功。〔註 24〕

另外，筆者也查得胡宿所撰的〈奉使北朝先狀〉，說：

備完使傳，取道治封。趨賓館以無階，辱珍函而猥及。瞻言勤意，但切感懷。

夙馳星駁，已講于慶儀。復次樂都，遽承于染翰。即披光範，深愜鄙懷。

叨備使華，已通邦好。載馳軺傳，俯屆藩垣。遽辱緘縢，但深銘鏤。

將命宸庭，修聘鄰壤。征軺夙駕，將次于會都。賓館為容，即瞻于台座。豫為歡忭，曷罄言陳。

叅聯華隰，修講鄰歡。飾軺傳以載脂，將臨于會府。望門牆而延脰，即覘于台儀。豫此欣愉，實為榮幸。

信書將命，恭修邦聘之儀。行傳戒塗，適次都城之壤。辱榮函而俯及，荷謙德以彌沖。即詣賓階，豫歡私悃。〔註 25〕

顯然胡宿確實曾經使遼，然而筆者另查《長編》卷一八六，說：

宋仁宗嘉祐二年（遼道宗清寧三年，一〇五七年）十月己酉（六日），翰林學士兼侍讀學士工部郎中知制誥史館修撰胡宿為回謝契丹使，禮賓使李綬副之，且許以御容，約因賀正使置衣篋中交致焉。〔註 26〕

這是胡宿另一次擔任使遼任務的記錄，顯示了胡宿曾先後兩次使遼，因此前引胡宿的兩首使遼詩和〈奉使北朝先狀〉，到底是哪一次使遼所作呢？而且這兩首使遼詩只描述宋國邊鎮雄州的情景，並未述及遼國境內的情景，因此讓我們還是無法詳細知道胡宿等幾位宋使節，至遼西京道獨盧金晉見遼興宗，以及進行交聘活動的情形。

四、宋使節至遼西京和獨盧金晉見遼道宗

根據前文的論述，在遼道宗時期曾有四次以遼西京道獨盧金為冬捺鉢駐

〔註 24〕（宋）胡宿，〈寄題雄州宴射亭〉，《文恭集》，卷 3，頁 36。

〔註 25〕（宋）胡宿，〈奉使北朝先狀〉，《文恭集》，卷 8，頁 100。

〔註 26〕（宋）李燾，《長編》，卷 186，宋仁宗嘉祐二年十月己酉條，頁 10。

帳地，但是其中有三次，遼道宗又從獨盧金前往遼西京。因此在這四個年份，宋朝的生辰使、正旦使至遼朝廷進行交聘活動時，也就必須前往遼西京或獨盧金，才能見到遼道宗。筆者茲在下文中，以宋使節為主軸，對於他們先後四次使遼，至遼西京或獨盧金等相關問題進行論述與考證：

（一）鄭獬

在今日所存留的宋人史書中，皆未能見及宋朝廷在何年何月何日派任鄭獬（1022～1072）為使遼大臣，因此傅樂煥在〈宋遼聘使表稿〉（二）「宋遼聘使表」，說：

> 宋仁宗嘉祐七年，遼道宗清寧八年，〔補〕口月口口遣鄭獬使遼。據解《鄖溪集》，知（鄭獬）曾使遼，見遼主於西京，年代不詳。按本年道宗駐西京，《長編》本年失書聘使，（鄭）獬北使或即在本年。〔註27〕

另外，蔣祖怡、張滌雲在《全遼詩話》中，也作有考證，說：

> 鄭獬使遼，史書失載。從其使遼詩中可知鄭于臘月赴遼西京（今山西大同，原為唐雲州）朝見遼帝賀正旦。查《遼史》自遼興宗重熙二十二年至道宗咸雍九年（鄭舉進士之年至逝世）間，除咸雍九年鄭逝世之年道宗于十月如西京，十二月見宋使范子雲（奇）（1035～1097）等之外，唯有清寧八年（宋仁宗嘉祐七年）十二月，道宗幸西京。且據《續資治通鑑長編》載嘉祐八年夏四月癸巳鄭獬上言，官職為右司諫、直集賢院、同修起居注，乃選派大使常見之官位，故定于是年以是職使遼。〔註28〕

在此段考證前面，蔣、張兩位作者先列出鄭獬《鄖溪集》所收錄的七首使遼詩，接著考證推論出鄭獬是在宋仁宗（1010～1063）嘉祐七年（遼道宗清寧八年，一〇六二年）使遼，至遼西京晉見遼道宗，筆者也贊同以上的推論。因為據筆者查閱《遼史》〈道宗本紀〉，說：

> （遼道宗）清寧八年，……冬十月甲戌（一日）朔，駐蹕獨盧金。……十二月……癸未（十日），幸西京。〔註29〕

〔註27〕傅樂煥，〈宋遼聘使表稿〉，「（二）宋遼聘使表」，收錄於《遼史叢考》，頁210～211。

〔註28〕蔣祖怡、張滌雲，《全遼詩話》（長沙：岳麓書社，1992年5月），頁292。

〔註29〕（元）脫脫，《遼史》，卷22，本紀第22，道宗2，頁261～262。

可知在此年十月，遼道宗雖然是以遼西京道獨盧金為冬捺鉢駐帳地，但是他在獨盧金逗留一段時間之後，至十二月又從獨盧金前往遼西京，因此鄭獬擬至遼進行交聘活動，勢必前往遼西京，才得以晉見遼道宗。

至於鄭獬七首使遼詩內容為何？筆者認為頗有提出的必要，因為在宋遼一百多年的和平交往中，雖然至少有七百位以上的宋使節使遼，但是目前所能見及的使遼詩並不多。〔註 30〕因此鄭獬有七首使遼詩存留至今，是很難得的。筆者茲根據鄭獬使遼行程的先後，錄其七首使遼詩如下：

〈被恩出使〉，說：

鏡湖清淺越山寒，好倚秋雲刮眼看。萬里塵沙卷飛雪，卻持漢節使呼韓。予時求會稽郡。〔註 31〕

〈入涿州〉，說：

飲馬桑乾流水渾，燕山未晚已黃昏。衣襟猶帶長安酒，不分江湖浣舊痕。〔註 32〕

〈奉使過居庸關〉，說：

鐵山五十里，摽獸不能踰。兩壁如夾城，行人貫眾魚。巨關隔元氣，寒暑南北殊。一夫扼其鍵，萬馬不能趨。石氏竊三川，荒唐誰與謨。不能仗大義，割地事匈奴。封樹未拱把，敵騎已長驅。後嗣竟銜璧，白衣拜穹廬。自此失天險，一柱折坤輿。世宗有英氣，手撼崑崙墟。關南下六城，臥病歸東都。太祖得天下，僭竊即為誅。右顧取蜀漢，左顧平荊吳。欲藏百萬縑，萬里購頭顱。可用一赤組，坐使縛單于。奇策秘九地，白日忽西徂。壯士折其弓，慟哭望鼎湖。先帝務養民，束篝不忍除。歲時遺繒絮，天府藏丹書。桑柘入燕山，牛羊臥平蕪。我行謬使節，踏冰出中塗。路傍二三老，幅巾垂白鬚。喜見漢衣冠，叩首或唏嘘。不能自拔掃，百年落鬼區。天數終有合，行上督亢圖。酎酒弔遺民，淚濕蒼山隅。〔註 33〕

〔註 30〕關於宋使節所作使遼詩，留存至今者並不多。其中較完整，例如劉敞約有五十首、歐陽修約有十餘首、蘇頌，〈前使遼詩〉有三十首、〈後使遼詩〉有二十八首、蘇轍約有二十八首、彭汝礪約有六十首。但是也有完全佚失者，例如包拯曾經使遼，因其詩文集未能傳之於後世，以致於包拯所撰的使遼詩未能見及。

〔註 31〕（宋）鄭獬，〈被恩出使〉，《鄖溪集》，收錄於《文淵閣四庫全書》（四）（臺北：臺灣商務印書館，1983 年），卷 28，頁 10。

〔註 32〕（宋）鄭獬，〈入涿州〉，《鄖溪集》，卷 28，頁 11。

〔註 33〕（宋）鄭獬，〈奉使過居庸關〉，《鄖溪集》，卷 23，頁 6～7。

〈雲中憶歸〉，說：

何日燕南去，平生此別稀。定知花已發，不及雁先歸。寒日連雲慘，驚沙帶雪飛。雲中風土惡，換盡別家衣。〔註34〕

〈離雲中一首〉，說：

南歸喜氣滿東風，草軟沙平馬足鬆。料得家人相聚說，也知今日發雲中。漢使離北庭常限正月四日。〔註35〕

〈回次媯川〔註36〕大寒〉，說：

地風如狂兕，來自黑山旁。坤維欲傾動，冷日青無光。飛沙擊我面，積雪沾我裳。豈無玉壺酒，飲之冰滿腸。鳥獸不留迹，我行安可當。雲中本漢土，幾年遭殺傷。元氣遂隳裂，光陰獨盛強。東日拂滄海，此地埋寒霜。況在窮臘後，墮指乃為常。安得天子澤，浩蕩漸窮荒。掃去妖氛俗，沐以楚蘭湯。東風十萬家，畫樓春日長。草踏錦靴綠，花入羅衣香。行人卷雙袖，長歌歸故鄉。〔註37〕

〈回至涿州〉，說：

來時正犯長安雪，今見春風入塞初。為問行人多少喜，燕山南畔得家書。〔註38〕

這七首使遼詩描述了鄭獬受命使遼的任務，路途的遙遠、行程的艱辛、氣候的嚴寒、思念家國的心情，以及歸心似箭的激動。〔註39〕而且值得注意的是，詩題與內容中，有四次提到「雲中」地名，此「雲中」二字並不是指「雲中甸」，而是指遼西京，因為遼西京在唐玄宗天寶六年（七四七年），曾被稱為「雲中郡」。另外，從鄭獬這七首使遼詩的詩題，提及「涿州」、「居庸關」、「雲中」、「媯川」等地名，也可知其使遼在遼境往返的大概路線。還有從鄭

〔註34〕（宋）鄭獬，〈雲中憶歸〉，《鄖溪集》，卷26，頁13～14。

〔註35〕（宋）鄭獬，〈離雲中一首〉，《鄖溪集》，卷28，頁11。

〔註36〕唐貞觀八年（634年）改北燕州為媯州，天寶初年改媯州為媯川郡，乾元元年（758年）恢復媯州，後晉天福元年（936年），石敬瑭割燕雲十六州予契丹，媯州為其一。遼太宗會同元年（938年）改媯州為可汗州，為遼西京道奉聖州所屬三州之一。

〔註37〕（宋）鄭獬，〈回次媯川大寒〉，《鄖溪集》，卷23，頁3～4。

〔註38〕（宋）鄭獬，〈回至涿州〉，《鄖溪集》，卷28，頁11。

〔註39〕有關宋使節使遼啟程時的心情、路程遙遠險惡、氣候嚴寒，以及懷鄉思親與望龜的心情，可參閱蔣武雄，〈從宋人使北詩論使遼旅程的艱辛〉，收錄於東吳大學歷史學系主編《史學與文獻》（三）（臺北：學生書局，2001年4月），頁99～117。

獬在〈離雲中一首〉詩中，說「漢使離北庭常限正月四日」，可以推知鄭獬應是以正旦使的身份使遼。但是在該年和鄭獬同行的副使是何人呢？以及該年祝賀遼道宗生辰的宋使節又是何人呢？卻因史料的不足而無法知曉，誠如錢大昕（1728～1804）《廿二史考異》，所說：

> 宋仁宗嘉祐七年，遼清寧八年，《長編》失載賀生辰、正旦遣使事，《宋史》亦無之。〔註40〕

這也是筆者多年來研究宋遼外交史，常感嘆史料缺失不足的情況。

在本項最後，筆者要再指出的是，假如以上的論述和考證屬實，則張亮采（1916～1983）在〈補《遼史》交聘表〉，說：

> （遼道宗）清寧十年（宋英宗1032～1067治平元年，一〇六四年），是歲，宋使鄭獬來。〔註41〕

此處言及鄭獬使遼是在清寧十年似有錯誤，因為據《遼史》〈道宗本紀〉，說：

> （清寧）十年，……冬十月壬辰（一日）朔，駐蹕中京。〔註42〕

而且再印證鄭獬七首使遼詩，皆顯示鄭獬是在清寧八年至遼西京晉見遼道宗，而不是在清寧十年。

（二）賈昌衡、蔡確、張熹、范子奇

據《遼史》〈道宗本紀〉，說：

> （遼道宗）咸雍九年（宋神宗熙寧六年，一〇七三年），……九月癸卯（三日），駐蹕獨盧金。冬十月，幸陰山，遂如西京。〔註43〕

可知在此年九月，遼道宗雖然是以遼西京道獨盧金為冬捺鉢的駐帳地，但是至十月，他又從獨盧金前往遼西京，因此該年宋使節使遼將必須至遼西京，才能見及遼道宗和進行交聘的活動。而筆者查閱《長編》卷二四六，說：

> 宋神宗（1048～1085）熙寧六年（咸雍九年，一〇七三年），……八月癸未（十一日），權戶部副使、太常少卿賈昌衡為遼國主生辰使，左藏庫使許咸吉副之。太子中允、權監察御史裏行蔡確（1037

〔註40〕（清）錢大昕，《廿二史考異》（下）（上海：上海古籍出版社，2004年4月），卷83，遼史，頁1154。

〔註41〕張亮采，〈補《遼史》交聘表〉，收錄於楊家駱主編，《遼史彙編》（四）（臺北：鼎文書局，1973年10月），頁98。

〔註42〕（元）脫脫，《遼史》，卷22，本紀第22，道宗2，頁264。

〔註43〕（元）脫脫，《遼史》，卷23，本紀第23，道宗3，頁275。

～1093）為正旦使，供備庫使李諒副之。龍圖閣直學士張熹為遼國母生辰使，西上閤門使种古副之。金部員外郎、判將作監范子奇為正旦使，文思使夏元象副之。〔註44〕

以及《宋史》〈神宗本紀〉，說：

宋神宗熙寧六年，……八月壬申（一日）朔，遣賈昌衡等賀遼主生辰、正旦。〔註45〕

可知賈昌衡、蔡確、張熹、范子奇等人，是該年被宋朝廷派任為使遼生辰使、正旦使的人選，因此他們使遼前往的地點，應是遼西京。但是筆者查閱與其四人使遼事蹟可能有關的史料，卻只查得在《名臣碑傳琬琰集》有〈蔡忠懷公確傳〉，述及蔡確曾「奉使契丹」，〔註46〕並無法告訴我們這四位宋使節前往遼西京，進行交聘活動的詳細情形。

因此為了確定他們是前往遼西京，筆者另查《清波雜志》卷十，說：

范中濟子奇出使，虜道使者由迂路以示廣遠，范詰之曰：「抵雲中有直道，旬日可至，何乃出此耶？」虜情得，嘿然。〔註47〕

以及《宋史》〈范雍孫子奇曾孫坦〉，說：

（范子奇）入判將作監。使於遼，導者改路回遠，子奇謂曰：「此去雲中有直道，旬日可至，何為出此？」導者又欲沮子奇下馬館門外，子奇曰：「異時於中門下馬，今何以輒易？」導者計屈。〔註48〕

這兩則記載均提到范子奇當年使遼，正行走於前往遼西京（唐代曾稱為雲中郡）途中，因此可知此年宋使節確實是至遼西京，晉見遼道宗和進行交聘的活動。

（三）李清臣、畢仲衍

據《遼史》〈道宗本紀〉，說：

大康五年（宋神宗元豐二年，一〇七九年），……冬十月己亥（四

〔註44〕（宋）李燾，《長編》，卷246，宋神宗熙寧六年八月癸未條，頁14。

〔註45〕（元）脫脫，《宋史》（北京：中華書局，1974年10月），卷15，本紀第15，神宗2，頁284。

〔註46〕（宋）杜大珪，〈蔡忠懷公確傳〉，《名臣碑傳琬琰集》（北京：文海出版社，1969年5月），卷18，頁1524。

〔註47〕（宋）周煇，劉永翔校注，《清波雜志校注》（臺北：中華書局，1994年9月），卷第10，虜程迂回，頁451。

〔註48〕（元）脫脫，《宋史》，卷288，列傳第47，范雍孫子奇曾孫坦，頁9680。

日)，駐蹕獨盧金。……十二月……乙卯(二十一日)，幸西京。〔註 49〕

可知此年十月，遼道宗冬捺鉢的駐帳地是在遼西京道獨盧金，但是至十二月，他又從獨盧金前往遼西京，因此該年宋使節使遼也將必須至遼西京，才能晉見遼道宗和進行交聘的活動。而據筆者查閱《長編》卷二九九、三〇〇，說：

宋神宗元豐二年(遼道宗大康五年，一〇七九年)，……八月甲辰(九日)，知制誥李清臣為遼主生辰使，西上閤門使曹評副之。主客郎中范子淵為正旦使，皇城使雅州刺史姚兕副之。後子淵免行，以太常丞檢正中書戶房公事畢仲衍(1040～1082)代之。……十月……丁巳(二十二日)詔:「后弟昭德軍節度使兼侍中(曹)佾入臨，仍被髮行服，子姪誦、評、諭、誘、誌、讀，並準子為母喪服，免朝參，不釐勝見任，俸給並如舊。」時評為遼國信副使，令乘驛還闕，以西京左藏庫副使兼閤門通事舍人河北沿邊安撫副使劉琯代之。令雄州止以評疾報北界。〔註 50〕

可知李清臣和畢仲衍兩人，是在該年被宋朝廷派任為使遼的生辰使、正旦使，因此他們所前往的地點，即應是遼西京。

另據文彥博《文潞公文集》〈贈國信畢少卿仲衍前作北京簽判北京作〉，說：

鄴下常推七子才，兔園賓客重鄒枚。三十里外出疆去，四五年前點頓來。將幙未歸慙老大，使旃重到喜追徘。朔風不度龍沙遠，只向雲中講信回。〔註 51〕

此處所提及的「雲中」，雖然在前引傅樂煥的〈遼代四時捺鉢考五篇〉「(一)春水秋山考」中，他稱是遼道宗冬捺鉢的駐帳地獨盧金，並且言「仲衍使遼在元豐二年，當遼大康五年。檢是年《遼紀》道宗亦駐蹕獨盧金」，〔註 52〕意指畢仲衍是至獨盧金晉見遼道宗。但是筆者認為傅先生此言似有所誤，因為

〔註 49〕(元)脫脫，《遼史》，卷 24，本紀第 24，道宗 4，頁 284。

〔註 50〕(宋)李燾，《長編》，卷 299，宋神宗元豐二年八月甲辰條，頁 14；《長編》，卷 300，宋神宗元豐二年十月丁巳條，頁 16。

〔註 51〕(宋)文彥博，〈贈國信畢少卿仲衍前此北京簽判北京作〉，《文潞公文集》，收錄於《叢書集成續編》(臺北：新文豐出版公司，1988 年)，卷 7，頁 11。

〔註 52〕傅樂煥，〈遼代四時捺鉢考五篇〉，「(一)春水秋山考」，收錄於《遼史叢考》，頁 48。

根據前文的論述與考證，遼道宗雖然在該年十月駐蹕獨盧金，然而至十二月，他又前往遼西京。而且筆者進一步查閱曾布《曾公遺錄》卷七和《長編》卷五〇九，均言「元豐二年，（遼道宗）又坐冬於西京，初諸路探報北人於邊界作圍場，及於西京坐冬。」〔註53〕皆顯示畢仲衍等人在元豐二年冬天使遼，確實是前往遼西京，而不是獨盧金。

當時畢仲衍使遼，頗有優異的表現，據畢仲游（1047～1121）〈起居郎畢公夷仲行狀〉，說：

> （畢仲衍）改太常丞，充北朝賀正旦國信使，與北人習射，一發中的，以為偶然，再發又中，敵人以為神。而君天資白晳，鬚眉如畫，辭令溫雅，敵人喜之。其主（遼道宗）陰使人取君衣以為度，製服以賜君。君預其元會，盡記其儀與登降節奏，歸為圖以進，賜五品服。其後數年，今龍圖閣待制錢勰（1034～1097）使契丹，契丹主猶問曰：「畢少卿何官？今安在？」〔註54〕

以及《宋史》〈畢士安（938～1005）曾孫仲衍〉，說：

> （畢仲衍）奉使契丹，宴射連破的，眾驚異之。且偉其姿容，密使人取其衣為度，製服以賜。時預其元會，盡能記其朝儀節奏，圖畫歸獻。後錢勰出使，契丹主猶問：「畢少卿何官？今安在？」〔註55〕

可知畢仲衍使遼，在遼境內優異的表現讓遼道宗頗為讚嘆，不僅製作衣服賞賜，也在數年後仍向宋使節錢勰問其近況如何。

（四）郭知章、趙挺之、韓粹彥

據《遼史》〈道宗本紀〉，說：

> 壽隆五年（宋哲宗元符二年，一〇九九年），……閏九月丙子（七日），駐蹕獨盧金。……冬十月……丁卯（二十九日），宋遣郭知章（1040～1114）、曹平（評）來聘。〔註56〕

〔註53〕（宋）曾布，《曾公遺錄》（臺北：文海出版社，1981），卷7，頁10；（宋）李燾，《長編》，卷509，宋哲宗元符二年四月辛卯條，頁6。

〔註54〕（宋）畢仲游，〈起居郎畢公夷仲行狀〉，《西台集》（臺北：新文豐出版公司，1984年6月），卷16，頁256。

〔註55〕（元）脫脫，《宋史》，卷281，列傳第40，畢士安曾孫仲衍，頁9523。

〔註56〕（元）脫脫，《遼史》，卷26，本紀第26，道宗6，頁312。

此段記載不僅提到遼道宗該年冬捺鉢駐帳地是在遼西京道獨盧金，而且也提到有宋朝正副使節郭知章、曹平（評）前來進行交聘的活動。但是此段引文記載，並未述及遼道宗後來有從獨盧金又前往遼西京的舉動，因此顯然此年遼道宗是在獨盧金接見宋使節郭知章等人，而不是在遼西京。

但是值得我們注意的是，《遼史》稱郭知章、曹平兩人是在十月來聘，可知他們的身份不是生辰使、正旦使，那麼他們使遼的任務為何呢？筆者進一步查閱《長編》，發現原來之前宋與夏爭戰，曾有遼泛使蕭德崇前來宋朝廷，「為夏國遊說息兵，及還故地」，〔註 57〕但是蕭德崇進行得並不順利，而且嚴重地違背遼使節只能逗留宋汴京十天的規定，前後逗留長達三十七天之久，〔註 58〕因此宋朝廷為了使遼道宗和遼朝廷能知道宋朝的想法與做法，特別派遣郭知章使遼。關於此一史實，據《契丹國志》，說：

> （遼道宗）壽昌五年宋哲宗元符二年春三月，帝（遼道宗）命蕭德崇等齎國書詣宋，……宋詔郭知章報聘。初蕭德崇乞於國書內，增「休退兵馬、還復土疆」等語，往復議論，宋帝不從，德崇留京師凡三十七日乃歸。〔註 59〕

以及《宋史》〈郭知章傳〉，說：

> 遼使蕭德崇來為夏人請還河西地，命知章報聘。德崇曰：「兩朝久通好，小國蕞爾疆土，還之可乎？」知章曰：「夏人累犯邊，法當致討，以北朝勸和之故，務為優容。彼若恭順如初，當自有恩旨，非使人所能預知也。」〔註 60〕

另外，《長編》卷五〇九，也記載當時郭知章使遼曲折的過程，說：

> 宋哲宗元符二年四月……癸巳（二十一日），朝散郎、中書舍人郭知章，充回謝北朝國信使，東上閤門使、文州刺史曹誘副之。……已而誘不行，改差東作坊使、兼閤門通事舍人宋深。四月二十一日癸巳閏九月十二日辛巳，知章等乃行。知章等既受詔，河北諸州數言遼主今歲必于西京坐冬，及于河東對境多作圍場，屯兵聚糧以俟受

〔註 57〕（宋）李燾，《長編》，卷 507，宋哲宗元符二年三月丙辰條，頁 3。

〔註 58〕可參閱蔣武雄，〈宋遼使節逗留對方京城日數的探討〉，《空大人文學報》12（臺北：空中大學，2003 年 12 月），頁 197～212。

〔註 59〕（宋）葉隆禮，《契丹國志》（北京：中華書局，2014 年 1 月），卷 9，道宗天福皇帝，頁 103～105。

〔註 60〕（元）脫脫，《宋史》，卷 355，列傳第 114，郭知章，頁 11196～11197。

禮。……知章等申乞下雄州移文，問遼主受禮處，從之。(曾)布此段在辛丑四月二十九日。……知章等行次相州，雄州言：「涿州報遼主已入秋山，不納，面謝使副奏狀，須十月一日過界。」布錄在六月二十一日壬辰尋詔知章等赴闕，期至乃行。布錄在七月八日己酉……知章至契丹，蕭德崇謂知章曰：「南北兩朝通好已久，河西小國，蕞爾疆土，還之如何？」知章曰：「夏人入寇，邊臣擇險要為城柵以守，常事也。」德崇又曰：「禮數歲賜當且仍舊。」知章曰：「夏國若恭順，修臣子禮，本朝自有恩恤，豈可豫知。但累年犯邊，理當致討。本朝以北朝勸和之故，務敦大體為優容，今既罷問罪，令進誓表，即無可復問也。」〔註61〕

根據這三項項記載，可知在此年宋使節郭知章確實是至遼西京道獨盧金晉見遼道宗，也達成了一次外交交涉的任務。

但是以上引文，提到「朝散郎中書舍人郭知章，充回謝北朝國信使，東上閤門使文州刺史曹誘副之。……已而誘不行，改差東作坊使兼閤門通事舍人宋深」。而前引《遼史》〈道宗本紀〉，則言「宋遣郭知章、曹平（評）來聘」。此兩則記載，在副使的姓名上，有「宋深」與「曹平（評）」的不同，傅樂煥在〈宋遼聘使表稿〉(二)「宋遼聘使表」，推論說：

《宋史》四六四〈曹評傳〉「使契丹者四，館伴者十二」。按評嘗於元豐二、五、八年三次北使，已見前錄。第四次不知在何時，豈宋深未行，改差評往，故《遼史》中見「曹平」之名與？〔註62〕

關於此一問題，筆者認為以《長編》所言「宋深」為正確，而《遼史》〈道宗本紀〉所言「曹平（評）」為錯誤。因為根據張亮采〈補《遼史》交聘表〉，說：

宋元符二年（遼道宗壽昌五年，1099）閏九月，遣試給事中、兼侍讀趙挺之、副使曹評賀生辰。〔註63〕

則曹評不可能在元符二年閏九月，擔任賀遼道宗生辰副使，又在十月和郭知章一起至遼西京道獨盧金晉見遼道宗。

〔註61〕（宋）李燾，《長編》，卷509，宋哲宗元符二年四月癸巳條，頁7～9。

〔註62〕傅樂煥，〈宋遼聘使表稿〉，「(二)宋遼聘使表」，收錄於《遼史叢考》，頁224。

〔註63〕張亮采，〈補《遼史》交聘表〉，收錄於《遼史彙編》(四)，頁126。

另外，據《長編》卷五一五，說：

> 宋哲宗元符二年……九月……甲寅（十五日），河東經略司奏：「乞更不牒問北主近邊打圍。」從之。北主以今歲至西京並邊打圍，去代州邊境止十里至五七里。……而熙寧、元豐中亦嘗於北打圍，不曾牒報，亦不曾問。乃以此諭河東，故經略司有是請。是歲，北主於雲中甸（遼人稱獨盧金）受回謝、生辰、正旦國信禮。〔註 64〕

以及曾布《曾公遺錄》卷八，說：

> （宋哲宗元符二年）九月……甲寅（五日）……是歲，北虜於雲中甸（遼人稱獨盧金）受回謝、生辰、正旦國信禮。……閏九月庚午（一日）朔……，雄州奏，回謝泛使於雲中甸受禮。涿州牒報也。〔註 65〕

由此二則記載，更可確知身為「回謝北朝國信使」的郭知章，確實是至雲中甸，即遼西京道獨盧金，晉見遼道宗。而且此兩則記載也言及該年宋朝廷所派生辰使、正旦使同樣是前往遼西京道獨盧金。但是這一年宋朝廷所派的生辰使、正旦使又是由哪些宋朝大臣擔任呢？因為《長編》、《宋會要輯稿》、《宋史》、《遼史》等史書，均未直接提及派任和抵達的情形，因此經過筆者仔細查尋，查得了幾則旁證的記載，例如《長編》卷五一六，說：

> 宋哲宗元符二年……閏九月……乙亥（六日），詔給事中兼侍讀趙挺之（1040～1107）言：「差充賀北朝生辰……。」〔註 66〕

《長編》卷五一七，說：

> 宋哲宗元符二年……十月……丁巳（十九日），供備庫副使賈裕充遼國賀正旦副使，以李希道身亡故也。〔註 67〕

曾布《曾公遺錄》卷九，說：

> 韓粹彥等奏，使回至白溝，聞國哀，易衣、乘、從人，過界舉哀成服。不曾與送伴相別，不戴幞頭，衩衣，披毛衫，從便門出。特罰銅二十斤。〔註 68〕

〔註 64〕（宋）李燾，《長編》，卷 515，宋哲宗元符二年九月甲寅條，頁 10。
〔註 65〕（宋）曾布，《曾公遺錄》，卷 8，頁 16、18。
〔註 66〕（宋）李燾，《長編》，卷 516，宋哲宗元符二年閏九月乙亥條，頁 7。
〔註 67〕（宋）李燾，《長編》，卷 517，宋哲宗元符二年十月丁巳條，頁 6。
〔註 68〕（宋）曾布，《曾公遺錄》，卷九，頁 34。

《宋會要輯稿》〈國信使〉，說：

> （宋哲宗）元符三年徽宗即位未改元二月二十一日，詔國信使尚書司勳員外郎韓粹彥（1065～1118）、文思副使賈裕回至白溝，聞國哀不別送伴，皆罰金。〔註 69〕

趙鼎臣《竹隱畸士集》〈韓公（韓粹彥）行狀〉，說：

> （韓粹彥）充北朝正旦使，入辭，帝（宋哲宗）諭曰：「此行朕所選，俟還，當以右史處卿。」〔註 70〕

《廿二史考異》卷八三，說：

> 宋哲宗元符二年年，遼壽昌五年……八月，遣使賀遼生辰、正旦。《長編》失載使副姓名，惟賀正副使，供備庫副使賈裕以李希道身亡遣代特見耳。〔註 71〕

以及張亮采〈補《遼史》交聘表〉，說：

> 宋元符二年（遼道宗壽昌五年，1099）閏九月，遣試給事中、兼侍讀趙挺之、副使曹評賀生辰。〔註 72〕
>
> （遼道宗）壽昌（壽隆）六年（宋哲宗）元符三年，春正月，宋遣尚書司勳員外郎韓粹彥、文思副使賈裕，來賀正旦。〔註 73〕

以上是筆者所查得具有旁敲側擊作用的相關記載，因此讓我們間接地推知該年趙挺之和曹評是生辰使副，韓粹彥和賈裕是正旦使副，前往遼西京道獨盧金，晉見遼道宗與進行祝賀遼道宗生辰、正旦的交聘活動。

至於有關以上幾位宋使節的使遼事蹟，筆者只查得趙挺之一人使遼事蹟的記載，例如《長編》卷五一六，說：

> （宋哲宗元符二年）閏九月乙亥（六日），試給事中、兼讀趙挺之言：「差充賀北朝生辰，見頒詳定編修國信條例，有《北道刊誤志》本所將諸州供到古跡人物、宮觀、寺院與別書校對，例有不同，或交

〔註 69〕（清）徐松，《宋會要輯稿》（北京：中華書局，1997 年），職官 51 之 8。

〔註 70〕（宋）趙鼎臣〈故龍圖閣學士宣奉大夫中山府路安撫使兼馬步軍都總管兼知定州軍府事提舉本府學事兼管內勸農使開封縣開國子食邑六百戶贈特進資政殿學士韓公行狀〉，《竹隱畸士集》，收錄於《文淵閣四庫全書》（臺北：臺灣商務印書館，1983 年），卷 17，頁 3。

〔註 71〕（清）錢大昕，《廿二史考異》（下），卷 83，遼史，頁 1161。

〔註 72〕張亮采，〈補《遼史》交聘表〉，收錄於《遼史彙編》（四），頁 126。

〔註 73〕張亮采，〈補《遼史》交聘表〉，收錄於《遼史彙編》（四），頁 127。

> 互差舛，已仔細考據編修，及接見北使書狀儀式未能全備，欲乞因令就行詢訪體究纂記，緣路看詳修潤。」從之。〔註 74〕

陸游（1125～1210）在《老學庵筆記》，說：

> 趙相挺之使虜，方盛寒，在殿上。虜主忽顧挺之耳，愕然，急呼小胡指示之，蓋閹也。俄持一小玉合子至，合中有藥，色正黄，塗挺之兩耳周匝而去，其熱如火。既出殿門，主客者揖賀曰：「大使若用藥遲，且坼裂缺落，甚則全耳皆墮而無血。」扣其玉合中藥為何物，乃不肯言，但云：「此藥市中亦有之，價甚貴，方匕直錢數千，某輩早朝遇極寒，即塗少許。吏卒輩則別有藥，以狐溺調塗之，亦效。」〔註 75〕

以及《宋史》〈趙挺之傳〉，說：

> （趙挺之）除中書舍人、給事中使遼，遼主嘗有疾，不親宴，使近臣即館享客。比歲享乃在客省，與諸國等，挺之始爭正其禮。〔註 76〕

根據此三則記載，可讓我們稍加知道當年趙挺之使遼，以及與遼君臣互動的情形。

五、結論

經過以上針對遼興宗與遼道宗時期，宋使節出使遼西京和獨盧金的相關史實，作了一番論述與考證之後，筆者有下列三點體認：

（一）筆者認為，遼代從遼太宗會同元年（九三八年）以皇都為上京開始，至遼興宗重熙十三年（一〇四四年）升雲州為西京，前後共歷一百零六年，終於完成遼五京行政體制的建置。這種情勢的發展，固然和遼朝領土的擴張以及軍事、政治、社會的發展有關，但是遼西京的建置和遼西京道的形成，也導致了遼皇帝冬捺鉢駐帳地的西移，因此從遼興宗時期開始，遼西京或西京道獨盧金也成為遼皇帝冬捺鉢駐帳地的選項之一。雖然至後來遼被金滅亡為止，此二地點做為遼皇帝冬捺鉢駐帳地的次數並不多，但是對於遼代皇帝捺鉢文化的發展，以及宋遼和平外交中的交聘活動，卻有相當特殊的意義與影響，也是我們研究此二方面史實所不能加以忽略的。

〔註 74〕（宋）李燾，《長編》，卷 516，宋哲宗元符二年閏九月乙亥條，頁 7。

〔註 75〕（宋）陸游，《老學庵筆記》，收錄於《唐宋史料筆記》（北京：中華書局，1997 年），卷 7，頁 919。

〔註 76〕（元）脫脫，《宋史》，卷 351，列傳第 110，頁 11094。

（二）另外讓筆者頗有感觸的是，因為遼代以遼西京或西京道獨盧金為遼皇帝冬捺鉢駐帳地的時間比較晚，直至遼興宗重熙十三年（一〇四四年）才開始，距離遼朝建國已經有一百三十七年。而且在遼興宗在位的二十四年當中，以遼西京和獨盧金為冬捺鉢駐帳地都各只有一次；遼道宗在位的四十七年時間裏，也只有四次以獨盧金為冬捺鉢駐帳地，其中又有三次從獨盧金前往遼西京，並非整個冬季都逗留於獨盧金。因此宋使節使遼至遼西京和獨盧金進行交聘活動，在宋遼一百多年的和平外交關係史當中，就宋使節前往遼皇帝冬捺鉢駐帳地或遼京城的次數來說，算是比較少的。相對的，也造成有關這幾個年份宋使節出使遼西京或獨盧金的記載減少很多，導致我們今天想要知道宋使節出使遼西京或獨盧金進行交聘活動的情形有很大的困難，甚至於史書關於這一方面史實的記載，頗有模糊不明和矛盾之處，使我們在論述與考證的工作也遭遇很大的困難。

（三）雖然在論述與考證宋使節出使遼西京和獨盧金的相關史實，存在著以上諸多的問題，但是筆者認為，我們仍然必須重視與肯定這幾個年份宋使節們前往遼西京或獨盧金進行交聘活動的事蹟與表現，同樣地也都是構成宋遼和平外交的重要一環。因為即使該年遼皇帝冬捺鉢駐帳地移至遼西京道獨盧金，或又另往遼西京，宋使節們卻都依然不畏艱難地配合這種情形前往，達成交聘的任務。因此論述至此，我們對於當時出使遼西京和獨盧金的宋使節們，為了維護宋遼和平外交關係和情誼所作的努力與付出，應該予以肯定。

徵引書目

一、史料

1. （宋）文彥博，〈贈國信畢少卿仲衍前此北京簽判北京作〉，《文潞公文集》，收錄於《叢書集成續編》，臺北：新文豐出版公司，1988 年。

2. （宋）李燾，《續資治通鑑長編》，上海：上海古籍出版社，1986 年。

3. （宋）杜大珪，〈蔡忠懷公確傳〉，《名臣碑傳琬琰集》，北京：文海出版社，1969 年 5 月。

4. （宋）周煇，劉永翔校注，《清波雜志校注》，臺北：中華書局，1994 年 9 月。

5. （宋）胡宿，〈故朝散大夫太常少卿致仕李公墓誌銘〉，《文恭集》，臺北：新文豐出版公司，1984 年 6 月。
6. （宋）晁載之，〈《乘軺錄》跋語〉，《續談助》，收錄於《叢書集成新編》，臺北：新文豐出版公司，1984 年 6 月。
7. （宋）畢仲游，〈起居郎畢公夷仲行狀〉，《西台集》，臺北：新文豐出版公司，1984 年 6 月。
8. （宋）陸游，《老學庵筆記》，收錄於《唐宋史料筆記》，北京：中華書局，1997 年。
9. （宋）彭汝礪，〈廣平甸謂虜地險至此廣大而平易云〉，收錄於傅璇琮主編《全宋詩》，北京：北京大學出版社，1998 年。
10. （宋）曾布，《曾公遺錄》，臺北：文海出版社，1981 年。
11. （宋）曾鞏，〈故朝散大夫尚書刑部郎中充天章閣待制兼侍讀上輕車都尉賜紫金魚袋孫公行狀〉，《元豐類稿》，臺北：世界書局，1963 年 11 月。
12. （宋）葉隆禮，《契丹國志》，北京：中華書局，2014 年 1 月。
13. （宋）趙鼎臣〈故龍圖閣學士宣奉大夫中山府路安撫使兼馬步軍都總管兼知定州軍府事提舉本府學事兼管內勸農使開封縣開國子食邑六百戶贈特進資政殿學士韓公行狀〉，《竹隱畸士集》，收錄於《文淵閣四庫全書》，臺北：臺灣商務印書館，1983 年。
14. （宋）歐陽修，〈贈太子太傅胡公墓誌銘〉，《歐陽修全集》，北京：中華書局，2001 年 3 月。
15. （宋）鄭獬，〈被恩出使〉，《鄖溪集》，收錄於《文淵閣四庫全書》（四），臺北：臺灣商務印書館，1983 年。
16. （宋）蘇頌，〈初至廣平紀事言懷呈同事閤使〉、〈廣平宴會〉、〈離廣平〉，《蘇魏公文集》，北京：中華書局，2004 年。
17. （元）脫脫，《宋史》，北京：中華書局，1974 年 10 月。
18. （元）脫脫，《遼史》，北京：中華書局，1974 年 10 月。
19. （清）徐松，《宋會要輯稿》，北京：中華書局，1997 年。
20. （清）錢大昕，《廿二史考異》（下），上海：上海古籍出版社，2004 年 4 月。

二、近人著作

1. 傅樂煥，《遼史叢考》，北京：中華書局，1984 年 11 月。
2. 楊家駱主編，《遼史彙編》（四），臺北：鼎文書局，1973 年 10 月。
3. 蔣祖怡、張滌雲，《全遼詩話》，長沙：岳麓書社，1992 年 5 月。
4. 聶崇岐，《遼史叢考》，北京：中華書局，1984 年 11 月。

三、論文

1. 傅樂煥，〈宋人使遼語錄行程考〉，收錄於《遼史叢考》，北京：中華書局，1984 年 11 月。
2. 傅樂煥，〈宋遼聘使表稿〉，「（二）宋遼聘使表」，收錄於《遼史叢考》。
3. 傅樂煥，〈遼代四時捺鉢考五篇〉，「（一）春水秋山考」，收錄於《遼史叢考》。
4. 張亮采，〈補《遼史》交聘表〉，收錄於楊家駱主編，《遼史彙編》（四），臺北：鼎文書局，1973 年 10 月。
5. 楊軍，〈遼代捺鉢三題〉，《史學集刊》3，長春：吉林大學，2016 年 5 月。
6. 蔣武雄，〈從宋人使北詩論使遼旅程的艱辛〉，收錄於東吳大學歷史學系主編《史學與文獻》（三），臺北：學生書局，2001 年 4 月。
7. 蔣武雄，〈宋遼使節逗留對方京城日數的探討〉，《空大人文學報》12，臺北：空中大學，2003 年 12 月。
8. 蔣武雄，〈遼皇帝接見宋使節的地點〉，《東吳歷史學報》14，臺北：東吳大學，2005 年 12 月。
9. 聶崇岐，〈宋遼交聘考〉，收錄於《宋史叢考》（下），臺北：華世出版社，1986 年 12 月。

（《東吳歷史學報》第三十九期，民國 108 年 12 月）

宋使節在不同時間季節使遼的原因與影響

摘要：

宋遼兩國建立起長期的和平外交關係之後，經常互相派遣使節進行交聘的活動，如以宋國來說，其中正旦使、生辰使的使遼時間與季節，往往是比較固定在冬季的月份。但是約有四個原因，一是遼承天太后生辰未改期受賀；二是遼帝后死亡與新君登位；三是宋帝死亡與新君登位；四是宋派遣泛使，會造成宋使節有可能在春、夏、秋、冬四季的任何月份使遼。而其所造成的影響，如僅就宋使節來說，則會導致他們晉見遼皇帝的地點、往返的行程路線，以及在遼境中的所見、所聞、所感均不相同。

關鍵詞：宋、遼、外交、使節、交聘。

壹、前言

筆者多年來研究宋遼外交與交聘活動，在最近發現一項頗值得加以深入探討的論題，即是宋使節所負任務的不同，會導致宋使節使遼的時間與季節各不相同。並且因為遼皇帝春、夏、秋、冬四季捺鉢駐帳地的遷移，又會造成宋使節晉見遼皇帝的地點、使遼的行程路線，以及在遼境的所見、所聞、所感均有可能彼此不同。

當筆者發現這一項論題之後，又進一步思考有哪些原因，會造成宋使節在冬天以外的時間與季節使遼呢？因為在宋遼長達一百多年的和平交往當中，大部分的宋使節是擔任每年祝賀遼朝元旦的正旦使，以及每年祝賀遼帝后生日的生辰使，因此他們使遼的往返時間與季節，往往是在每年冬季十月至翌年一月之間，但是除此之外，有哪些原因會造成宋使節必須在春、夏、秋的季節與月份使遼呢？

筆者認為以上一連串的問題，在宋遼每一次交聘活動的過程中，其實是相當重要的。因為從宋臣被派任不同的使遼任務開始，即會造成宋使節使遼的時間季節、行程路線、晉見遼帝地點，以及在遼境所見、所聞、所感的不同，因此是一項很值得探討的史實。而且據筆者所知，也似乎尚未有學者撰寫專文，討論此一方面的史實，因此筆者遂以〈宋使節在不同時間季節使遼的原因與影響〉為題，撰寫成本文。

貳、宋使節在不同時間、季節使遼的原因

宋與遼的和平外交，可分為兩個時期，一是在宋太祖（927～976）、宋太宗（939～997）時期，雙方曾經有約六年的短暫和平交往，後來因宋太宗滅北漢後，又繼續攻打遼南京（幽州、燕京），造成兩國和平外交關係中斷。〔註 1〕直至宋真宗（968～1022）景德元年（遼聖宗 972～1031 統和二十二年，1004）與遼簽訂澶淵盟約之後，兩國才又建立起長期的和平外交關係，並且經常互相派遣使節至對方朝廷進行交聘的活動，包括賀正旦、賀帝后生辰、賀即位、賀上尊號、賀冊封、回謝、告帝后駕崩、告即位、祭奠、弔慰、送遺留物、商議與訂立盟約等。〔註 2〕其中正旦使和生辰使是每年必須派任的使節，也是宋遼互派使節佔有最高比例次數與人數的兩種。

當時宋朝廷對於正旦使的派任，因為必須配合在隔年元月一日前兩三天，抵達遼皇帝冬捺鉢的駐帳地，才得以如期進行祝賀遼元旦的交聘活動，因此宋朝廷往往會在每年的八、九月間，即先確定派任祝賀遼元旦的使節人選，

〔註 1〕可參閱王曉波，〈宋太祖時期宋遼關係的變化〉，《宋代文化研究》（成都：巴蜀書社，1998），頁 222～237；李裕民，〈宋太宗平北漢始末〉，《山西大學學報》（哲學社會科學版），1982 年第 2 期（太原：山西大學，1982），頁 86～94；蔣武雄，〈宋滅北漢之前與遼的交聘活動〉，《東吳歷史學報》，第 11 期（台北：東吳大學，2004），頁 1～27。

〔註 2〕可參閱聶崇岐，〈宋遼交聘考〉，收錄於《宋史叢考》（下）（台北：華世出版社，1986），頁 286～287；黃鳳岐，〈遼宋交聘及其有關制度〉，《社會科學輯刊》，1985 年第 2 期（瀋陽：遼寧省社會科學院，1985），頁 96～97。

以便讓宋朝廷和宋使節能有充分的時間，做啟程赴遼之前的各項準備，包括使節團的組成、要贈送的禮物和國書的撰擬等，並且能在十月初從汴京出發。因此當時宋朝正旦使的使遼往返時間與季節，常固定在每年冬季十月至翌年春季一月之間。

至於宋朝廷派任祝賀遼帝后生日的生辰使，因為遼帝后生辰月份不一定是在冬季，因此宋朝生辰使本來不一定會在冬季使遼。但是卻因遼朝廷採行了遼帝后生辰改期至冬季月份受賀的作法，也就造成宋使節除了正旦使是在冬季使遼之外，生辰使也大部分是在冬季使遼。

關於遼帝后生辰改期至冬季月份受賀的原因，據傅樂煥〈宋遼聘使表稿〉「丙、遼帝后生辰改期受賀考」，說：

> ……由是窺知使臣供應之煩擾，兩國均視以為畏途。在中國重禮儀尚虛文，對此尚可安之，生活質樸簡單之塞外民族，自感不耐。而「國主自遠而至，躬親延接」一點，當亦為改期一大原因。蓋遼帝等終年遊獵，居處無定所。今為接待異國使人，須趕往三數地點，坐待無謂禮儀之舉行，其為苦事，可想像而知也。……是使臣之蒞臨，打斷其「鈎魚射鵝」之樂，加之於「拱手朝會」之苦，改賀之制在以上種種局勢下產生，事甚自然也。〔註3〕

顯然遼帝后生辰改期至冬季月份受賀的原因是頗有其道理。傅樂煥在該文中也特別列有「遼帝后生辰及受賀日期表」：〔註4〕

表一：遼帝后生辰及受賀日期表

遼　帝	生　辰	受賀日期	改或未改
聖宗	十二月廿七日	十二月廿七日	未改
興宗	二月廿三日	正月？	改期
道宗	八月初七日	十二月初七日	改期
天祚帝	四月十九或廿九日	十二月？	改期
承天	五月五日	五月五日	未改
齊天	？	十一月	未改

〔註3〕傅樂煥，〈宋遼聘使表稿〉，「丙、遼帝后生辰改期受賀考」，收錄於《遼史叢考》（北京：中華書局，1994），頁244。

〔註4〕傅樂煥，〈宋遼聘使表稿〉，「丙、遼帝后生辰改期受賀考」，收錄於《遼史叢考》，頁249～250。

法天	三月初五日	十二月初五日	改期
宗天	十二月初三日	?	未改

資料來源：傅樂煥，《遼史叢考》，頁 249。

此表所列，雖然有幾個不明之處，但是我們從這一表格，已可知遼興宗（1016～1055）、道宗（1032～1101）、天祚帝（1075～1128）和法天太后（約980～1057）四人，都是將生辰改期至冬季月份受賀。而未改期受賀者，除了承天太后（953～1009）之外，因為其他帝后的生辰本來就是在冬季的月份，因此不需要改期，即可在他們冬捺鉢的駐帳地，進行接受宋朝廷所派生辰使祝賀的交聘活動。

從以上所論，可知宋朝正旦使和生辰使的派任，以及他們使遼、赴遼、往返於遼境的時間季節月份，往往是比較固定的。據傅樂煥在〈宋遼聘使表稿〉述及宋朝正旦使、生辰使派任、啟程和抵達的時間，說：

> 宋遼互賀，雙方遣使，例在賀期前三、二月。如賀正旦使，例遣於九月左右。大體命既下後，受命者尚準備一二月，期前一月許始啟行。其時使臣逗留敵國都城例在十日左右，而沿途行程預有規定，無遲滯之虞，故無需早行也。考《長編》所記賀遼生辰聘使，自興宗之後，統命遣於八、九月間，與賀正旦使同時，則到遼亦應在十二月、一月之間。……繼見《長編》所載此期生辰使不獨與正旦使同遣，且確於十二月或一月與正旦使先後抵達。〔註 5〕

這一段話表示了在宋遼一百多年的和平外交期間，雙方所派遣的使節不僅是以正旦使、生辰使佔最多數。而且就宋國來說，擔負這兩種任務的宋使節，常常是在冬季十月初啟程赴遼，並且往返的行程也幾乎都是在冬季至隔年春季初的月份。但是假如我們進一步閱讀相關史書的記載，卻可以發現實際上在宋對遼的和平外交關係史當中，也有許多位宋使節是在春、夏、秋季的某幾個月份使遼。而且因為遼皇帝春、夏、秋捺鉢遷移的緣故，其駐帳地與冬捺鉢駐帳地不同，因此這些宋使節使遼晉見遼皇帝的地點、行程路線，以及在遼境的所見、所聞、所感，也就與冬季月份使遼的宋使節有所不同。

〔註 5〕傅樂煥，〈宋遼聘使表稿〉，「丙、遼帝后生辰改期受賀考」，收錄於《遼史叢考》，頁 241。

討論至此，使筆者進一步思考，到底有哪些原因會造成宋使節必須在冬季之外的春、夏、秋季某些月份使遼、赴遼呢？筆者認為至少約有下列四個原因：

一、遼承天太后生辰未改期受賀

據前引傅樂煥所列「遼帝后生辰及受賀日期表」，可知遼承天太后的生辰是在五月五日，並且沒有改期受賀，仍然是以五月五日為其生辰受賀的日期。

關於遼承天太后生辰的日期，實際上在《續資治通鑑長編》（以下簡稱《長編》）、《契丹國志》、《宋史》，以及《遼史》〈后妃傳〉中，均未見有明確的記載。只有在《遼史》〈聖宗本紀〉，說：

> 統和四年（宋太宗雍熙三年，986）五月庚午（三日），……（宋）輓漕數　萬人匿岐溝空城中，圍之。壬申（五日），以皇太后生辰，縱還。〔註6〕

這一段記載非常難得，使我們間接知道了遼承天太后的生辰是在五月五日。筆者再以宋朝廷與遼訂立澶淵盟約之後，歷次任命使節前往遼國祝賀承天太后生辰的日期與行程，來印證承天太后的生辰日期，發現《長編》中所記載的五次任命宋臣擔任契丹國母生辰使的日期，依次是在卷五九，景德二年（遼聖宗統和二十三年，1005）二月癸卯（二十五日）條、〔註7〕卷六二，景德三年（遼聖宗統和二十四年，1006）三月乙巳（三日）條、〔註8〕卷六五，景德四年（遼聖宗統和二十五年，1007）三月乙巳（八日）條、〔註9〕卷六八，大中祥符元年（遼聖宗統和二十六年，1008）三月戊辰（七日）條、〔註10〕卷七一，大中祥符二年（遼聖宗統和二十七年，1009）二月壬寅（十六日）條。〔註11〕此一發現，使我們進一步知道當時宋朝廷任命祝賀遼承天太后的生辰使，其日期均是在二月中旬至三月初之間，接著是準備國書、禮物、使節團員組成，以及赴遼行程的時間，因此約可在五月初到達遼聖宗夏捺鉢駐帳地，以便參與祝賀遼承天太后生辰五月五日的交聘活動。

〔註6〕（元）脫脫，《遼史》（臺北：鼎文書局，1978），卷11，本紀第11，聖宗2，頁122。

〔註7〕（宋）李燾，《續資治通鑑長編》（以下簡稱《長編》）（上海：上海古籍出版社，1986），卷59，宋真宗景德二年二月癸卯條，頁11。

〔註8〕（宋）李燾，《長編》，卷62，宋真宗景德三年三月乙巳條，頁8。

〔註9〕（宋）李燾，《長編》，卷65，宋真宗景德四年三月乙巳條，頁5。

〔註10〕（宋）李燾，《長編》，卷68，宋真宗大中祥符元年三月戊辰條，頁9。

〔註11〕（宋）李燾，《長編》，卷71，宋真宗大中祥符二年二月壬寅條，頁8。

在此筆者擬再以宋與遼訂盟後，第一次派遣使節孫僅（969～1017）使遼，祝賀承天太后五月五日生辰的情形做為印證。據《遼史》〈聖宗本紀〉，說：

> 統和二十三年五月戊申（一日）朔，宋遣孫僅等來賀皇太后生辰。〔註12〕

可知宋使節孫僅確實是在五月五日前幾天，到達了遼聖宗和承天太后的駐帳地。至於孫僅當時祝賀承天太后生辰交聘活動的情形，據《長編》卷五九，說：

> 宋真宗景德二年（遼聖宗統和二十三年，1005）二月……癸卯（二十五日），命開封府推官太子中允直集賢院孫僅為契丹國母生辰使……國主（遼聖宗）每歲避暑於含涼淀，聞使至，即來幽州。屢召（孫）僅等晏會張樂，待遇之禮甚優。〔註13〕

以及《宋會要輯稿》，說：

> （孫）僅等廻，具言，自入境所遇州縣刺史迎謁，……戎主（遼聖宗）歲避暑于含涼淀，聞使至，即來幽州，其館舍供帳接待之禮甚厚，……。〔註14〕

此二段引文，提到「國主（遼聖宗）每歲避暑於含涼淀，聞使至，即來幽州」、「戎主歲避暑于含涼淀，聞使至，即來幽州」，皆可印證遼承天太后生辰並未改期受賀，仍然維持在五月五日，因此當宋使節生辰使孫僅前往祝賀時，他往返於遼境的行程是在夏季的四、五月份，而不是在冬季的月份。

二、遼帝后死亡與新君登位

宋遼兩國的交聘活動，其中有一項是當某一方的帝后死亡時，另一方必須派遣使節至該國祭奠、弔慰和祝賀新君登位。因此宋朝廷每年除了派遣正旦使、生辰使，祝賀遼元旦和帝后生辰之外，當遼國帝后死亡時，宋朝廷也會配合遼帝后死亡哀喪活動的日期，以及新君登位的日期，派遣使節赴遼。因此他們使遼的時間與季節，也就有可能是在春、夏、秋、冬季的任何月份，筆者特舉下列六件史事為例，加以討論：

〔註12〕（元）脫脫，《遼史》，卷14，本紀第14，聖宗5，頁161。

〔註13〕（宋）李燾，《長編》，卷71，宋真宗大中祥符二年二月壬寅條，頁8。

〔註14〕（清）徐松，《宋會要輯稿》（北京：中華書局，1997），蕃夷1之34，頁7689。

（一）以遼承天太后的死亡為例

關於遼承天太后死亡的日期，據《遼史》〈聖宗本紀〉，說：

> 統和二十七年（宋真宗大中祥符二年，1009）……十二月……辛卯（十一日），皇太后崩于行宮。〔註 15〕

以及《遼史》〈后妃傳〉，說：

> （遼）景宗睿智皇后蕭氏，……景宗崩，尊為皇太后。……統和元年（宋太宗太平興國八年，983），上尊號曰承天皇太后。……二十七年崩，……。〔註 16〕

由於承天太后的死亡，是宋遼兩國訂立澶淵盟約，建立起友好和平關係之後，第一位死亡的遼方領導者，也是第一位死亡的遼方皇太后，因此宋遼兩國朝廷對於其哀喪的交聘活動都相當重視。據《遼史》〈聖宗本紀〉，提到宋國派遣使節前來進行哀喪交聘活動的相關日程，說：

> 統和二十七年……十二月……壬辰（十二日），遣使報哀于宋、夏、高麗。……二十八年（宋真宗大中祥符三年，1010）……二月丙戌（六日），宋遣王隨（約 975～1033）、王儒等來弔祭。……是月，遣左龍虎衛上將軍蕭合卓饋大行皇太后遺物于宋，仍遣臨海軍節度使蕭虛列、左領軍衛上將軍張崇濟謝宋弔祭。三月……是月，宋、高麗遣使來會葬。〔註 17〕

筆者再另查宋人著作，據《長編》卷七二，說：

> 宋真宗大中祥符二年……十二月……癸卯（二十三日），契丹國母蕭氏卒，年五十七，謚曰：宣獻。契丹主哭必嘔血，遣天平節度使耶律信寧，馳騎來告，涿州先牒雄州，雄州以聞。甲辰（二十四日），詔廢朝七日，令禮官詳定服制，內出開寶禮，為蕃國發哀儀，下輔臣使參擇而行。復命太常博士直史館王隨，內殿承制閤門祗候郭允恭為祭奠使。太常博士判三司催欠憑由司王曙（963～1034），供奉閤門祗候王承瑾為弔慰使。賻以衣五襲，綾羅帛萬疋。〔註 18〕

〔註 15〕（元）脫脫，《遼史》，卷 14，本紀第 14，聖宗 5，頁 164。

〔註 16〕（元）脫脫，《遼史》，卷 71，列傳第 1，后妃，景宗睿智皇后蕭氏，頁 1201～1202。

〔註 17〕（元）脫脫，《遼史》，卷 14，本紀第 14，聖宗 5，頁 164、卷 15，本紀第 15，聖宗 6，頁 167。

〔註 18〕（宋）李燾，《長編》，卷 72，宋真宗大中祥符二年十二月癸卯條，頁 21。

從以上所論，可知遼承天太后是在遼統和二十七年冬季十二月十一日死亡，而宋朝廷所派遣的祭奠使、弔慰使是在二月六日至遼國進行弔祭，並且在三月時，宋使節曾參與會葬的活動。顯現出宋使節當時是在春季的一、二、三月間使遼、赴遼、往返於遼境，進行遼承天太后死亡的祭奠、弔慰和會葬活動。

（二）以遼聖宗的死亡和遼興宗登位為例

遼聖宗的死亡日期，據《遼史》〈興宗本紀〉，說：

> 太平十一年（宋仁宗 1010～1063 天聖九年，1031）夏六月己卯（三日），聖宗崩，（興宗）即皇帝位於柩前。……甲申（八日），遣使告哀于宋及夏、高麗。〔註 19〕

而宋朝廷則是在六月「己亥（二十三日），雄州以契丹主訃聞。」〔註 20〕此為從宋太祖與遼進行過短暫和平外交，以及宋真宗與遼簽訂澶淵盟約，再度建立起長期和平外交之後，第一次遼方皇帝的死亡。因此當六月二十三日，宋仁宗得知遼聖宗的死訊時，即在「辛丑（二十五日），輟視朝七日，在京及河北、河東緣邊亦禁音樂七日。命御史中丞王隨為祭奠使，……。龍圖待制孔道輔（986～1039）為賀登位使，……。龍圖閣待制梅詢（964～1041）為國母弔慰使，……。鹽鐵副使司封員外郎王禝（978～1041）為國主弔慰使，……。」〔註 21〕《宋史》〈仁宗本紀〉，也說：

> 天聖九年（遼聖宗太平十一年，1031）……秋七月丙午（一日）朔，契丹使來告其主隆緒殂，遣使祭奠、弔慰，及賀宗真立。〔註 22〕

另外，《遼史》〈興宗本紀〉記載宋使節參與此次哀喪活動的情形，說：

> 景福元年（宋仁宗天聖九年，1031）九月……辛亥（六日），宋遣王隨、曹儀致祭，王禝、許懷信、梅詢、張綸來慰兩宮，范諷、孫繼業賀即位，孔道輔、魏昭文賀皇太后冊禮。……庚午（二十五日），以宋使弔祭，喪服臨菆塗殿。〔註 23〕

〔註 19〕（元）脫脫，《遼史》，卷 18，本紀第 18，興宗 1，頁 211。
〔註 20〕（宋）李燾，《長編》，卷 110，宋仁宗天聖九年六月己亥條，頁 10。
〔註 21〕（宋）李燾，《長編》，卷 110，宋仁宗天聖九年六月辛丑條，頁 10。
〔註 22〕（元）脫脫，《宋史》（臺北：鼎文書局，1978），卷 9，本紀第 9，仁宗 1，頁 189。
〔註 23〕（元）脫脫，《遼史》，卷 18，本紀第 18，興宗 1，頁 212。

可知當時遼聖宗是在遼太平十一年夏季六月三日死亡，因此宋使節在秋季的八、九月份使遼、赴遼、往返於遼境，進行遼聖宗死亡的祭奠、弔慰，以及祝賀新君遼興宗登位的交聘活動。

（三）以遼興宗的死亡和遼道宗登位為例

遼興宗的死亡日期，據《遼史》〈興宗本紀〉，說：

> 重熙二十四年（宋仁宗至和二年，1055）八月己丑（初四日），帝（遼興宗）崩於行宮，年四十。〔註 24〕

以及《長編》卷一八〇，說：

> 宋仁宗至和二年（遼興宗重熙二十四年，1055）八月……己丑（四日），契丹主宗真卒，立二十五年，年四十一，謚文成皇帝，廟號興宗。〔註 25〕

但是當時宋朝廷並未能即時得知遼興宗的死訊，因此在八月十六日，仍然按照往例任命該年出使遼國的生辰使與正旦使人選，以「翰林學士吏部郎中知制誥史館修撰歐陽修（1007～1072）為契丹國母生辰使，……右正言知制誥劉敞（1019～1068）為契丹生辰使，……起居舍人直秘閣知諫院范鎮（1007～1088）為契丹國母正旦使，……權度支判官刑部員外郎李復圭為契丹正旦使，……。時朝廷未知契丹主已卒，故生辰、正旦遣使如例」。〔註 26〕一直至八月「辛亥（二十六日），雄州以契丹主之喪來奏」，〔註 27〕宋朝廷才得知此事，遂在八月「癸丑（二十八日），改命歐陽修……為賀契丹登寶位使，龍圖閣直學士兵部郎中呂公弼（1007～1073）為契丹祭奠使，……鹽鐵副使工部郎中李參（1006～1079）為契丹弔慰使，……。甲寅（二十九日），改命劉敞……為契丹國母生辰使，戶部副使工部郎中張掞（996～1074）為契丹生辰使，……。」〔註 28〕《宋史》〈仁宗本紀〉，也說：

> 至和二年（遼道宗清寧元年，1055）……九月戊午（三日），契丹使來告其國主宗真殂，帝為發哀，成服于內東門幕次，遣使祭奠、弔慰，及賀其子洪基立。〔註 29〕

〔註 24〕（元）脫脫，《遼史》，卷 20，本紀第 20，興宗 3，頁 248。
〔註 25〕（宋）李燾，《長編》，卷 180，宋仁宗至和二年八月己丑條，頁 16。
〔註 26〕（宋）李燾，《長編》，卷 180，宋仁宗至和二年八月辛丑條，頁 18。
〔註 27〕（宋）李燾，《長編》，卷 180，宋仁宗至和二年八月辛亥條，頁 18。
〔註 28〕（宋）李燾，《長編》，卷 180，宋仁宗至和二年八月癸丑、甲寅條，頁 19。
〔註 29〕（元）脫脫，《宋史》，卷 12，本紀第 12，仁宗 4，頁 238。

至於遼興宗死亡的哀喪和遼道宗登位事宜，《遼史》〈道宗本紀〉，則只簡單說：

清寧元年（宋仁宗至和二年，1055）十一月甲子（十日），葬興宗皇帝於慶陵，宋及高麗遣使來會。……十二月……戊子（五日），應聖節，上太皇太后壽，……丙申（十三日），宋遣歐陽修等來賀即位。〔註30〕

但是我們從以上的論述，已可知遼興宗在遼重熙二十四年秋季八月四日死亡，因此宋使節在冬季的十、十一、十二月使遼、赴遼、往返於遼境，進行遼興宗死亡的祭奠、弔慰，和祝賀新君遼道宗登位的活動。

（四）以遼道宗的死亡和遼天祚帝登位為例

遼道宗的死亡日期，據《遼史》〈道宗本紀〉，說：

壽隆七年（宋徽宗建中靖國元年，1101）正月甲戌（十三日），上（遼道宗）崩於行宮，年七十。遺詔燕國王延禧嗣位。〔註31〕

但是關於宋朝廷此次派任大臣使遼祭奠、弔慰和祝賀新君遼天祚帝登位事宜的記載，因現存《長編》缺失，筆者另查《宋會要輯稿》，說：

（宋徽宗）建中靖國元年（遼道宗壽隆七年，1101）二月十四日，命尚書吏部侍郎張舜民為遼國賀登位國信使，……中書舍人謝文瓘（1021～1096）為遼國祭奠國信使，……尚書工部侍郎賈易為遼國弔慰國信使，……易以目疾辭，改命給事中上官均（1038～1115）代之。又命朝散大夫淮南江浙等路發運副使黃寔，龍圖閣直學士中散大夫為遼國賀登位國信使，代張舜民。〔註32〕

《宋史》〈徽宗本紀〉，也說：

建中靖國元年，三月……乙丑（四日），遼遣使蕭恭來告其國主洪基殂，遣謝文瓘、上官均等往弔祭，黃寔賀其孫延禧立。〔註33〕

關於此些事宜，雖然《遼史》〈天祚皇帝本紀〉，只說：

乾統元年（宋徽宗建中靖國元年，1101）……六月……甲午（五日），宋遣王潛等來弔祭。……十二月……癸巳（七日），宋遣黃實來賀即位。〔註34〕

〔註30〕（元）脫脫，《遼史》，卷21，本紀第21，道宗1，頁252～253。

〔註31〕（元）脫脫，《遼史》，卷26，本紀第26，道宗6，頁314。

〔註32〕（清）徐松，《宋會要輯稿》，職官51之8，頁3540。

〔註33〕（元）脫脫，《宋史》，卷19，本紀第19，徽宗1，頁361。

〔註34〕（元）脫脫，《遼史》，卷27，本紀第27，天祚皇帝1，頁318。

而且與《宋會要輯稿》、《宋史》在人名的記載上也或有不同，但是我們還是可以從以上各項記載，得知遼道宗是在壽隆七年春季正月十三日死亡，並且推知此次宋使節是在夏季五、六月份使遼，進行遼道宗死亡的祭奠、弔慰儀式活動，以及在冬季十一、十二月份使遼，進行祝賀新君遼天祚帝的登位儀式活動。

（五）以遼法天太后的死亡為例

遼法天太后的死亡日期，據《遼史》〈道宗本紀〉，說：

> 清寧三年（宋仁宗嘉祐二年，1057）十二月...己巳（二十七日），太皇太后（法天太后）崩。……四年（宋仁宗嘉祐三年，1058），……夏四月……丁卯（三日），宋遣使弔祭。〔註35〕

當時宋朝廷在翌年正月，以「侍御史朱處約假左諫議大夫為祭奠使，……度支判官兵部員外郎集賢校理李仲師為弔慰使，……。」〔註36〕而《宋史》〈仁宗本紀〉，也說：

> 嘉祐三年（遼道宗清寧四年，1058）……二月癸卯（二日），契丹使來告其祖母哀，輟視朝七日，遣使祭奠、弔慰。〔註37〕

從以上各書的記載，我們可知遼法天太后在遼道宗清寧三年冬季十二月二十七日死亡，而宋使節是在隔年春夏之際三、四月份使遼，進行遼法天太后死亡的祭奠、弔慰儀式活動。

（六）以遼宗天太后的死亡為例

遼宗天太后的死亡日期，據《遼史》〈道宗本紀〉，說：

> 大康二年（宋神宗熙寧九年，1076）三月辛酉（六日），皇太后（宗天太后）崩。……夏六月……戊子（四日），宋及高麗、夏國各遣使弔祭。〔註38〕

當時宋朝廷在同年四月二十一日，以「戶部度支郎中王克臣（1014～1089）為遼國母祭奠使，……，太常丞集賢校理蒲宗孟（1022～1088）為遼國母祭弔慰使，……。」〔註39〕《宋史》〈神宗本紀〉，也說：

〔註35〕（元）脫脫，《遼史》，卷21，本紀第21，道宗1，頁256。
〔註36〕（宋）李燾，《長編》，卷187，宋仁宗嘉祐三年正月己亥條，頁2。
〔註37〕（元）脫脫，《宋史》，卷12，本紀第12，仁宗4，頁242。
〔註38〕（元）脫脫，《遼史》，卷23，本紀第23，道宗3，頁277。
〔註39〕（宋）李燾，《長編》，卷274，宋神宗熙寧九年四月丙午條，頁9。

> 熙寧九年（遼道宗大康二年，1076）夏四月……乙未（十日），以遼主母喪，……丙午（二十一日），遣王克臣等弔慰于遼。〔註40〕

從這三項史書的記載，我們可知遼宗天太后在遼道宗大康二年春季三月六日死亡，宋使節則在夏季五、六月份使遼，進行遼宗天太后死亡的祭奠、弔慰儀式活動。

綜合以上六件史實的論述，可謂已經很清楚地顯現出，在宋遼長期和平的交聘活動中，宋朝使節雖然以正旦使、生辰使佔大多數，而且他們使遼、赴遼、往返於遼境的時間，往往固定在冬季的月份。但是當遼朝帝后死亡與新君登位時，宋朝的祭奠使、弔慰使和賀遼帝登位使，就有可能在春、夏、秋、冬四個季節的任何月份使遼、赴遼，和往返於遼境。

三、宋帝死亡與新君登位

當時宋遼兩國的哀喪交聘活動是互相的，因此當宋帝死亡時，遼方會派遣祭奠使、弔慰使和祝賀新君登位使至宋。而宋朝廷也會派遣告哀使、告登位使、致先帝遺留物使和回謝使至遼，因此宋使節在此情況下，即有可能在春、夏、秋、冬季的任何月份使遼、赴遼。筆者亦舉六件史實為例，加以論述：

（一）以宋太祖的死亡和宋太宗登位為例

由於宋遼兩國曾在宋太祖和宋太宗初期有過一段短暫約六年的和平時期，因此當宋太祖死亡與宋太宗登位時，宋朝廷基於兩國的和平外交關係，曾先後派遣告哀使、告登位使、致先帝遺留物使和回謝使等出使遼國。據《長編》卷一七，說：

> （宋太祖）開寶九年（遼景宗保寧八年，976）……十月……癸丑（二十日），上（宋太祖）崩于萬歲殿。……甲寅（二十一日），太宗即位，……太平興國元年（即開寶九年）十一月……壬午（二十日），遣著作郎馮正、著作佐郎張玘使契丹，告終稱嗣也。〔註41〕

《宋史》〈太宗本紀〉，說：

〔註40〕（元）脫脫，《宋史》，卷15，本紀第15，神宗2，頁290。

〔註41〕（宋）李燾，《長編》，卷17，宋太祖開寶九年十月癸丑、甲寅條，頁16、17；卷17，宋太宗太平興國元年十一月壬午條，頁21。

（宋太祖）開寶九年冬十月癸丑（二十日），太祖崩，帝（太宗）遂即皇帝位。……十一月……己丑（二十七日），遣著作郎馮正、佐郎張玘使契丹告哀。〔註42〕

以及《文獻通考》，說：

（宋太宗）太平興國二年（遼景宗保寧九年，977），（遼）遣使賀太宗即位。四月，又遣使奉貢助太祖山陵。五月，令起居舍人辛仲甫等報聘。〔註43〕

另外，《遼史》〈景宗本紀〉，也說：

保寧八年（宋太祖開寶九年，976）十一月丙子（十四日），宋主匡胤殂，其弟炅自立，遣使來告。……九年（宋太宗太平興國二年，977）二月庚子（九日），宋遣使致其先帝遺物。……秋七月……甲子（五日），宋遣使來聘。〔註44〕

從以上各項史書的記載，可知宋太祖在開寶九年冬季十月二十日死後，宋遼兩國進行了一系列的哀喪交聘活動。而在宋國方面，宋朝廷所派的告哀使、告登位使是在冬季的月份使遼，至於後來所派負責致先帝遺留物和回謝的使節，則是在隔年春季與夏、秋之際的月份使遼。

（二）以宋真宗的死亡和宋仁宗登位為例

有關宋真宗死亡之後，宋與遼所進行的哀喪交聘活動，據《長編》卷九八，說：

（宋真宗）乾興元年（遼聖宗太平二年，1022）二月戊午（十九日），上（宋真宗）崩於延慶殿。（宋）仁宗即皇帝位。……遣內殿承制閤門祇候薛貽廓告哀契丹。……二月丙寅（二十七日），遣度支副使禮部郎中薛田為契丹遺留禮信使，供備庫副使李餘懿副之。……四月壬子（十三日），命兵部員外郎判鹽鐵勾院任中行、崇儀副使曹琦使契丹，告皇帝初登位也。……七月乙亥（七日），戶部郎中直史館劉鍇為皇后（皇太后）回謝契丹使，客省副使曹

〔註42〕（元）脫脫，《宋史》，卷4，本紀第4，太宗1，頁54。

〔註43〕（元）馬端臨，《文獻通考》（臺北：新興書局，1958），卷346， 四裔考23，契丹中，頁2707。

〔註44〕（元）脫脫，《遼史》，卷8，本紀第8，景宗上，頁96；卷9，本紀第9，景宗下，頁99。

儀副之。工部郎中趙賀為皇帝回謝使，內殿承制閤門祇候楊承吉副之。〔註45〕

《宋史》〈仁宗本紀〉，說：

(宋真宗)乾興元年二月戊午(十九日)，真宗崩，遺詔太子即皇帝位，……遣使告哀契丹。……丙寅(二十七日)，遣使以先帝遺留物遺契丹。……夏四月壬子(十三日)，遣使以即位告契丹。〔註46〕

以及《遼史》〈聖宗本紀〉，說：

太平二年(宋真宗乾興元年，1022)……三月……丁丑(八日)，宋使薛貽廓來告宋主恒(宋真宗)殂，子禎(宋仁宗)嗣位。……六月己未(二十一日)，宋遣使薛田等來饋其先帝遺物。……十一月丙戌(二十日)，宋遣使來謝。〔註47〕

從以上各項史書的記載，可知宋真宗在乾興元年春季二月十九日死後，宋遼兩國所進行一系列的哀喪交聘活動，宋朝廷派遣的告哀使赴遼是在春季的月份，告登位使和遺留禮信使赴遼是在夏季的月份，而回謝使赴遼，則是在冬季的月份。

(三)以宋仁宗的死亡和宋英宗登位為例

宋仁宗死亡之後，與遼所進行一系列的哀喪交聘活動，在《長編》、《宋史》、《遼史》中均記載不多，例如《長編》卷一九八，說：

(宋仁宗)嘉祐八年(遼道宗清寧九年，1063)三月辛未(三十日)晦，上(宋仁宗)暴崩於福寧殿。……夏四月壬申朔(一日)，英宗即皇帝位，……癸酉(二日)，……命引進副使王道恭告哀契丹。〔註48〕

《宋史》〈仁宗本紀〉，說：

嘉祐八年三月……辛未(三十日)，帝崩于福寧殿。遺制皇子即皇帝位，……。〔註49〕

〔註45〕(宋)李燾，《長編》，卷98，宋真宗乾興元年二月戊午、丙寅條，頁3、5；四月壬子條，頁10；卷99，宋真宗乾興元年七月乙亥條，頁2。

〔註46〕(元)脫脫，《宋史》，卷9，本紀第9，仁宗1，頁175～176。

〔註47〕(元)脫脫，《遼史》，卷16，本紀第16，聖宗7，頁190～191。

〔註48〕(宋)李燾，《長編》，卷198，宋仁宗嘉祐八年三月辛未條，頁3、四月壬申、癸酉條，頁3～5。

〔註49〕(元)脫脫，《宋史》，卷12，本紀第12，仁宗4，頁250。

〈英宗本紀〉，則說：

> （宋仁宗）嘉祐……八年，仁宗崩。夏四月壬申朔（一日），皇后傳遺詔，命帝嗣皇帝位。……癸酉（二日），……遣王道恭告哀于契丹。……乙亥（四日），遣韓贄等告即位於于契丹。〔註 50〕

而《遼史》〈道宗本紀〉，也只記載：

> 清寧九年（宋仁宗嘉祐八年，1063）……三月辛未（三十日），宋主禎殂，以姪曙為子嗣位。〔註 51〕

但是我們至少已可知宋仁宗在嘉祐八年三月三十日死後，宋朝廷所派的告哀使、告登位使，均是在夏季的月份使遼。

（四）以宋英宗的死亡和宋神宗登位為例

宋英宗死於治平四年（遼道宗咸雍三年，1067），據《長編》卷二〇九，說：

> （宋英宗）治平四年春正月……丁巳（八日），帝（英宗）崩於福寧殿。神宗即位，……。〔註 52〕

由於《長編》自宋英宗治平四年（1067）四月至宋神宗熙寧三年（1070）三月佚失，因此有關宋英宗死後各項與遼進行的哀喪事宜交聘活動，筆者另據《宋史》〈英宗本紀〉，說：

> 治平四年春正月……丁巳（八日），帝（英宗）崩于福寧殿，……。〔註 53〕

〈神宗本紀〉，說：

> （宋英宗治平）四年正月丁巳（八日），英廟（英宗）崩，帝（神宗）即皇帝位。戊午（九日），……遣馮行己（1008～1091）告哀于遼。……辛酉（十二日），遣孫坦等告即位于遼。……九月，辛卯（二十一日），……遣孫思恭（1009～1069）等報謝于遼。〔註 54〕

以及《遼史》〈道宗本紀〉，說：

> 咸雍三年（宋英宗治平四年，1067）三月癸亥（十四日），宋主曙殂，

〔註 50〕（元）脫脫，《宋史》，卷 13，本紀第 13，英宗，頁 254。
〔註 51〕（元）脫脫，《遼史》，卷 22，本紀第 22，道宗 2，頁 262。
〔註 52〕（宋）李燾，《長編》，卷 209，宋英宗治平四年正月丁巳條，頁 1。
〔註 53〕（元）脫脫，《宋史》，卷 13，本紀第 13，英宗，頁 260。
〔註 54〕（元）脫脫，《宋史》，卷 14，本紀第 14，神宗 1，頁 264、266。

子項嗣位，遣使告哀。……六月……庚戌（二十日），宋遣使饋其先帝遺物。辛亥（二十一日），宋以即位遣陳襄（1017～1080）來報。〔註 55〕

可知宋英宗在治平四年春季正月八日死亡之後，宋朝廷所派使遼的告哀使、致遺留物使和告登位使，是在春、夏的月份使遼、赴遼，而回謝使則是在秋季的月份。

（五）以宋神宗的死亡和宋哲宗登位為例

宋神宗死於元豐八年（遼道宗大安元年，1085），據《長編》卷三五三，說：

宋神宗元豐八年三月……戊戌（五日），上（神宗）崩于福寧殿。哲宗即位。……己亥（六日），……命閤門通事舍人宋球告哀于遼，權改名淵。……四月辛巳（十八日），遣承議郎試中書省舍人王震（1045～1095）為大行皇帝遺留北朝禮信使，內殿承制騫育副之。承議郎左司郎中滿中行充皇帝登寶位北朝國信使……。……九月己酉（十八日），承議郎龍圖閣直學士蔡卞（1048～1117）為太皇太后（神宗死，哲宗年幼，哲宗祖母臨朝）回謝遼國使，……中書舍人范百祿（1030～1094）為皇帝回謝遼國使。〔註 56〕

《宋史》〈神宗本紀〉，說：

元豐八年……三月……戊戌（五日），上崩于福寧殿，……皇太子即皇帝位，……。〔註 57〕

《宋史》〈哲宗本紀〉，說：

（宋神宗）元豐……八年……三月……戊戌（五日），神宗崩，太子即皇帝位。己亥（六日），……遣使告哀于遼。……夏四月……辛巳（十八日），遣使以先帝帝遺留物遺遼國及告即位。……九月……己酉（十八日），遣使報謝于遼。〔註 58〕

另外，《遼史》〈道宗本紀〉，也說：

〔註 55〕（元）脫脫，《遼史》，卷 22，本紀第 22，道宗 2，頁 266。

〔註 56〕（宋）李燾，《長編》，卷 353，宋神宗元豐八年三月戊戌、己亥條，頁 3、4；卷 355，宋神宗元豐八年四月辛巳條，頁 9；卷 359，宋神宗元豐八年九月己酉條，頁 17。

〔註 57〕（元）脫脫，《宋史》，卷 16，本紀第 16，神宗 3，頁 313。

〔註 58〕（元）脫脫，《宋史》，卷 17，本紀第 17，哲宗 1，頁 317～319。

> 大安元年（宋神宗元豐八年，1085）……夏四月乙酉（二十二日），宋主頊殂，子煦嗣位，使來告哀。……六月戊寅（十六日），宋遣王真、甄祐等饋其先帝遺物。……十二月甲戌（十四日），宋遣蔡卞來謝弔祭。〔註59〕

因此可知宋神宗在元豐八年春季三月五日死亡之後，宋朝廷所派使遼的告哀使、致遺留物使、告登寶位使和回謝使，其赴遼時間分別為夏、秋、冬季的月份。

（六）以宋哲宗的死亡和宋徽宗登位為例

宋哲宗死於元符三年（遼道宗壽隆六年，1100）正月己卯（十二日），因《長編》缺少此年史事記載，因此據《宋會要輯稿》，說：

> 宋哲宗元符三年二月二十九日，命尚書工部侍郎杜常假龍圖閣直學士，為大行皇帝遺留遼國禮信使，……三月九日，河北路計定（度）轉運副使吳安憲假寶文閣待制，充大行皇帝遺留北朝禮信使，以杜常至澶州稱疾而回故也。〔註60〕

《宋史》〈哲宗本紀〉，說：

> 元符三年春正月……己卯（十二日），帝崩。……立弟端王太即位于柩前，……。〔註61〕

〈徽宗本紀〉，說：

> （宋哲宗）元符三年正月己卯（十二日），哲宗崩，……乃召端王入，即皇帝位。……庚辰（十三日），……遣宋淵告哀于遼。……二月……丙寅（二十九日），遣吳安憲、朱孝孫以遺留物遺遼國主。……三月……庚午（三日），遣韓治、曹譜告即位于遼。……秋七月……癸未（十八日），遣陸佃、李嗣徽報謝于遼。〔註62〕

另外，《遼史》〈道宗本紀〉，也說：

> 壽隆六年（宋哲宗元符三年，1100）二月……辛酉（二十四日），宋遣使告宋主煦殂，弟佶嗣位，……五月辛卯（四日），宋遣使饋先帝遺物。……十二月……庚申（二十九日），……宋遣使來謝。〔註63〕

〔註59〕（元）脫脫，《遼史》，卷24，本紀第24，道宗4，頁290～291。

〔註60〕（清）徐松，《宋會要輯稿》，禮29之70。

〔註61〕（元）脫脫，《宋史》，卷18，本紀第18，哲宗2，頁354。

〔註62〕（元）脫脫，《宋史》，卷19，本紀第19，徽宗1，頁357～359。

〔註63〕（元）脫脫，《遼史》，卷26，本紀第26，道宗6，頁312～314。

因此可知宋哲宗在元符三年春季正月十二日死後，宋朝廷所派使遼的告哀使、致遺留物使、告登位使和回謝使，其赴遼時間分別為春、夏、冬季的月份。

筆者認為，綜合以上六項史實的論述，應已足以印證當宋朝皇帝死亡與新君登位時，宋朝廷所派使遼的告哀使、告登位使、致遺留物使和回謝使，確實都有可能在春、夏、秋、冬四季的任何月份使遼、赴遼和往返於遼境。

四、宋派遣泛使

在宋遼交聘活動中，有一種使節的名稱，依其特殊的任務，通稱為泛使。據聶崇岐〈宋遼交聘考〉，說：「普通聘問或有所報告要求於鄰邦者，曰國信使，俗稱泛使。……正旦生辰二使皆每年互遣，泛使則無定期，餘皆因事選派，亦無固定年月。」〔註64〕傅樂煥〈宋遼聘使表稿〉(三)，附考，「庚、宋遼泛使表」，說：「宋遼通好期間遇有特殊事故，另遣專使，特名泛使以達意。」〔註65〕另外，賈玉英在〈有關宋遼交聘中泛使概念的幾點辨析〉一文中，對於泛使有比較詳細的分析，其說：

> 泛使是宋遼交聘中重要的使節，宋真宗以後，宋遼關係的每次重大變化，泛使無不率先斡旋其間，肩負著重要的使命。……宋遼交聘中眾多的使節，如果以派遣的目的為線索劃分，可分為兩大類，……第二類是商議重大事務的特別使節，主要是指泛使、橫使、報聘使、審行商議使等。第二類使節與宋遼關係的重要變化密切相關，尤其是泛使，澶淵之盟以後宋遼關係每一次重大變故，泛使無不率先斡旋其間，起著重要的作用，……。〔註66〕

從以上三位學者所言，可知宋遼泛使的派遣，往往是在雙方有比較重大事故的時候，因此在一年春、夏、秋、冬四季當中，均有可能隨著兩國外交局勢的需要而派遣。關於此種情形，傅樂煥在〈宋遼聘使表稿〉中作有「宋遼泛使表」，筆者在此特別加以轉引，但是為了配合本文主題的論述，只從該表挑出屬於宋朝泛使出使遼國的部分，作成下表：〔註67〕

〔註64〕聶崇岐，〈宋遼交聘考〉，收錄於《宋史叢考》，頁287。

〔註65〕傅樂煥，〈宋遼聘使表稿〉，收錄於《遼史叢考》，頁261。

〔註66〕賈玉英，〈有關宋遼交聘中泛使概念的幾點辨析〉，《中國史研究》，2008年第2期（北京：中國社會科院歷史研究所，2008），頁111～118。

〔註67〕傅樂煥，〈宋遼聘使表稿〉(3)附考，「庚、宋遼泛使表」，收錄於《遼史叢考》，頁261～263。

表二：宋使遼泛使表

派遣或到達年月	遣使國	使　名	任　務	備　考
大中祥符元年六月 1008	宋	孫奭	告封禪泰山	僅及契丹境交授書函而返
天聖四年三月 1026	宋	李維	時傳言契丹將絕盟，遣維覘之	
康定元年七月 1040	宋	郭稹 夏防	告出兵西夏	
慶曆二年四月 1042	宋	富弼 張茂實	報蕭英之使	
慶曆二年七月 1042	宋	富弼 張茂實	再議關南地事	
慶曆二年十月 1042	宋	梁適	報蕭偕之使	
慶曆四年八月 1044	宋	余靖	報耶律衡元之使	
皇祐元年三月 1049	宋	錢明逸 向傳範	報蕭惟信之使	
皇祐二年三月 1050	宋	趙槩 錢晦	報耶律益等之使	
至和元年九月 1054	宋	王拱辰 李絢	報蕭德之使	
嘉祐二年三月 1057	宋	張昇 劉永年	報耶律防之使	
嘉祐二年十月 1057	宋	胡宿 李綬	報蕭扈等之使	
治平二年六月 1065	宋		與契丹議界	使名未詳
熙寧七年三月 1074	宋	韓縝	報蕭禧之使	
熙寧八年三月 1075	宋	沈括 李評	報蕭禧之使	
壽隆四年春〔到〕1098	宋		饋遼錦綺	此據遼史，用遼年號，使名不詳
元符二年四月 1099	宋	郭知章 宋深	報蕭德崇之使	
崇寧四年五月 1105	宋	林攄	報蕭良之使	
崇寧四年八月 1105	宋	劉正夫	林攄使事未畢，正夫再往	

乾統五年五月〔到〕1105	宋	曾孝廣 王戩	〔不詳〕	此據遼史，用遼年號
天慶五年七月〔到〕1115	宋		饋遼銀絹	此據遼史，用遼年號

資料來源：傅樂煥，《遼史叢考》，頁261～263。

從這一表格所列宋朝廷派任泛使的時間，我們可以清楚看出，宋朝泛使使遼往返的時間，屬於春、夏、秋三季的月份確實比較多。筆者為了進一步使讀者能更加明瞭起見，擬再舉三位宋朝廷所派的泛使使遼時間與情形為例，說明宋朝泛使的使遼時間與季節，常不同於宋朝廷派遣的正旦使、生辰使。

在宋遼兩國長達一百多年的和平外交當中，曾經有過兩次比較重大的交涉事件，一件是發生於宋仁宗慶曆元、二年（遼興宗重熙十、十一年，1041、1042）的宋遼增幣交涉事件，〔註68〕另一件是發生於宋神宗熙寧六至九年（遼道宗咸雍九年至大康二年，1073至1076）的宋遼河東劃界交涉事件。〔註69〕

〔註68〕宋遼〔遼宋〕增幣交涉為宋遼外交史上的大事，長期以來受到學者的關注，發表多篇文章，分別從宋國、遼國、人物等面向加以探討，例如有陶晉生，〈北宋慶曆改革前後的外交政策〉，《宋遼關係史研究》（臺北：聯經出版事業公司，1984），第四章，頁59～95；羅繼祖，〈關「慶歷增幣」〉，《學習與探索》1986年第6期（哈爾濱：黑龍江省社會科學院，1986），頁126～127、轉83；賀達、劉仁亮，〈富弼與慶曆增幣簡論〉，《河北師院學報》1991年第3期（石家莊：河北師範學院，1991），頁19～25；朱小琴，〈宋遼關南地之爭〉，《西安教育學院學報》2000年第2期（西安：西安文理學院，2000），頁61～66；王德毅，〈富弼使遼增幣交涉述評〉，收錄於張希清主編，《澶淵之盟新論》（上海：上海人民出版社，2007），頁279～298；鄭偉佳，〈試論「重熙增幣」〉，《河北北方學院學報》（社會科學版）第24卷第2期（張家口：河北北方學院，2008），頁29～31、轉35；蔣武雄，〈遼代劉六符兄弟與遼宋外交〉，《中央大學人文學報》第57期（中壢：中央大學，2014），頁1～35。

〔註69〕宋遼〔遼宋〕劃界交涉為宋遼外交史上引起頗多爭議的大事，長期以來學者相當關注，例如有李之勤，〈熙寧年間宋遼河東邊界交涉研究——王安石棄地數百里說質疑〉，《山西大學學報》（哲學社會科學版），1980：1（太原：山西大學，1980），頁18～24；李之勤，〈最早誣蔑王安石棄地的不是邵伯溫而是蘇轍〉，《西北大學學報》（哲學社會科學版），1980：3（西安：西北大學，1980），頁63～69；藍克利，〈政治與地理論辯——1075年的宋遼邊界談判〉，收錄於《慶祝鄧廣銘教授九十華誕論文集》（石家莊：河北教育出版社，1997），頁182～197；彭鳳萍，〈淺析沈括使遼地界誤朝說〉，《益陽師專學報》，22：1（益陽：益陽師範專科學院，2001），頁60～62；毛利英介，〈一〇七四から七六年におけキタイ（遼）、宋間の地界交涉發生の原因について——特にキタイ側の視點から〉，《東洋史研究》62卷4號（京都：

在這種雙方交涉、折衝、辯駁的過程中，很顯然的，宋朝廷為了配合交涉事宜的進行和實際的需要，會彈性地派遣泛使至遼國。因此這一類宋使節就有可能在一年當中四個季節的任何月份使遼，而不一定是在冬季的月份。在此筆者特別舉宋遼增幣交涉中的富弼（1004～1083），以及宋遼河東劃界交涉中的韓縝（1019～1097）、沈括（1031～1095）等三位泛使為例，討論宋使節在不同時間、季節使遼的原因。

富弼在宋遼增幣交涉事件的過程中，曾經兩次使遼。首先據《長編》卷一三五、卷一三七，說：

> 先是，西兵久不決，（劉）六符以中國為怯且厭兵，因教其主聚兵幽、涿，聲言欲入寇。而六符及（蕭）英先以書來求關南十縣。先是，正月己巳（二十六日），邊吏言：『契丹泛使且至。』朝廷為之旰食，歷選可使敵者，羣臣皆憚行。宰相呂夷簡（979～1044）舉右正言知制誥富弼，入對便殿，叩頭曰：『主憂臣辱，臣不敢愛其死。』上為動容。壬申（二十九日），命（富）弼為接伴。弼以二月丙子（二日），發京師，至雄州。久之，（蕭）英等始入境……。四月……庚辰（七日），以右正言知制誥富弼為回謝契丹國信使，……七月……壬戌（二十一日），初，富弼、張茂實以結婚及增歲幣二事，往報契丹，惟所擇。弼等至穆丹河，劉六符館之，……由是敵結婚之意緩，且諭弼歸。弼曰：『二論未決，安敢徒還，願留畢議。』國主曰：『竢卿再至，當擇一事授之，宜遂以誓書來也。』……癸亥（二十二日），弼與茂實，再以二事往。……九月……癸亥（二十三日），富弼、張茂實，以八月乙未（二十四日），至契丹清泉淀金氊館，持國書二、誓書三，以語館伴耶律仁先、劉六符。……是月乙巳（五日），弼等還至雄州，……。〔註70〕

東洋史研究會，2004），頁1～31； 郭洪敏，《論熙寧變法與宋遼劃界》，（吉林：東北師範大學碩士論文，2005）；陶晉生，〈宋遼邊界交涉的問題〉，《宋遼關係史研究》（北京：中華書局，2008），頁131～139；彭山杉，〈封陲之守——宋遼河東論熙寧劃界諸層面〉，（上海：復旦大學歷史碩士論文，2012）；蔣武雄，〈宋臣韓縝與宋遼劃界交涉始末〉，《東吳大學歷史學報》第35期（臺北：東吳大學，2016），頁1～41。

〔註70〕（宋）李燾，《長編》，卷135，宋仁宗慶曆二年三月己巳條，頁15～16；四月庚辰條，頁19；卷137，七月壬戌條，頁6～15。

以及《遼史》〈興宗本紀〉，說：

> 重熙十一年（宋仁宗慶曆二年，1042）春正月……庚戌（五日），遣南院宣徽使蕭特末（蕭英）、翰林學士劉六符使宋，取晉陽及瓦橋以南十縣地，且問興師伐夏及沿邊疏濬水澤，增益兵戍之故。……六月乙亥（四日），宋遣富弼、張茂實奉書來聘，以書答之。……八月丙申（二十五日），宋復遣富弼、張茂實奉書來聘，乞增歲幣、銀絹，以書答之。〔註71〕

從以上所引，可知富弼在這一年的交涉過程中，曾經兩次使遼，第一次往返是在夏季四、五、六月份，第二次往返則是在秋季七、八、九月份。

韓縝和沈括在宋遼河東劃界交涉事件的過程中，曾各有一次使遼。據《長編》卷二五〇，說：

> 宋神宗熙寧七年（遼道宗咸雍十年，1074）二月壬申（四日），……知瀛州天章閣待制韓縝同提舉在京諸司庫務，仍詔縝以瀛州事付河北東路都轉運使劉瑾，亟乘驛赴闕。時契丹將遣泛使蕭禧來，召縝館伴故也。〔註72〕

這是韓縝接觸宋遼河東劃界交涉事件的開始。當時遼國泛使蕭禧持國書至宋朝廷，提及宋國在邊地築城的爭端，也希望宋遼兩國共同派遣官員重新勘定河東地界。因此宋神宗派遣劉忱等人至河東與遼臣會勘地界，並且在三月甲子（二十七日），以「兵部郎中天章閣待制韓縝假龍圖閣直學士給事中為回謝遼國使」，〔註73〕出使遼國，告知宋國對於此事的處理態度和作法，但是韓縝到達遼道宗夏捺鉢駐帳地——納葛濼後，並未得到遼道宗的召見，據《長編》卷二五二，說：

> （韓）縝至敵庭，不果致，但與押燕蕃相李相熙略伸酬對而還。〔註74〕

《宋史》〈韓縝傳〉，也說：

> 宋神宗熙寧七年（遼道宗咸雍十年，1074），遼使蕭禧來議代北地界，召縝館客，遂報聘，令持圖牒致遼主，不克見而還。〔註75〕

〔註71〕（元）脫脫，《遼史》，卷19，本紀第19，興宗2，頁227。
〔註72〕（宋）李燾，《長編》，卷250，宋神宗熙寧七年二月壬申條，頁4。
〔註73〕（宋）李燾，《長編》，卷251，宋神宗熙寧七年三月甲子條，頁26。
〔註74〕（宋）李燾，《長編》，卷252，宋神宗熙寧七年四月甲子午條，頁26。
〔註75〕（元）脫脫，《宋史》，卷315，列傳第74，韓縝，頁10310。

顯然韓縝此次使遼，進行交涉事宜並不順利，但是我們已可知韓縝此次使遼，往返的行程是在熙寧七年夏季四、五、六月份的時候。

至於沈括使遼，是在熙寧八年（遼道宗大康元年，1075），遼朝廷以去年會勘商量河東地界未獲得結果，遂又派遣蕭禧第二次使宋。但是蕭禧為了得到宋朝廷給予滿意的回應，竟然違反宋遼使節只能逗留於對方京城十天的慣例，辭而不行，逗留於宋汴京幾近一個月。〔註 76〕當時宋神宗因「蕭禧久留不肯還，故遣（沈）括詣敵廷面議」，在三月癸丑（二十一日），以「右正言知制誥制沈括假翰林院侍讀學士為回謝遼國使」，〔註 77〕據沈括《熙寧使虜圖抄》，說：

> 是時，契丹以永安山為庭，自塞至其庭，三十有三（六）日。……以閏四月己酉（十八日）出塞，五月……癸未（二十三日）至單于庭，凡三十有六日。以六月乙未（五日）還，己未（二十九日）復至于塞下，凡二十五日。〔註 78〕

另外，沈括《入國別錄》，也說：

> 閏四月十九日離新城縣，五月二十三日至永安山遠亭子。〔註 79〕

雖然《遼史》〈道宗本紀〉在大康元年的記事，並未記載沈括使遼，但是我們已可知沈括使遼，往返的行程是在熙寧八年夏季四、五、六月份。

綜合以上所論，可知宋使節有可能因使遼任務的不同，尤其是因交涉事件使遼的泛使，更有可能在春、夏、秋季的月份使遼，而不同於正旦使、生辰使的使遼時間是在冬季的月份。

參、宋使節在不同時間季節使遼的影響

根據以上的論述，我們已知宋使節在不同時間季節使遼的原因，主要是因為遼承天太后生辰未改期受賀、遼帝后死亡與新君登位、宋帝死亡與新君登位，以及宋派遣泛使等四個原因，使宋朝廷所派的使節，有可能在春、夏、秋、冬四季的任何月份使遼，而不是和正旦使、生辰使使遼的時間一樣，比

〔註 76〕可參閱蔣武雄，〈宋遼使節逗留對方京城日數的探討〉，《空大人文學報》第 12 期（臺北：空中大學，2003），頁 197～212。

〔註 77〕（宋）李燾，《長編》，卷 261，宋神宗熙寧八年三月癸丑條，頁 7。

〔註 78〕（宋）沈括，《熙寧使虜圖抄》，收錄於《永樂大典》，（臺北：世界書局，1962），卷 10877，第 58 冊，頁 9～13。

〔註 79〕（宋）李燾，《長編》，卷 265，宋神宗熙寧八年六月己酉條，引沈括，《入國別錄》，頁 14。

較固定在冬季的月份。但是如此一來，對於宋使節使遼的過程而言，將會產生一連串的影響。尤其是隨著遼朝皇帝在一年四季春、夏、秋、冬捺鉢駐帳地的遷移，更會造成宋使節晉見遼皇帝的地點、使遼的行程路線，和在遼境時所見、所聞、所感都相對的受到影響，而有所不同。茲論述其影響如下：

一、造成宋使節晉見遼皇帝地點的不同

由於遼國皇帝每年四季都會隨著季節的變化，而移動其駐帳地，因此遼皇帝接見宋使節的地點並不固定，據《長編》卷七九，說：

> （王）曾（977～1038）使遼還，言：「……初，奉使者止達幽州，後至中京，又至上京，或西涼淀、北安州、炭山、長泊。……。」〔註80〕

這段話等於把遼皇帝接見宋使節的地點做一簡略的總結，說明了從宋遼兩國簽訂澶淵盟約之後，宋朝廷每年所派遣的使遼大臣，其晉見遼皇帝的地點，初期是在幽州，後來為了配合遼皇帝不固定的駐帳地，因此宋使節有至中京者，也有至上京、西涼淀、北安州、炭山、長泊等地。宋人晁載之在路振（957～1014）《乘軺錄》的跋語中，也說：

> （遼皇帝）見宋使無常處，不皆在中京也。〔註81〕

可見遼皇帝接見宋使節確實不會固定在同一個地點。因此每當宋使節使遼時，行至宋遼邊境，與前來迎接的遼國接伴使會合之後，才由遼國接伴使告知，必須前往某一地點晉見遼國皇帝。

關於這種情形，陳襄在其《神宗皇帝即位使遼語錄》中，提到實際的情況，說：

> 于五月十日到雄州白溝驛，治平四年十一日（遼）接伴使副泰州觀察使蕭好古、太常少卿楊規中差人傳語送到主名、國諱、官位及請相見。臣等即時過白溝橋，……臣（孫）坦問受禮何處，規中言：「在神恩泊，……。」〔註82〕

〔註80〕（宋）李燾，《長編》，卷79，宋真宗大中祥符五年十月己酉條，頁3。

〔註81〕（宋）晁載之，〈《乘軺錄》跋語〉，《續談助》，收錄於《叢書集成新編》（二）（臺北：新文豐出版公司，1984），卷3，頁49。

〔註82〕（宋）陳襄，《神宗皇帝即位使遼語錄》，收錄於趙永春編注《奉使遼金行程錄》（吉林：吉林文史出版社，1995），頁59～60。此項引文，引自趙先生所編注之書，乃是因該書，說：「此《語錄》原附宋本《古靈集》之後，今傳《古

此段記載，不僅讓我們知道當時宋使節每一次使遼，其目的地究竟是在何處，包括宋朝廷和使遼大臣本人可能事先都不確定，也顯現出遼皇帝駐帳地的不固定性。其中原因據聶崇岐〈宋遼交聘考〉，說：「宋之帝后，少出都城，受禮之處，率在東京（汴京、開封），……若遼則不然，其俗好漁獵，帝后居處，年每數徙，故受禮之處不一，若燕京、若中京、若上京、長泊、若鞾淀、若炭山、若神恩泊、若雲中淀、若木葉山、若廣平淀、若西涼淀、若混同江、若北安州、若九十九泉，皆為宋使嘗至之地。」〔註 83〕另外，據傅樂煥〈宋人使遼語錄行程考〉，也說：「契丹本是一個遊牧的民族，……。他們的君主雖則也有都城宮殿，卻絕不像中國君主，蟄居不出，而時時到各處去捕漁打獵。於是宋使見他的地方，也隨之漫無定所了。」〔註 84〕這兩段話清楚地告訴我們，遼皇帝在四季捺鉢制度之下，其駐帳地的遷移和地點頗具變化，因此大部份的宋使節即使是在冬季使遼，其晉見遼皇帝的地點也有可能不相同，以致於宋使節如果在春、夏、秋季的月份使遼，則其晉見遼皇帝的地點就與冬季使遼更不相同。

筆者曾發表〈遼皇帝接見宋使節的地點〉〔註 85〕一文，述及有多位宋朝大臣擔任正旦使、生辰使，在冬季月份分別至下列地點晉見遼皇帝，例如至幽州晉見遼興宗的有程戡（990 或 997～1066）、張方平（1007～1091）、楊偉、方偕（992～1055）等人；至中京晉見遼聖宗的有宋摶、滕涉、陳知微（969～1018）、路振、李迪（971～1047）、乞伏矩、王曾（978～1038）、李士龍、呂夷簡、劉平等人；至上京晉見遼聖宗的有薛映（951～1024）、張士遜（964～1049）、李行簡、馮元（975～1037），以及至上京晉見遼道宗的有張宗益、蘇頌等人；至長泊晉見遼聖宗的有晁迥、查道（955～1018）等人；至澕淀晉見遼興宗的有曾公亮（998～1078）、王洙（997～1057）、燕度、王珪（1019～1085），以及至澕淀晉見遼道宗的有郭申錫（998～1074）、呂

靈集》本多無此文。金毓黻先生取日本靜嘉堂文庫所藏宋本《古靈集》本為底本，校補以庫中鈔本，以成完帙，收入《遼海叢書》，今即以《遼海叢書》本重加點校、注釋，並以金毓黻《使遼語錄．敘》列前。」顯然該書編注，足可做為依據。

〔註 83〕聶崇岐，〈宋遼交聘考〉，收錄於《宋史叢考》，頁 303。

〔註 84〕傅樂煥，〈宋使語錄行程考〉，收錄於《遼史叢考》，頁 21。

〔註 85〕蔣武雄，〈遼皇帝接見宋使節的地點〉，《東吳歷史學報》第 14 期（臺北：東吳大學，2005），頁 223～252。

景初、王疇、吳中復（約 1011～1078）、閻詢等人；至木葉山晉見遼聖宗的有宋綬（991～1041）、德魯宗等人；至雲中甸晉見遼道宗的有范子奇（1035～1097）、賈昌衡、蔡確（1037～1093）、張熹、畢仲衍（1040～1082）、李清臣（1032～1102）等人；至廣平淀晉見遼道宗的有蘇頌（1020～1101）、彭汝礪（1042～1096）、趙偁、韓宗道、高遵惠（1042～1100）等人；至遼河晉見遼聖宗的有蔡齊（988～1039）、張保羅（雍）、孔道輔（987～1040）等人。

從以上所列舉，可知遼皇帝冬捺鉢的駐帳地有多處，因此當宋朝正旦使、生辰使在冬季月份使遼時，其晉見遼皇帝的地點並不一定相同。至於在春、夏、秋季月份使遼的宋使節，其晉見遼皇帝的地點，又會隨著遼皇帝春、夏、秋捺鉢駐帳地的不一致，而與冬捺鉢駐帳地相異。關於這種情形，筆者特舉以下數例加以印證之：

（一）穆丹河（沒打河）、清泉淀

據《長編》卷一三五、一三七，說：

> 宋仁宗慶曆二年（遼興宗重熙十一年，1042）四月……庚辰（七日），以右正言知制誥富弼為回謝契丹國信使，西上閤門使符惟忠副之。……七月……壬戌（二十一日），初，富弼、張茂實（因符惟忠行至武強病死，以張茂實代替）以結婚及增歲幣二事，往報契丹，惟所擇。弼等至穆丹河，劉六符館之，……及見國主（遼興宗）……翌日，國主召弼同獵，……癸亥（二十二日），弼與茂實再以二事往。……九月……癸亥（二十三日），……富弼、張茂實以八月乙未（二十四日）至契丹清泉淀金氈館，持國書二、誓書三，以語館伴耶律仁先、劉六符。……翌日，引弼等見契丹國主，……。〔註 86〕

可見當時富弼以回謝國信使的身份至遼交涉增幣事宜，曾在該年兩度出使遼國，而且在時間上比較特殊，正是遼興宗進行秋捺鉢的時候，因此富弼先後在秋季的七月、九月至遼興宗秋捺鉢的駐帳地穆丹河、清泉淀，晉見遼興宗。

〔註 86〕（宋）李燾，《長編》，卷 135，宋仁宗慶曆二年四月庚辰條，頁 19；卷 137，七月壬戌條，頁 7；七月癸亥條，頁 9；九月癸亥條，頁 14。

（二）九十九泉

余靖（1000～1064）曾經三次使遼，在《長編》卷一五一提到其第二次使遼，說：

> 宋仁宗慶曆四年（遼興宗重熙十三年，1044）八月戊戌（九日），右正言集賢校理同起居注余靖，假右諫議大夫史館修撰為回謝契丹使。……九月……甲申（二十六日），……始，朝廷議封冊元昊，而契丹使來，即遣余靖報契丹，而留元昊封冊不發。余靖見契丹主於九十九泉，還奏，……詔從靖言，仍令延州先移文夏人。〔註 87〕

另據《遼史》〈興宗本記〉，說：

> 遼興宗重熙十三年（宋仁宗慶曆四年，1044）九月戊辰（十日），宋以親征夏國，遣余靖致贐禮。壬申（十四日），會大軍于九十九泉，……。〔註 88〕

因此可知余靖第二次使遼，是在秋季的八、九月份至遼興宗秋捺鉢駐帳地九十九泉，晉見遼興宗。

（三）神恩泊

據《遼史》〈道宗本紀〉，說：

> 咸雍三年（宋英宗治平四年，1067）六月辛亥，宋以（神宗）即位，遣陳襄來報。〔註 89〕

另據陳襄（1017～1080）《古靈集》卷二五附錄《古靈先生年譜》，說：

> 治平四年（遼道宗咸雍三年，1067）丁未，公年五十一，神宗皇帝即位，公以諫議大夫使於遼，八月還，有《使遼錄》一卷。〔註 90〕

可見陳襄曾在宋英宗治平四年夏，以皇帝登寶位告北朝皇太后國信使的身份出使遼國。至於陳襄晉見遼皇帝的地點，據其所撰《神宗皇帝即位使遼語錄》，說：

> 臣襄等昨奉敕差充皇帝登寶位告北朝皇太后、皇帝國信使副，于五月十日，到雄州白溝驛，治平四年十一日，（遼）接伴使副泰州觀察

〔註 87〕（宋）李燾，《長編》，卷 151，宋仁宗慶曆四年八月戊戌條，頁 13；卷 152，九月甲申條，頁 7～9。

〔註 88〕（元）脫脫，《遼史》，卷 19，本紀第 19，興宗 2，頁 231。

〔註 89〕（元）脫脫，《遼史》，卷 22，本紀第 22，道宗 2，頁 266。

〔註 90〕（宋）陳襄，《古靈集》，收錄於《四庫全書珍本》三集（臺北：臺灣商務印書館，1971），卷 25，附錄《古靈先生年譜》，頁 47。

使蕭好古、太常少卿楊規中差人傳語告送到主名、國諱、官位及請相見。臣等卽時過白溝橋北，與接伴使副，立馬相對，……臣（孫）坦問受禮何處？規中言：「在神恩泊，此去有三十一程，已差下館伴副太常少卿楊益誠，大使即未聞。」〔註 91〕

因此可知陳襄該次出使遼國，是在夏季五、六月份至遼道宗夏捺鉢的駐帳地神恩泊，晉見遼道宗。

（四）永安山

永安山原名緬山，至遼聖宗時，始改稱為永安山，據《遼史》〈聖宗本紀〉，說：

太平三年（宋仁宗天聖元年，1023）七月丁亥（二十五日），賜緬山名曰永安。〔註 92〕

當時宋使節至遼永安山晉見遼皇帝者，例如有沈括等人。據《長編》卷二六一，說：

宋神宗熙寧八年（遼道宗大康元年，1075）三月癸丑（二十一日），右正言知制誥沈括假翰林院侍讀學士為回謝國使，……。〔註 93〕

而據沈括《熙寧使虜圖抄》，說：

是時，契丹以永安山為庭。自塞至其庭，三十有三（六）日。……以閏四月己酉出塞，五月癸未至單于庭。凡三十有六日。以六月乙未還，己未復至于塞下，凡二十有五日。……永安山，契丹之北部，東南拒（距）京師驛道三千二百十有五里，自慶州、上京皆有使道。……永安地宜畜牧，……北行稍東，三十里至新添帳。帳之東南有土山，庳迆盤折，木植甚茂，所謂永安山也。……頓程帳東南距新添帳六十里。帳西北又二十里至單于庭。〔註 94〕

從以上所述，可知沈括使遼，應是至永安山晉見遼道宗。尤其是當時沈括使遼，實際是為了與遼爭議河東疆界事，情況比較特殊，因此是在夏天前往，而據王易《燕北錄》，說：

〔註 91〕（宋）陳襄，《神宗皇帝即位使遼語錄》，收錄於趙永春編注《奉使遼金行程錄》，頁 59～60。

〔註 92〕（元）脫脫，《遼史》，卷 16，本紀第 16，聖宗 7，頁 192。

〔註 93〕（宋）李燾，《長編》，卷 261，宋神宗熙寧八年三月癸丑條，頁 7。

〔註 94〕（宋）沈括，《熙寧使虜圖抄》，收錄於《永樂大典》，卷 10877，第 58 冊，頁 9～13。

夏捺鉢多于永安山住坐，……。所謂捺鉢者，戎主所至遊幸處也。〔註 95〕

依此更可印證沈括應是至永安山晉見遼道宗。

但是經筆者詳細閱讀相關史料，其實沈括抵達永安山時，才知道遼道宗已經臨時移動營帳至距離永安山八九十里的地方，因為據《長編》卷二六五，引沈括《入國別錄》，說：

閏四月十九日離新城縣。五月二十三日至永安山遠亭子，館伴使（蕭）琳雅、始平軍節度使耶律壽、副使、樞密直學士、右諫議大夫梁穎二十五日入見。二十七日入帳前，赴燕。二十九日就館賜燕。……臣括答云：「……至如近日北朝文字，稱今年在永安山受禮，今來館舍卻去永安山八九十里，不成，便須在永安山尖上受禮也……。」〔註 96〕

可知沈括最後晉見遼道宗真正的地點，是距永安山遠亭子又有兩天行程約八九十里的遼道宗帳前，因此使沈括對於晉見地點移動的情況頗有怨言。〔註 97〕但是無論如何，我們已可知沈括該次使遼，是在夏季閏四月、五月至遼道宗夏捺鉢的駐帳地永安山附近，晉見遼道宗。

（五）混同江

據《遼史》〈聖宗本紀〉，述及混同江名稱的由來，說：

太平四年（宋仁宗天聖二年，1024）二月己未（一日）朔，獵撻魯河。詔改鴨子河曰混同江，撻魯河曰長春河。〔註 98〕

而當時宋國使節至混同江晉見遼國皇帝者，有王拱辰（1012～1085）等人。例如據《長編》卷一七七，說：

宋仁宗至和元年（遼興宗重熙二十三年，1054）九月……辛巳（二十一日），三司使吏部侍郎王拱辰為回謝契丹使，德州刺史李洵副之。拱辰見契丹主於混同江，其國每歲春一漲，於水上置宴釣魚，

〔註 95〕（宋）王易，《燕北錄》，引自厲鶚（清），《遼史拾遺》，收錄於楊家駱主編《遼史彙編》（三）（臺北：鼎文書局，1973），卷 13，頁 247。

〔註 96〕（宋）李燾，《長編》，卷 265，宋神宗熙寧八年六月己酉條，引沈括《入國別錄》，頁 14。

〔註 97〕可參閱傅樂煥，〈廣平淀考〉附〈夏捺鉢考〉，《遼史叢考》，頁 83～84；王民信，《沈括熙寧使虜圖抄箋証》（臺北：學海出版社，1976），頁 146～148。

〔註 98〕（元）脫脫，《遼史》，卷 16，本紀第 16，聖宗 7，頁 192。

惟貴族近臣得與，一歲盛禮在此。每得魚，必親酌勸拱辰，又親鼓琵琶侑之。……壬午（二十二日），送契丹國馴象二。〔註99〕

另外，《遼史》〈興宗本紀〉，也說：

重熙二十四年（宋仁宗至和二年，1055）春正月癸亥（五日），如混同江。……辛巳（二十三日），宋遣使來賀，饋馴象。〔註100〕

由此二則記載，可知王拱辰是在宋仁宗至和二年九月下旬，由朝廷任命為回謝契丹使，並且在隔年春季一月至遼興宗春捺鉢駐帳地混同江，晉見遼興宗。

二、造成宋使節使遼行程路線的不同

從上文所論，可知宋使節因任務的不同，因此有可能在春、夏、秋、冬季的任何月份使遼，並且隨著遼皇帝春、夏、秋、冬捺鉢駐帳地的不同，使他們晉見遼皇帝的地點也不一定相同，而且連帶的也造成宋使節使遼行程路線不一定相同。據傅樂煥〈宋人使遼語錄行程考〉，說：「歷來以為遼主接見宋使是在三兩個固定的地點，並已曾有人試對於到達此數地點所經的路線，加以考證過了。然而事實上，其接見的地點是漫無定處的，我們現在所可考知的，便已有十幾處，則路線至少亦在十條以上。」〔註101〕可知當時宋使節使遼的路線，隨著他們在不同的時間季節使遼，以及遼皇帝四季捺鉢駐帳地的不同，而形成一個頗為複雜的問題。幸好傅樂煥在該文文末作有「宋臣使遼所經館驛名稱表」〔註102〕和「宋臣使遼路線系統表」，〔註103〕可以幫助我們對宋使節使遼的行程路線能很快地有一些了解，筆者在此僅引「宋臣使遼所經館驛名稱表」如下：

〔註99〕（宋）李燾，《長編》，卷177，宋仁宗至和元年九月辛巳條，頁4。
〔註100〕（元）脫脫，《遼史》，卷20，本紀第20，興宗3，頁247。
〔註101〕傅樂煥，〈宋使語錄行程考〉，收錄於《遼史叢考》，頁2。
〔註102〕傅樂煥，〈宋使語錄行程考〉，收錄於《遼史叢考》，頁26～27。
〔註103〕傅樂煥，〈宋使語錄行程考〉，收錄於《遼史叢考》，頁28。

另外，聶崇岐在〈宋遼交聘考〉，述及宋使節使遼的目的地和路線，也說：「宋使入遼，自白溝起，北行為新城縣，再北經涿州、良鄉縣、而至燕京。若往中京則自燕京東北行，經順州、檀州，出古北口（亦稱虎北口），歷新館、臥如來館、柳河館、打造部落館（簡稱打造館或部落館）、牛山館、鹿兒峽館（簡稱鹿兒館或鹿峽館）、鐵漿館、富谷館、通天館，遂至中京。若往上京，則自中京北行，歷臨都館、松山館、崇信館、廣寧館、姚家寨館、咸寧館、保和館、宣化館、長泰館、遂至上京。若往長泊，則自中京東北行，經羖瀝河館、榆林館、訥都烏館（亦稱饑烏館）、香山子館，遂至長泊。若往木葉山，則在香山子館與往長泊之道分，經水泊館、張司空館，遂至木葉館。若往神恩泊，則在廣寧館與往上京之道分，歷會星館、成熙館、黑崖館、三山館、赤崖館、柏石館、中路館，而至神恩泊。若往炭山，則自燕京北行，經清河館，出居庸關，歷雕窠館、赤城口、望雲縣、遂至炭山。餘若往韃淀等處之使路，則不得知矣。」〔註 104〕

雖然傅樂煥和聶崇岐兩人所言並未涵蓋當時宋使節晉見遼皇帝所有的地點與行程路線，但是我們將上表和聶文所言互相對照，已可知宋使節在不同的季節、月份使遼，由於遼皇帝四季捺鉢駐帳地的不同，因此也造成了宋使節使遼行程路線的不同。例如從傅樂煥「宋臣使遼所經館驛名稱表」中，顯示出王曾、宋綬、薛映等人為生辰使，是在冬季十月份啟程赴遼，而陳襄是告登位使，在夏季四月啟程赴遼，彼此使遼的季節月份不同，目的地也不同，因此陳襄至神恩泊的行程路線，和薛映在過了廣寧館之後的行程路線即不相同。

三、造成宋使節對遼境所見、所聞、所感的不同

至於宋使節因任務和赴遼季節月份的不同，造成其使遼目的地和行程路線的不同，進而又造成他們往返於遼境所見、所聞、所感不同的情形，筆者在此先引幾位正旦使或生辰使在冬季使遼時所作的使遼詩其中一、兩首為例。例如韓琦（1008～1075）曾任正旦使至遼上京，作詩〈紫濛遇風〉，說：

> 草白崗長暮驛賒，朔風終日起平沙。寒鞭易促漳泥躍，冷袖難勝使面遮。
> 迴嶺卷回雲族破，遠天吹入雁行斜。土囊微乞緘餘怒，留送歸程任擺花。
> 〔註 105〕

〔註 104〕聶崇岐，〈宋遼交聘考〉，收錄於《宋史叢考》，頁 303～304。

〔註 105〕（宋）韓琦，〈紫濛遇風〉，《安陽集》，收錄於《欽定四庫全書薈要》（臺北：世界書局，1988），卷 4，頁 10。

王珪曾任正旦使至遼上京，作〈冀館春夕見月〉詩，說：

> 甚寵無如使牡行，曾同萬里聽邊秋聲。黃金臺下嘶宛馬，木葉山前度漢旌。纔到關南逢雁盡，重來海上見波平。故人臨月應相望，一夕寒光特為明。〔註 106〕

劉敞曾任生辰使至遼上京，撰〈陰山〉詩，說：

> 陰山天下險，鳥道上稜層。抱石千年樹，懸崖萬丈冰。愚歌愁倚劍，側步怯扶繩。更覺長安遠，朝光午未升。〔註 107〕

蘇頌曾先後兩次任生辰使，至遼廣平淀，撰〈奚山道中〉詩，說：

> 山路縈回極險屯，才經深澗又高原。順風衝激還吹面，灩水堅凝幾敗轅。山澗水流遇冰凍則橫溢道上，彼人謂之灩水，險滑百狀，每為車馬之患。巖下有時逢虎跡，馬前終日聽夷言。使行勞苦誠無憚，所喜殊方識漢恩。〔註 108〕

和〈契丹帳鹿兒館中見契丹車帳，全家宿泊坡坂〉詩，說：

> 行營到處即為家，一卓穹廬數乘車。千里山川無土著，四時畋獵是生涯。酪漿羶肉誇希品，貂錦羊裘擅物華。種類益繁人自足，天教安逸在幽遐。〔註 109〕

蘇轍（1039～1112）曾任生辰使至遼上京，撰詩〈虜帳〉，說：

> 虜帳冬住沙陀中，索羊織葦稱行宮。從官星散依冢阜，氈廬窟室欺霜風。舂粱煮雪安得飽，擊兔射鹿誇強雄。朝廷經略窮海宇，歲遺繒絮消頑凶。我來致命適寒苦，積雪向日堅不融。聯翩歲旦有來使，屈指已復過奚封。禮成即日卷廬帳，鉤魚射鵝滄海東。秋山既罷復來此，往返歲歲如旋蓬。彎弓射獵本天性，拱手朝會愁心胸。甘心五餌墮吾術，勢類畜馬游樊籠。祥符聖人會天意，至今燕趙常耕農。爾曹飲食自謂得，豈識圖霸先和戎。〔註 110〕

〔註 106〕（宋）王珪，〈冀館春夕見月〉，《華陽集》，收錄於《四庫全書珍本第四集》（臺北：臺灣商務印書館，1973），卷 2，頁 1。

〔註 107〕（宋）劉敞，〈陰山〉，《公是集》（臺北：新文豐出版公司，1984），卷 21，頁 248。

〔註 108〕（宋）蘇頌，〈奚山道中〉，《蘇魏公文集》（上）（北京：中華書局，1998），卷 13，《前使遼詩》頁 163。

〔註 109〕（宋）蘇頌，〈契丹帳〉，《蘇魏公文集》（上），卷 13，《後使遼詩》頁 171。

〔註 110〕（宋）蘇轍，〈虜帳〉，《欒城集》，《四部叢刊初編本》（臺北：臺灣商務印書館，1965），卷 16，頁 196。

彭汝礪曾任生辰使，至遼廣平淀，撰〈大小沙陁〉詩二首，其一說：

> 大小沙陁深沒膝，車不留踪馬無跡。沙陁沙深處車馬過亦無跡。曲折多途胡亦惑，自上高岡認南北。大風吹沙成瓦礫，頭面瘡痍手皴坼。下帶長烟蔽深驛，層冰峨峨霜雪白，狼顧鳥行愁覆溺。沿河踏冰上，每日為常。一日不能行一驛，吾聞治生莫如嗇。〔註 111〕

以上是宋朝部分正旦使或生辰使在冬季月份使遼，面對遼境嚴寒的天氣、漫長的路程、艱險的路況，和異國的風光、民情、風俗，使他們在濃濃的鄉愁當中，將所見、所聞、所感抒發於使遼詩的詩句中。

但是反觀陳襄以告登位使身份，在夏季四月中旬從宋汴京啟程赴遼，至五月十一日進入遼境，因此其往返於遼境內的行程大半是在夏季的時候，也造成其對遼境的所見、所聞、所感，不同於冬季赴遼的正旦使或生辰使，例如其所作使遼詩〈黑崖道中作〉，說：

> 陰山窮漠外，六月苦行人。水迸金蓮曉，湯回鐵腳春。馬饑思漢草，僕病臥沙塵。夜夢金華阻，披衣望北辰。〔註 112〕

以及〈使還咸熙館道中作〉，說：

> 土曠人稀使驛賒，山中殊不類中華。白沙有路鴛鴦泊，芳草無情妯娌花。氈館夜燈眠漢節，石梁秋吹動邊笳。歸來攬照看顏色，斗覺霜毛兩鬢加。〔註 113〕

顯然此二首使遼詩描述的是遼境夏季的風光景色，而且其感觸也有不同於正旦使、生辰使在冬季使遼時的感觸。另外，再根據陳襄《神宗皇帝登位使遼語錄》，說：

> 臣襄等……於五月十日治平四年到雄州白溝驛。十一日，接伴使副……蕭好古……楊規中……，……及請相見臣等即時過白溝橋北。……十四日，行次遇雨。規中言，北界春夏已來，久愆雨澤，國信使副至新城縣及涿州，俱得甘雨，今日到燕京，若更霑足，煞是好也。……六月一日，至中京。副留守大卿牛玹郊迎，置酒九琖。

〔註 111〕（宋）彭汝礪，〈大小沙陁〉二首，收錄於傅璇琮主編《全宋詩》（北京：北京大學出版社，1998），卷 903，頁 10603。

〔註 112〕（宋）陳襄，〈黑崖道中作〉，《古靈集》，收錄於《文淵閣四庫全書珍本第三集》（臺北：臺灣商務印書館，1983），卷 23，頁 7。

〔註 113〕（宋）陳襄，〈使還咸熙館道中作〉，《古靈集》，卷 24，頁 8。

琺問塗中可煞炎暑。臣襄答以自過北溝，入古北口一路，得雨稍涼。

琺言本京久旱，夜來得雨，蓋因國信使副所感也。〔註 114〕

此段記載使我們更加可以感受到陳襄在夏季五、六月行於遼境，其所見、所聞、所感與宋使節在冬季行於遼境顯然頗不相同，尤其是陳襄描述了在遼境夏日得雨的情形，而非冬日遭遇霜雪風寒的景象。

肆、結論

筆者近十幾年來研究宋遼兩國的交聘活動，深深覺得宋與遼訂定澶淵盟約之後，雙方能維持一百多年的和平外交關係，確實是一件很不容易的事情。雖然在這長期的和平外交關係當中，曾經有過增幣交涉和劃界交涉的兩次事件，但是在交涉期間，雙方還是如往年一樣，彼此互相派遣正旦使、生辰使祝賀對方的元旦和帝后的生日，顯現出兩國的外交友好情誼相當深厚，不會輕易改變。筆者認為這應是兩國君臣努力維護所獲得的結果，〔註 115〕而其中每年所進行的交聘活動，更是具有增進和維持雙方和平友好的作用。因此如就宋國而言，每年被派往遼國進行交聘活動的宋使節們，所扮演的角色即非常重要。

但是在當時的時空環境和人的體力有限的情況下，以宋使節而言，他們必須跋山涉水幾千里路，也必須忍受路險、天寒、鄉愁的折磨，因此其實宋使節每一次所進行的交聘活動，都是一次身與心的煎熬。〔註 116〕誠如歐陽修在其使遼詩〈書素屏〉，說：

君命固有嚴，羈旅誠苦辛。但苟一夕安，其餘非所云。〔註 117〕

〔註 114〕（宋）陳襄，《神宗皇帝即位使遼語錄》，收錄於趙永春編注《奉使遼金行程錄》，頁 59～61。

〔註 115〕可參閱蔣武雄，〈論宋真宗對建立與維護宋遼和平外交的心意〉，《東吳歷史學報》第 15 期（臺北：東吳大學，2006），頁 91～116；蔣武雄，〈從墓誌論遼臣在遼宋外交的事蹟〉，《東吳歷史學報》第 27 期（臺北：東吳大學，2012），頁 1～41。

〔註 116〕可參閱蔣武雄，〈從宋人使北詩論使遼旅程的艱辛〉，收錄於《史學與文獻》（臺北：東吳大學歷史學系，2001），頁 99～117。

〔註 117〕（宋）歐陽修，〈書素屏〉，《歐陽文忠公文集》（一）（臺北：臺灣商務印書館，1965），卷 6，《居士集》，卷第 6，古詩，頁 81。

以及〈答陸學士〉，說：

使北往返六千里，早衰多病，不勝其勞。〔註 118〕

可見歐陽修對於自己衰病在身，而必須使遼往返六千里，實在不勝其勞，但是在皇帝命令之下，身負重任，他仍然必須不辭辛勞前往遼國完成外交的使命。

這就正如本文所論述，宋使節必須配合不同的任務，不辭辛勞地在任何季節月份使遼。也就是當時宋朝廷所派的使節，除了正旦使、生辰使是比較固定在冬季的月份使遼之外，其他因為遼承天太后生辰未改期受賀、遼帝后死亡與新君登位、宋帝死亡與新君登位，以及宋派遣泛使等四個原因，造成宋使節均有可能在春、夏、秋、冬的任何季節、月份使遼，再加上遼皇帝春、夏、秋、冬捺鉢遷移駐帳地的原因，使宋使節在使遼時，晉見遼皇帝的地點、行程路線，和所見、所聞、所感都可能有相異之處。

筆者認為，以上這些情形，等於很清楚地告訴我們，宋使節一旦確定承接出使遼國的使命之後，則其在春、夏、秋、冬任何季節的月份，都必須啟程赴遼、往返於遼境；還有不論遼國皇帝是在哪一季節捺鉢的駐帳地，他也都必須抵達；另外，不論行程路線有多麼漫長、艱險，他也都必須堅忍地往前行。因此本文對於宋使節在不同時間、季節使遼的原因與影響作比較深入的討論，不僅可以增加我們對於宋遼交聘活動，尤其是宋使節使遼過程的艱鉅與複雜性，有更深的瞭解，也讓我們體認當時宋使節為了維持宋遼和平外交關係所付出的心力，是值得我們予以肯定的。

徵引書目

一、史料

1. （宋）王易，《燕北錄》，引自厲鶚（清），《遼史拾遺》，收錄於楊家駱主編，《遼史彙編》（三），臺北：鼎文書局，1973。
2. （宋）王珪，《華陽集》，收錄於《四庫全書珍本第四集》，臺北：臺灣商務印書館，1973。
3. （宋）李燾，《續資治通鑑長編》，上海：上海古籍出版社，1986。

〔註 118〕（宋）歐陽修，〈答陸學士〉，《歐陽文忠公文集》（二），卷 151，書簡，卷第 8，頁 1225。

4. （宋）沈括，《熙寧使虜圖抄》，收錄於《永樂大典》，臺北：世界書局，1962。
5. （宋）晁載之，《續談助》，收錄於《叢書集成新編》（二），臺北：新文豐出版公司，1984。
6. （宋）陳襄，《古靈集》，收錄於《四庫全書珍本》三集，臺北：臺灣商務印書館，1971，附錄《古靈先生年譜》。
7. （宋）陳襄，《古靈集》，收錄於《文淵閣四庫全書珍本第三集》，臺北：臺灣商務印書館，1983。
8. （宋）陳襄，《神宗皇帝即位使遼語錄》，收錄於趙永春編注《奉使遼金行程錄》，吉林：吉林文史出版社，1995。
9. （宋）劉敞，《公是集》，臺北：新文豐出版公司，1984。
10. （宋）歐陽修，《歐陽文忠公文集》，臺北：臺灣商務印書館，1965。
11. （宋）韓琦，《安陽集》，收錄於《欽定四庫全書薈要》，臺北：世界書局，1988。
12. （宋）蘇頌，《蘇魏公文集》（上），北京：中華書局，1998。
13. （宋）蘇轍，《欒城集》，《四部叢刊初編本》，臺北：臺灣商務印書館，1965。
14. （元）馬端臨，《文獻通考》，臺北：新興書局，1958。
15. （元）脫脫，《遼史》，臺北：鼎文書局，1978。
16. （元）脫脫，《宋史》，臺北：鼎文書局，1978。
17. （清）徐松，《宋會要輯稿》，北京：中華書局，1997。
18. 傅璇琮主編，《全宋詩》，北京：北京大學出版社，1998。

二、專書

1. 王民信，《沈括熙寧使虜圖抄箋証》，臺北：學海出版社，1976。
2. 陶晉生，《宋遼關係史研究》，臺北：聯經出版事業公司，1984。
3. 陶晉生，《宋遼關係史研究》，北京：中華書局，2008。
4. 傅樂煥，《遼史叢考》，北京：中華書局，1994。
5. 楊家駱主編，《遼史彙編》，臺北：鼎文書局，1973。

6. 聶崇岐，《宋史叢考》（下），臺北：華世出版社，1986。

三、期刊論文

（一）中文

1. 朱小琴，〈宋遼關南地之爭〉，《西安教育學院學報》2000 年第 2 期，西安：西安文理學院，2000.4，頁 61～66。
2. 李之勤，〈熙寧年間宋遼河東邊界交涉研究—王安石棄地數百里說質疑〉，《山西大學學報》（哲學社會科學版），1980：1，太原：山西大學，1980.2，頁 18～24。
3. 李之勤，〈最早誣蔑王安石棄地的不是邵伯溫而是蘇轍〉，《西北大學學報》（哲學社會科學版），1980：3，西安：西北大學，1980.6，頁 63～69。
4. 李裕民，〈宋太宗平北漢始末〉，《山西大學學報》（哲學社會科學版），1982 年第 2 期，太原：山西大學，1982.4，頁 86～94。
5. 黃鳳岐，〈遼宋交聘及其有關制度〉，《社會科學輯刊》，1985 年第 2 期，瀋陽：遼寧省社會科學院，1985.4，頁 96～97。
6. 傅樂煥，〈宋遼聘使表稿〉，「丙、遼帝后生辰改期受賀考」，收錄於《遼史叢考》，北京：中華書局，1994，頁 244。
7. 傅樂煥，〈廣平淀考〉附〈夏捺鉢考〉，《遼史叢考》，頁 83～84。
8. 賈玉英，〈有關宋遼交聘中泛使概念的幾點辨析〉，《中國史研究》，2008 年第 2 期，北京：中國社會科院歷史研究所，2008.4，頁 111～118。
9. 彭鳳萍，〈淺析沈括使遼地界誤朝說〉，《益陽師專學報》，22：1，益陽：益陽師範專科學院，2001.1，頁 60～62。
10. 賀達、劉仁亮，〈富弼與慶曆增幣簡論〉，《河北師院學報》1991 年第 3 期，石家莊：河北師範學院，1991.7，頁 19～25。
11. 鄭偉佳，〈試論「重熙增幣」〉，《河北北方學院學報》（社會科學版）第 24 卷第 2 期，張家口：河北北方學院，2008.4，頁 29～31、轉 35。
12. 蔣武雄，〈宋滅北漢之前與遼的交聘活動〉，《東吳歷史學報》，第 11 期，臺北：東吳大學，2004‧6，頁 1～27。
13. 蔣武雄，〈遼代劉六符兄弟與遼宋外交〉，《中央大學人文學報》第 57 期，中壢：中央大學，2014.4，頁 1～35。

14. 蔣武雄，〈宋臣韓縝與宋遼劃界交涉始末〉，《東吳大學歷史學報》第 35 期，臺北：東吳大學，2016.6，頁 1～41。

15. 蔣武雄，〈宋遼使節逗留對方京城日數的探討〉，《空大人文學報》第 12 期，臺北：空中大學，2003.12，頁 197～212。

16. 蔣武雄，〈遼皇帝接見宋使節的地點〉，《東吳歷史學報》第 14 期，臺北：東吳大學，2005.12，頁 223～252。

17. 蔣武雄，〈論宋真宗對建立與維護宋遼和平外交的心意〉，《東吳歷史學報》第 15 期，臺北：東吳大學，2006.6，頁 91～116。

18. 蔣武雄，〈從墓誌論遼臣在遼宋外交的事蹟〉，《東吳歷史學報》第 27 期，臺北：東吳大學，2012.6，頁 1～41。

19. 羅繼祖，〈關于「慶歷增幣」〉，《學習與探索》1986 年第 6 期，哈爾濱：黑龍江省社會科學院，1986.6，頁 126～127、轉 83。

（二）日文

1. 毛利英介，〈一〇七四から七六年におけキタイ（遼）、宋間の地界交涉發生の原因について——特にキタイ側の視點から〉，《東洋史研究》62 卷 4 號，京都：東洋史研究會，2004.3，頁 1～31。

四、專書論文

1. 王德毅，〈富弼使遼增幣交涉述評〉，收錄於張希清主編《澶淵之盟新論》，上海：上海人民出版社，2007，頁 279～298。

2. 王曉波，〈宋太祖時期宋遼關係的變化〉，《宋代文化研究》，成都：巴蜀書社，1998.5，頁 222～237。

3. 陶晉生，〈北宋慶曆改革前後的外交政策〉，《宋遼關係史研究》，臺北：聯經出版事業公司，1984，頁 59～95。

4. 陶晉生，〈宋遼邊界交涉的問題〉，《宋遼關係史研究》，北京：中華書局，2008，頁 131～139。

5. 蔣武雄，〈從宋人使北詩論使遼旅程的艱辛〉，收錄於《史學與文獻》，臺北：東吳大學歷史學系，2001，頁 99～117。

6. 藍克利，〈政治與地理論辯——1075 年的宋遼邊界談判〉，收錄於《慶祝鄧廣銘教授九十華誕論文集》，石家莊：河北教育出版社，1997，頁 182～

197。

7. 聶崇岐，〈宋遼交聘考〉，收錄於《宋史叢考》（下），臺北：華世出版社，1986，頁 286～287。

五、碩博士學位論文

1. 郭洪敏，《論熙寧變法與宋遼劃界》，吉林：東北師範大學碩士論文，2005。
2. 彭山杉，〈封陲之守——宋遼河東論熙寧劃界諸層面〉，上海：復旦大學歷史碩士論文，2012。

（《成大歷史學報》第五十六號，民國 108 年 6 月）

遼泛使在宋的言行

摘要：

本文先整理出遼泛使出使宋國的事蹟表，再從表格中挑選出幾位遼泛使與宋君臣言行交鋒的事例加以論述。另外，也討論兩位遼泛使嚴重違背逗留宋汴京日數規定的事例。期使讀者體會當時宋朝君臣為了維持與遼的和平友好關係並不容易，以及宋遼兩國最終能在中國歷史上維持一百多年的和平關係確實是很難得的。

關鍵詞：宋、遼、外交、使節、泛使。

一、前言

自從在宋真宗景德元年（遼聖宗統和二十二年，西元 1004 年），與遼簽訂澶淵盟約，建立起長期的和平外交關係之後，宋遼兩國即經常互相派遣使節進行交聘的活動。當時雙方所派遣的使節，依據他們交聘任務性質的不同，可分為賀正旦國信使、賀生辰國信使、告哀使、遺留禮信使、皇帝登寶位國信使、祭奠國信使、弔慰國信使、賀登位國信使、賀冊禮國信使、回謝國信使、答謝國信使、泛使等。〔註 1〕其中除了泛使之外，皆是屬於兩國禮尚往來的一般使節，據蘇頌〈華戎魯衛信錄總序〉，說：

〔註 1〕關於宋遼訂立澶淵盟約之後，兩國的交聘活動與使節任務，可參閱聶崇岐，〈宋遼交聘考〉，收錄於《宋史叢考》（下）（台北：華世出版社，1986 年 12 月），頁 283～375；黃鳳岐，〈遼宋交聘及其有關制度〉，《社會科學輯刊》1985 年第 2 期，頁 95～99；賈玉英，〈宋遼交聘制度之管窺〉，收錄於張希清等人主編，《澶淵盟約新論》（上海：人民出版社，2007 年 3 月），頁 388～399。

異國之情，非行人莫達，故此次之以〈奉使〉；……，凡問責之事，皆列〈北使〉、〈北信〉、〈北書〉于前；朝廷所遣，乃〈報禮〉也，故載之于後，所以著其所從來也。……南北（宋遼）將命，往還約束，細大之務，動循前比，故次之以〈條例〉，凡此皆常使也，誕辰、歲節致禮而已，至若事干大體，則有專使導之，故次之以〈泛使〉。〔註2〕

傅樂煥在〈宋遼聘使表稿〉「宋遼泛使表」，也說：

宋遼通好期間遇有特殊事故，另遣專使，特名泛使以達意。故欲知百餘年來兩國常年禮聘外交涉之事，止求得其全部泛使即可曉。〔註3〕

可知泛使確實與所謂的常使不一樣，是宋遼兩國遇有特殊事故，才會另外派遣的專使。因此賈玉英在〈有關宋遼交聘中泛使概念的幾點辨析〉，進一步說：

泛使是宋遼交聘中重要的使節，宋真宗以後，宋遼關係的每次重大變化，泛使無不率先斡旋其間，肩負著重要的使命。……尤其是泛使，澶淵之盟以後宋遼關係的每一次重大變故，泛使無不率先斡旋其間，起著重要的作用。〔註4〕

也就是在宋遼和平關係互動的過程中，遇有必須交涉的事件時，雙方即會派遣泛使至對方朝廷，進行告知、辯駁、爭取，甚至於威脅的動作。

假如以宋遼兩國使節在對方境內的言行表現作一比較來看，則彼此頗有不同之處，據聶崇岐在〈宋遼交聘考〉「兩朝使節比較」所作的分析，說：

兩朝使節，大致言之，宋多謙和，遼多粗獷。蓋宋以力不如人，而中華為禮義之邦，故少肯逾越法紀，自貽伊戚。遼則不然，武事雖

〔註2〕（宋）蘇頌，〈華夷魯衛信錄總序〉，《蘇魏公文集》（北京：中華書局，1988年9月），卷66，頁2。此處稱「華夷」，不稱「華戎」，經孫斌來考證，「當以《華戎魯衛信錄》為正」。（參閱孫斌來，〈《華戎魯衛信錄》考略〉，《松遼學刊》1991年第3期，頁38～39）另據王民信，〈蘇頌《華戎魯衛信錄》——遼宋關係史〉，也說：「似應以《華戎魯衛信錄》為正。」（《書目季刊》14卷3期，頁32，臺北：1980年9月）

〔註3〕傅樂煥，〈宋遼聘使表稿〉「宋遼泛使表」，收錄於傅樂煥，《遼史叢考》（北京：中華書局，1984年），頁261。

〔註4〕賈玉英，〈有關宋遼交聘中泛使概念的幾點辨析〉，《中國史研究》，2006年2期，頁111～118。

優，而文化不競，以之使者常有桀驁之氣，少溫順之風。其星軺所經，或縱騎馳驅，或過有呼索，或任意而行，不遵常例。〔註5〕

此種情況，尤其以遼泛使至宋國進行交涉，所表現的強勢態度和言行最為明顯。因為宋遼兩國在訂立澶淵盟約之後，雖然兩國建立起長期的和平外交關係，但是在遼強宋弱的情勢下，遼在外交上即經常居於強勢的主動狀態。因此遼朝廷所派遣的泛使就常常是宋遼某一交涉事件的開始，而且遼泛使既然是為了某一企圖而來，在使命必達的壓力下，遂容易造成遼泛使在宋國的言行常有脫序的現象，例如高談闊論、不遵守雙方的禮儀規範、對於宋朝廷外交事宜的安排也常不以為然，或在某些事情上據理力爭，以達成其企圖，進而造成宋朝君臣的困擾。

筆者即是基於對以上史實的體認，因此以〈遼泛使在宋的言行〉為題撰寫成本文，除了前言與結論之外，擬先整理出「遼泛使使宋事蹟表」，再依據表格中事蹟內容挑選出幾位比較具有代表性的遼泛使，論述他們與宋朝君臣言行交鋒的情形。另外，也擬討論兩位遼泛使蕭禧和蕭德崇，先後嚴重違背遼使只能逗留宋汴京十天的規定。由於至目前為止，似乎尚未有學者針對此一方面的史實，發表專文加以探討，因此筆者希望本文從這兩項史實與角度探討遼泛使在宋的言行，期能幫助讀者對於宋遼外交關係史有更多的瞭解，並且體會當時宋朝廷為了維持與遼的和平友好關係並不容易，以及宋遼兩國最終能在中國歷史上維持一百多年的和平關係，確實是很難得的。

至於遼泛使為了某一事件，包括澶淵之盟、增幣事件、劃界事件等，出使宋國進行交涉，所作的辯駁、折衝、爭論等過程，因為長期以來已經有多位學者作過詳細的探討，本文將不再針對此些史實加以論述。

二、「遼泛使使宋事蹟表」的整理

關於宋遼兩國派遣泛使至對方朝廷，宋人魏泰在《東軒筆錄》述及初期的情形，說：

真宗與北蕃謀和，約以逐年除正旦、生辰外，彼此不遣泛使。而東封太山，遣秘書監孫奭特報，亦只到雄州而止。奭牒報北界，請差

〔註5〕聶崇岐，〈宋遼交聘考〉「兩朝使節比較」，收錄於聶崇岐，《宋史叢考》（下），頁330～331。

人到白溝交授書函。是時，北朝遣閤門使丁振至白溝，以受孫書。厥後，北蕃欲討高麗，遣耶律寧持書來告。是時，知雄州李允則不能如約止絕，乃遣人引道耶律寧至京。泛使至京，自此始矣。至康定中，西戎擾邊，仁宗泛使郭稹奉使入北朝，北朝亦遣蕭英、劉六符等至京，自此泛使紛紛矣。〔註 6〕

這一段話可謂是宋遼兩國初期派遣泛使的一個簡單敘述，提到宋真宗時期遼泛使第一次抵達宋汴京，至宋仁宗時期宋遼兩國則常有互派泛使之舉。

至於整個宋遼時期雙方所派遣的泛使，聶崇岐在〈宋遼交聘考〉「泛使表」，〔註 7〕以及傅樂煥在〈宋遼聘使考表稿〉「宋遼泛使表」〔註 8〕中，都分別針對當時宋遼兩國所派遣的泛使，分成年月、正副使名、任務使命等項目作了表格的整理，讓讀者對此一方面的史實可以比較容易地瞭解。今筆者則先參考與綜合該兩表的內容，再依據本文主題論述的需要，作成「遼泛使使宋事蹟表」如下：

派遣或到達年月	遣使國	正副使名與官位	任　務
遼景宗保寧七年宋太祖開寶八年 975	遼	矧思（郎君）	初通和
遼景宗保寧七年宋太祖開寶八年 975	遼	耶律霸德（左衛大將軍）雅勒呼（弓箭庫使）	報聘
遼景宗乾亨元年宋太宗太平興國四年 979	遼	耶律埒伊摩哩（尚書）	問宋伐北漢
遼聖宗統和二十二年宋真宗景德元年 1004	遼	韓杞（左飛龍使）	議和
遼聖宗統和二十二年宋真宗景德元年 1004	遼	姚東之（右監門衛大將軍）	議和
遼聖宗統和二十二年宋真宗景德元年 1004	遼	丁振（西上閤門使）	奉誓書
遼聖宗統和二十八年宋真宗大中祥符三年(到)1010	遼	耶律寧（右監門衛大將軍）	告伐高麗

〔註 6〕（宋）魏泰，《東軒筆錄》，收錄於《唐宋史料筆記叢刊》（北京：中華書局，1983 年 10 月），卷 15，頁 173。

〔註 7〕聶崇岐，〈宋遼交聘考〉「泛使表」，收錄於聶崇岐，《宋史叢考》（下），372～375。

〔註 8〕傅樂煥，〈宋遼聘使表稿〉「宋遼泛使表」，收錄於傅樂煥，《遼史叢考》，頁 261～263。

遼興宗重熙九年宋仁宗康定元年十二月（到）1041	遼	正使（缺）杜防（工部尚書修國史）	報聘
遼興宗重熙十一年宋仁宗慶曆二年二月（到）1042	遼	蕭英（宣徽南院使歸義節度使）劉六符（翰林學士右諫議大夫知制誥同修國史）	索關南地
遼興宗重熙十一年宋仁宗慶曆二年九月（到）1042	遼	耶律仁先（樞密副使保大節度使）劉六符（禮部侍郎同修國史）	奉誓書
遼興宗重熙十一年宋仁宗慶曆二年十月（到）1042	遼	蕭偕（林牙保大節度使）	報撤兵
遼興宗重熙十三年宋仁宗慶曆四年七月（到）1044	遼	耶律元衡（延昌宮使）	告伐西夏
遼興宗重熙十四年宋仁宗慶曆五年正月（到）1045	遼	耶律宗睦（林牙彰聖軍節度使）	告伐西夏回
遼興宗重熙十四年宋仁宗慶曆五年十月（到）1045	遼	耶律翰（林牙保靜軍節度使）王綱（樞密直學士）	獻伐西夏所獲
遼興宗重熙十八年宋仁宗皇祐元年三月（到）1049	遼	蕭惟信（樞密副使遼興軍節度使）	告伐西夏
遼興宗重熙十九年宋仁宗皇祐二年三月（到）1050	遼	耶律益（殿前副點檢忠正軍節度使）趙柬之（彰德軍節度使）	告伐西夏回
遼興宗重熙二十三年宋仁宗至和元年九月（到）1054	遼	蕭德（忠正軍節度使同平章事）吳湛（翰林學士左諫議大夫知制誥史館修撰）	告與西夏平
遼道宗清寧三年宋仁宗嘉祐二年三月（到）1057	遼	耶律防（林牙左監門衛大將軍）陳顗（樞密直學士給事中）	求宋仁宗像
遼道宗清寧三年宋仁宗嘉祐二年九月（到）1057	遼	蕭扈（樞密使右金吾衛上將軍）吳湛（宣政殿學士禮部尚書）	致遼皇帝像再求宋仁宗像
遼道宗咸雍元年宋英宗治平二年 1065	遼	蕭迂晉（魯）	議邊事
遼道宗咸雍十年宋神宗熙寧七年三月（到）1074	遼	蕭禧（林牙興復軍節度使）	議河東地界
遼道宗大康元年宋神宗熙寧八年三月（到）1075	遼	蕭禧（林牙興復軍節度使）	仍議河東地界
遼道宗壽昌五年宋哲宗元符二年三月（到）1099	遼	蕭德崇（左金吾衛上將軍簽書樞密院事）李儼（樞密直學士禮部侍郎）	代為西夏求和

遼天祚帝乾統五年宋徽宗崇寧四年四月（到）1105	遼	蕭良（？）高端禮（樞密直學士）	代為西夏求和
遼天祚帝乾統六年宋徽宗崇寧五年三月（到）1106	遼	蕭保先（同平章事）牛溫舒（知南院樞密使）	代為西夏求和

從這一表格，我們可知，遼派遣泛使至宋朝廷，確實往往是某一項企圖、要求、交涉事件的開始。其中比較明顯的有三項，一為爭取關南地使宋的遼泛使；二為進行河東劃界使宋的遼泛使；三為交涉西夏事宜使宋的遼泛使。

曹顯征在其博士論文《遼宋交聘制度研究》中，也作有類似的表格，〔註 9〕並且提出其所得到的體認，說：

> 從上表可以看出，遼在一百餘年裡所遣泛使的目的非常明顯，就是企圖在遼宋交聘時期取得主導地位，操縱掌控兩朝交聘的發展方向，以獲取更多的政治經濟利益。如索取關南十縣最終得到了增加歲幣的經濟利益，地界劃分，同樣得到了實惠。告征伐高麗和西夏，起到了對宋朝的震懾作用。調解宋夏矛盾，賺取了不可替代的政治地位等等。所以遼朝每次派遣泛使，都使宋朝有恐懼感。正因不是平常使臣之派遣，接伴使在接待這些泛使的禮節上很難把握，加之泛使經常不遵守正常的禮儀規制，以示與往昔使命的不同，故常有兩朝使臣互相爭執現象的發生。〔註 10〕

曹先生此一體認所言，筆者也頗為認同，就是因為遼「泛使經常不遵守正常的禮儀規制，……故常有兩朝使臣互相爭執現象的發生」，因而筆者將在下文，針對此一方面史實作進一步的討論。

三、遼泛使與宋朝君臣言行交鋒

宋遼兩國在宋真宗景德元年（遼聖宗統和二十二年，1004 年）簽訂澶淵盟約之後，雙方建立起長期的和平外交關係，因此兩國都很重視交聘的活動，對於使節的來聘，本國朝廷都會予以熱誠的招待，並且尊重對方的禮俗。而在進行交聘活動時，使節與對方君臣也都能儘量謹言慎行，以免有尷尬、難堪、失禮、衝突、侮辱的事情發生。

〔註 9〕曹顯征，《遼宋交聘制度研究》，中央民族大學博士學位論文，2006 年 4 月，頁 60。

〔註 10〕曹顯征，《遼宋交聘制度研究》，頁 59～60。

但是在宋遼長達一百多年的和平交往過程中，實際上還是常有發生言行交鋒的時候。〔註 11〕尤其是當時宋的軍事力量不如遼，以及宋每年必須給予遼大量的歲幣，造成有些遼使節出使宋國時，會在言語上高談闊論，或向宋朝廷提出較多的要求，或不依外交禮儀和規定行事。而這種遼使節與宋朝君臣發生言行交鋒的情形，又以遼泛使在宋的言行表現最為明顯，因為遼泛使出使宋國，常常是為了某一企圖而來，因此對於原先宋遼外交上的規定與慣例不願遵行，或對於宋朝廷外交事宜的安排不以為然，或在某些事情上據理力爭，以達成其企圖。

當時宋朝君臣也注意到遼泛使常是為了某一企圖而來，並且有很深的體認，例如晁說之《景迂生集》卷二，說：

> 彼往時所謂劉六符者，有古燕男子之風，嘗為其國謀主謂曰：『大遼雖與中國通和，要當十年、二十年必以事撓之，使中國知吾非怯而忘戰者，中國常惴惴不自德於歲幣，則大遼常有中國為之奉矣。』今彼二十年間，必遣泛使有要於朝廷者，六符之謀行也。〔註 12〕

此段記載，可謂是遼泛使出使宋國，常常是為了某一企圖而來的一個很明顯的例子。當時宋與遼是和平友好的關係，但是遼臣劉六符卻向遼道宗說，必須每隔十年或二十年以事件讓宋朝廷感覺不安，如此宋每年就會以歲幣來奉。後來劉六符以遼泛使的身份使宋，向宋提出索取關南地的要求，果然達成了其迫使宋朝廷增加歲幣的目的。〔註 13〕

至於遼泛使與宋朝君臣言行交鋒的情形，筆者茲舉以下七個事例加以討論：

（一）據《宋史》〈趙安仁傳〉，說：

> 遼使韓杞至，首命接伴，凡覲見儀制，多所裁定。館舍夕飲，杞舉

〔註 11〕可參閱蔣武雄，〈宋遼外交言行交鋒初探〉，《東吳歷史學報》第 23 期（臺北：東吳大學，2010 年 6 月），頁 85～123；另收錄於蔣武雄，《宋遼外交研究》（臺北：花木蘭文化出版社，2014 年 3 月），頁 213～238。

〔註 12〕（宋）晁說之，《景迂生集》，收錄於《文淵閣四庫全書》（臺北：臺灣商務印書館，1983 年），卷 2，〈朔問下〉，頁 23。

〔註 13〕關於遼臣劉六符與遼宋增幣交涉的關係，可參閱蔣武雄，〈遼代劉六符兄弟與遼宋外交〉，《中央大學人文學報》第 57 期（中壢：中央大學，2014 年 4 月），頁 1～35；另收錄於蔣武雄，《宋遼人物與兩國外交》（臺北：花木蘭文化出版社，2017 年 9 月），頁 153～180。

橙子，曰：「此果嘗見高麗貢。」安仁曰：「橙橘產吳楚，朝廷職方掌天下圖經，凡他國所產靡不知也。今給事中呂祐之嘗使高麗，未聞有橙柚。」杞失於誇誕，有愧色。〔註 14〕

當時遼泛使韓杞使宋，在館宴中說，他曾見過高麗向遼朝貢橙子，不料宋接伴使趙安仁糾正他說，高麗並不生產橙子，使韓杞對於自己浮誇荒誕的言論感到慚愧。

（二）據《長編》卷五八，記載：

宋真宗景德元年（遼聖宗統和二十二年，1004 年）十二月庚辰（一日），……賜（遼使節）（韓）杞襲衣、金帶、鞍馬、器幣。杞即日入辭，遂與（曹）利用同往。韓杞受襲衣之賜，及辭，復左衽，且以賜衣稍長為解。趙安仁曰：「君將升殿受還書，天顏咫尺，如不衣所賜之衣，可乎？」杞即改服而入。〔註 15〕

以及《玉壺清話》，說：

時虜使韓杞者，始修聘好，獷悍無檢，命公（趙安仁）接伴。公旋教覲見之儀，方漸馴擾。及將辭，嫌服太長，步武縈足，復欲左衽。公戒之曰：「君將陛殿受還書，去天顏咫尺，可乎？」剛折之，纔不敢。〔註 16〕

當時遼泛使韓杞對於宋朝廷所安排的入辭宋真宗禮儀頗不以為然，因此不願意穿上宋真宗所賜的衣服入辭，並且辯說是因為宋真宗所賜的衣服太長的緣故。經過宋接伴使趙安仁向他強調說，入辭將會與宋真宗近距離互動，怎麼可以不穿宋真宗所賜的衣服，以表示感謝之意呢？終於說服韓杞，願意穿上宋真宗所賜的衣服入辭。

（三）據《長編》卷五八，說：

宋真宗景德元年十二月甲申（五日），（曹）利用即與其右監門衛大將軍姚柬之持國主書俱還，……命趙安仁接伴。柬之談次頗矜兵強戰勝。（趙）安仁曰：「聞君多識。前言：老氏云：佳兵者，不祥之

〔註 14〕（元）脫脫，《宋史》（臺北：鼎文書局，1978 年 9 月），卷 287，列傳第 46，趙安仁，頁 9657。

〔註 15〕（宋）李燾，《續資治通鑑長編》（上海：上海古籍出版社，1986 年 2 月），卷 58，宋真宗景德元年十二月庚辰條，頁 14。

〔註 16〕（宋）釋文瑩，《玉壺清話》，收錄於《唐宋史料筆記叢刊》（北京：中華書局，1984 年 7 月），卷第 4，頁 38。

器，聖人不得已而用之，勝而不美，而美之者是樂殺人，樂殺人者，不得志於天下。」柬之自是不敢復談。〔註17〕

遼泛使姚柬之使宋，在與宋接伴使趙安仁言談之間，頗自誇遼國軍隊強盛常打勝仗，宋接伴使趙安仁遂以「佳兵者，不祥之器，……樂殺人者，不得志於天下」，抑制其驕傲之氣，使姚柬之不再以此自誇。

（四）據《長編》卷一三五，說：

宋仁宗慶曆二年（遼興宗重熙十一年，1042年）三月己巳（二十六日），契丹遣宣徽南院使歸義節度使蕭英……來至書，……先是，……正月……壬申（二十九日）命（富）弼為接伴。弼以二月丙子（二日），發京師，至雄州。久之，英等始入境，遣中使慰勞，英稱足疾不拜。弼謂曰：「吾嘗使北，病臥車中，聞命輒拜。今中使至，而君不起，此何禮也。」英矍然起，遂使人掖而拜。〔註18〕

遼泛使蕭英為索取關南地使宋，當其入宋境時，宋朝廷派遣中使，以宋仁宗名義賜予慰勞，但是蕭英卻「稱足疾不拜」，宋接伴使富弼說，當年我使遼，即使「病臥車中，聞命輒拜。今中使至，而君不起，此何禮也」，使蕭英頓時心驚而起，富弼即派人扶持蕭英拜受宋仁宗所賜慰勞。

（五）據《長編》卷二六〇，說：

宋神宗熙寧八年……二月……甲申（二十二日）……，先是敵以河東地界議久不決，復使蕭禧來，詔太常少卿向宗儒、皇城使兼閤門通事舍人王澤接伴，於是宗儒等言蕭禧至雄州白溝驛，不肯交馬馱，欲至城北亭，非故事。上批：「蕭禧於白溝，住幾十日，至今未聞起離。向宗儒等雖再三執以舊例，禧殊未有順從之意，欲更遷延，深恐彼情愈肆彊忿，或出不遜之言，或以巡馬擁送南來，益難處置，雄州使人約闌，又致喧爭，萬一擾攘，或傷官吏，恐不可收拾。……。」又批：「北使久留白溝，已經累日，自通好以來，無此事，朝廷處置實不可緩，蓋所爭者小，而所顧者重。議者若謂恐北人因此得以占

〔註17〕（宋）李燾，《續資治通鑑長編》，卷58，宋真宗景德元年十二月甲申條，頁16。

〔註18〕（宋）李燾，《續資治通鑑長編》，卷135，宋仁宗慶曆二年三月己巳條，頁15。另可參閱（宋）蘇軾，〈富鄭公神道碑〉，《蘇軾全集》（上海：上海古籍出版社，2000年5月），卷18，頁385～386；（宋）彭百川，《太平治蹟統類》（臺北：成文出版社，1966年4月），卷8。。

據兩屬之土，是甚不然。……況人夫一半已于白溝代還，在理委無深害，可速議指揮。」遂遣內侍諭旨，人夫負擔于白溝交割，其馬馱即比常歲車乘聽至城北亭。〔註 19〕

遼泛使蕭禧此次前來宋國，亟欲促使遼宋河東地界的問題有所進展，因此從一開始就採取比較強勢的態度，在抵達宋邊境時，即有意違背兩國外交事宜的規定，不願意在邊驛白溝驛與宋接伴使副進行交割禮物，而執意要到宋國邊州雄州城北亭交割禮物。因為此舉似有隱含以雄州城北亭為宋遼邊界的用意，頗有宋朝國土被內縮之嫌，因此宋接伴使副向宗儒、王澤堅持制止，而蕭禧竟也在白溝驛停留了近十天的時間，猶尚不願啟程南行，使宋朝廷君臣頗感困擾，甚至於最後竟然順遂了蕭禧的意願。

此一情事後續的發展，後來也連累了宋朝接伴使副向宗儒、王澤兩人。據《長編》卷二六一，說：

宋神宗熙寧八年(遼道宗大康元年，1075 年)三月甲寅(二十二日)，改命太子中允開封府推官王欽臣，加太常少卿送伴遼使。皇城使兼閤門通事舍人夏伸副之，代（向）宗儒、王澤也。宗儒、澤乃各罰銅二十斤，初宗儒等接伴蕭禧，禧欲以行李至雄州北亭交轄，宗儒止之，禧有不能更去之語，上怪宗儒等為國生事，仍坐嘗奏請，約回泛使，及在道問蕭禧是來理疆界否，特罰之。〔註 20〕

顯然遼泛使蕭禧不遵守宋遼交聘事宜規定的舉動，反而造成了宋接伴使副向宗儒、王澤，遭受宋朝廷的處罰。

（六）據《長編》卷五〇七，說：

宋哲宗元符二年（遼道宗壽昌五年，1099 年）三月丙辰（十三日），遼國泛使左金吾衛上將軍、簽書樞密院事蕭德崇，副使樞密直學士、尚書禮部侍郎李儼，見於紫宸，曲宴垂拱殿。其遣泛使止為夏國游說息兵，及還故地也。德崇等見上（宋哲宗），遂言：「北朝皇帝告南朝皇帝，西夏事早與休得，即甚好。」上顧張宗禹，令答之曰：「西人累年犯順，理須討伐，何煩北朝遣使。」德崇等唯唯而退。〔註 21〕

〔註 19〕（宋）李燾，《續資治通鑑長編》，卷 260，宋神宗熙寧八年二月甲申條，頁 13。
〔註 20〕（宋）李燾，《續資治通鑑長編》，卷 261，宋神宗熙寧八年三月甲寅條，頁 7。
〔註 21〕（宋）李燾，《續資治通鑑長編》，卷 507，宋哲宗元符二年三月丙辰條，頁 3。

當時遼朝廷派遣泛使蕭德崇使宋，擬說服宋朝廷停止對西夏的征伐，但是蕭德崇晉見宋哲宗時，卻以高高在上的語氣說，「北朝皇帝告南朝皇帝，西夏事早與休得，即甚好」，宋哲宗特令大臣張宗卨答以「西人累年犯順，理須討伐，何煩北朝遣使」，讓蕭德崇銳氣受挫，只好「唯唯而退」。

（七）據《遼史》〈牛溫舒傳〉，說：

> 遼天祚帝乾統…五年（宗徽宗崇寧四年，1106 年），夏為宋所攻，來請和解。（牛）溫舒與蕭得里底使宋。方大燕，優人為道士裝，索土泥藥爐。優曰：『土少不能和。』溫舒遽起，以手藉土懷之。宋主問其故，溫舒對曰：『臣奉天子威命來和，若不從，則當卷土收去。』宋人大驚，遂許夏和。〔註 22〕

此年遼朝廷派遣泛使牛溫舒使宋，請宋與西夏和解，在宴會中，牛溫舒聽聞表演者說，「土少不能和」，使他猛然有所思，並且以帶有威脅的語氣說，「臣奉天子威命來和，若不從，則當卷土收去」，逼得宋朝廷只好答應願與西夏和解。

從以上七項事例可知，遼泛使出使宋國的言行，正如前文所論，他們確實常是為了某一企圖而來，因此比較容易與宋朝君臣發生言行交鋒的情形。曹顯征對於此種情況，在《遼宋交聘制度研究》，也說：

> 遼宋兩朝交聘期間，有泛使之遣，派遣泛使多是在與對方有特殊事務需要協商解決之時，使臣們因有特殊使命在身，所以不再像生辰、正旦那樣一團和氣，盡力避免發生爭執，而是態度較為強硬。這就給（宋）接伴和館伴使的接待事務增加了難度，既不能照章辦事，亦不能太過靈活，很難把握分寸。照章辦事，惹惱遼朝使臣，為朝廷生事；靈活處理，又有違反朝章之嫌。所以宋朝大臣多不願接待泛使，更不願以泛使的名目出使遼朝。〔註 23〕

可見遼泛使的到來，確實或多或少影響了宋遼和平禮尚往來的氣氛，以及交聘事宜的進行。

〔註 22〕（元）脫脫，《遼史》（臺北：鼎文書局，1975 年 10 月），卷 86，列傳第 16，牛溫舒，頁 1325。

〔註 23〕曹顯征，《遼宋交聘制度研究》，頁 49。

四、遼泛使違背只能逗留宋汴京十天的規定

宋遼兩國為了使和平外交能維持長久，以及使外交功能得以順利發揮起見，雙方都制訂多項交聘時應該遵守的規定，例如其中一項，根據《長編》卷二六二，說：「故事，使者留京，不過十日。」〔註 24〕可知當時宋朝廷有規定遼使節在宋汴京逗留的日數不能超過十天，也就是說遼使節在宋汴京十天內，必須完成交聘的活動或交涉的事宜，然後向宋皇帝辭行，啟程返回遼國。〔註 25〕但是在眾多使宋的遼使節當中，卻出現兩位遼泛使蕭禧和蕭德崇先後嚴重地違背了此項規定，逗留於宋汴京的日數都超過十天以上。茲分別論述如下：

（一）遼泛使蕭禧

首先據《長編》卷二六二，說：

> 宋神宗熙寧八年（遼道宗大康元年，1075 年）四月丙寅（五日），……故事，使者留京，不過十日，（蕭）禧至以三月庚子（八日），既入辭，猶不行，與（韓）縝等爭論，或至夜分，留京師幾一月。〔註 26〕

由此段記載可知，遼泛使蕭禧在宋神宗熙寧八年使宋時，曾經違背了宋遼外交上的規定，在宋汴京逗留將近一個月之久，尤其是當時他已經向宋神宗辭行了，卻仍然逗留於宋汴京，而不願啟程返遼。

為了探討此一問題，筆者先查閱蕭禧出使宋國的記錄，發現他在此年之前，曾經有過三次使宋，第一次是在宋英宗治平四年（遼道宗咸雍三年，1067 年）正月，由於宋英宗死，因此當年「六月三日，大遼國祭奠弔慰奉使奉寧軍節度使蕭禧，……並入奠大行皇帝神御于皇儀殿。是日，御殿之東幄，禧等進慰書，入見如嘉祐之儀」，〔註 27〕此為蕭禧以祭奠使身份第一次使宋。第二次是在宋神宗熙寧三年（遼道宗咸雍六年，1070 年）四月丙寅（六日），「遼主（遼道宗）遣永州觀察使耶律寬、衛尉少卿程冀；其母（宗天太后）遣懷德

〔註 24〕（宋）李燾，《續資治通鑑長編》，卷 262，宋神宗熙寧八年四月丙寅條，頁 6。

〔註 25〕可參閱蔣武雄，〈宋遼使節逗留對方京城日數的探討〉，《空大人文學報》第 12 期（臺北：空中大學，2003 年 12 月），頁 197～212；另收錄於蔣武雄，《宋遼外交研究》，頁 97～113。

〔註 26〕（宋）李燾，《續資治通鑑長編》，卷 262，宋神宗熙寧八年四月丙寅條，頁 6。

〔註 27〕徐松，《宋會要輯稿》（北京：中華書局，1997 年 6 月），禮 29，歷代大行喪禮上，卷 7348，頁 6。

軍節度使蕭禧、太常少卿張冀，來（宋國）賀同天節」，〔註 28〕這是蕭禧以生辰使身份第二次使宋。關於蕭禧這兩次出使宋國，筆者查閱相關史書，都未見有提到他在何月何日請辭，以及他在宋汴京逗留了多少天的記載，但是根據判斷，他應是有遵守宋遼外交上的規定，逗留於宋汴京的時間都未超過十天以上。

及至宋神宗熙寧七年（遼道宗咸雍十年，1074 年），遼朝廷因為與宋爭河東蔚、應、朔三州地界，派遣泛使蕭禧出使宋國，據《長編》卷二五〇，說：

> 熙寧七年二月壬申（四日），……知瀛州天章閣待制韓縝、同提舉在京諸司庫務，仍詔縝以瀛州事付河北東路都轉運使劉瑾，亟乘驛赴闕。時契丹將遣泛使蕭禧來，召縝館伴故也。……丙子（八日），……是日，上（宋神宗）召對輔臣于天章閣，以諜報契丹欲復求關南地也。〔註 29〕

以及同書卷二五一，說：

> 熙寧七年三月丙辰（十九日），遼主遣林牙興復軍節度使蕭禧來致書，見于崇政殿。……先是，執政多以為蕭禧來，必復求關南地。……（王）安石謂必無它，或是爭河東疆界耳。及折書，果然。上（宋神宗）諭禧曰：「此細事，疆吏可了，何須遣使？待令一職官往彼計會，北朝一職官對定如何。』禧曰：「聖旨如此，即不錯。』上問禧復有何事，禧言：「雄州展托關城，違誓書。』上曰：「誓書但云不得創築城池，未嘗禁展托。然此亦細事，要令折去亦可。」禧曰：「北朝只欲南朝久遠不違誓書。」上曰：「若北朝能長保盟好，極為美事。」又問禧復有何事，禧曰：「無他事也。」……癸亥（二十六日），遼使蕭禧辭於崇政殿。上面諭……禧奉詔而退」〔註 30〕

由以上兩段引文的記載，可知蕭禧在宋神宗熙寧七年，前來宋國進行交涉宋遼邊界的事宜，也是他第三次使宋，而且他應是仍然有遵守宋遼兩國的規定，在宋汴京逗留的日數並未超過十天以上。

〔註 28〕（宋）李燾，《續資治通鑑長編》，卷 210，宋神宗熙寧三年四月丙寅條，頁 1。

〔註 29〕（宋）李燾，《續資治通鑑長編》，卷 250，宋神宗熙寧七年二月壬申條，頁 4、丙子條，頁 7。

〔註 30〕（宋）李燾，《續資治通鑑長編》，卷 251，宋神宗熙寧七年三月丙辰條，頁 12～13。

但是後來有關宋遼河東地界的問題，遼朝廷認為並未獲得滿意的解決。因此在宋神宗熙寧八年，遼朝廷再度派遣蕭禧至宋汴京，進行河東地界事宜的交涉。蕭禧這一次使宋，可謂抱著勢在必得，意在必達的態度，但是後來隨著交涉的進度停滯不前，蕭禧竟在宋汴京逗留了近一個月之久，嚴重地違背了遼使節只能逗留宋汴京十天的規定。當時蕭禧是在熙寧八年三月初至抵達宋汴京，據《長編》卷二六一，說：

> 熙寧八年三月……庚子（八日），遼主再遣林牙興復軍節度使蕭禧來致書，見於紫宸殿。……乙巳（十三日），大宴集英殿，蕭禧預焉。〔註31〕

可知蕭禧是在三月八日至宋汴京，因此假如依照宋對遼使節逗留於宋汴京不能超過十天以上的規定，他最遲必須於三月十七日之前向宋神宗請辭，然後啟程返遼。但是後來蕭禧並未在三月十七日以前向宋神宗辭行，因此至三月二十一日，宋朝廷見「蕭禧久留不肯還，故遣（沈）括詣敵廷面議」。〔註32〕一直至四月五日，「遼國信使蕭禧等辭于紫宸殿，置酒垂拱殿」。〔註33〕宋神宗並且下詔，說：「國家與契丹通和年深，終不欲以疆埸細故，有傷歡好。大體既許以治平年蓋鋪處，依舊址修蓋。務從和會，即更有無照證，若不指定分水處，即恐檢視之時，難為擗撥。……今已指揮韓縝等一就檢視擗撥，處以分水嶺為界。」〔註34〕也將此詔「遣使者持示（蕭）禧，禧乃辭去。（沈）括候禧去乃行」。〔註35〕

從以上的論述，可知蕭禧此次使宋，從三月八日抵達宋汴京，至四月五日才向宋神宗辭行，久留於宋汴京長達近一個月，這是宋遼兩國建立起長期和平外交關係之後，第一次發生此種情況，因此《長編》卷二六二在記載宋遼河東劃界交涉事件的同時，對於蕭禧久留宋汴京一事也頗有敘述，說：

> 故事，使者留京，不過十日，（蕭）禧至以三月庚子（八日），既入辭猶不行，與（韓）縝等爭論，或至夜分，留京師幾一月。實錄云：禧至以三月庚子，戊辰踰期不肯行，庚子三月八日也，戊辰乃四月七日，戊辰上

〔註31〕（宋）李燾，《續資治通鑑長編》，卷 261，宋神宗熙寧八年三月庚子條，頁3、4。

〔註32〕（宋）李燾，《續資治通鑑長編》，卷261，宋神宗熙寧八年三月癸丑條，頁7。

〔註33〕（宋）李燾，《續資治通鑑長編》，卷262，宋神宗熙寧八年四月丙寅條，頁4。

〔註34〕（宋）李燾，《續資治通鑑長編》，卷262，宋神宗熙寧八年四月丙寅條，頁6。

〔註35〕（宋）李燾，《續資治通鑑長編》，卷262，宋神宗熙寧八年四月丙寅條，頁6。

當有是月事，蓋禧以四月五日丙寅入辭，越一日戊辰，猶不肯行也，不知竟用何日。神宗正史契丹外傳云：禧留京師幾一月乃行，按三月八日禧入見，四月七日猶不行，恰二十九日，此即傳所云：幾一月也。傳蓋因實錄，其行竟不知何日，然則所云，幾一月，亦未實，當考。張方平墓誌云：蕭禧當辭，偃蹇臥驛中不起，張方平謂。吳充曰：禧不即行，使主者日致饋而勿問，且使邊吏以其故檄敵中可也，充啟用其說，禧即日行。蓋墓銘飾說禧自為疆事如志故去耳。張升之傳云：蕭禧議地界理屈，臥都亭驛不敢歸，升之日致饗授，館有常禮，過期曲留，宜即裁抑，禧慚沮乃行。禧得所欲而歸耳，所稱理屈及慚沮蓋飾辭也。〔註 36〕

據此一引文所言，蕭禧在四月五日向宋神宗辭行後，其實至四月七日猶不肯啟程返遼，甚至於最後，宋人史書竟無法確記其在何日啟程，只能稱「留京師幾一月」。但是無論如何，我們已可知遼泛使蕭禧確實是懷著企圖前來宋朝廷，因此當其所欲未能如願時，即以「理屈」和「慚沮」為藉口，逾期逗留於宋汴京，而不理會宋遼兩國在外交上的規定。

（二）遼泛使蕭德崇

後來又有另一位遼泛使蕭德崇，在其第二次使宋時，也是久留於宋汴京，逾期不返遼。有關蕭德崇第一次出使宋國，據《長編》卷四〇三，說：

宋哲宗元祐二年（遼道宗大安三年，1087 年）七月戊午（九日），遼國遣崇儀軍節度使蕭德崇……來賀坤成節。……戊辰（十九日），遼使辭。〔註 37〕

由此段記載可知，蕭德崇第一次使宋，逗留於宋汴京約只有十天左右，並沒有違背規定。

及至蕭德崇第二次使宋，因為是「為夏國遊說息兵，及還故地也」，因此是懷著企圖而來，也因而如同前文所提及蕭禧的行為一樣，從一開始入境時，即採取比較強勢的態度，據《長編》卷五〇六，說：

宋哲宗元符二年（遼道宗壽昌五年，1099 年）……二月……丁酉（二十四日），……（接伴使）曾旼奏：「泛使蕭德崇等到白溝，不肯乘遞馬，欲帶北界人馬至雄州，如蕭禧例。禧當日凡駝畜車乘皆至雄

〔註 36〕（宋）李燾，《續資治通鑑長編》，卷 262，宋神宗熙寧八年四月丙寅條，頁 6～7。

〔註 37〕（宋）李燾，《續資治通鑑長編》，卷 403，宋哲宗元祐二年七月戊午條、戊辰條，頁 5、19。

州。」德崇已交割畜乘，獨欲留人馬至雄州。而旼與張赴堅執不從。〔註 38〕

可見遼泛使蕭德崇至宋邊驛白溝驛，即有意違背宋遼兩國外交事宜的規定，因此「到白溝，不肯乘遞馬，欲帶北界人馬至雄州，如蕭禧例」。當時宋接伴使曾旼雖然堅執不從，但是「關於此事，北宋朝臣有兩種意見：一云理當堅執曾旼主張，不許其到雄州交割，但這或許引起爭端；一云俟其詞婉順即依從，所貴不失其歡，但這又會有失『國體』，最終還是把責任推到了接伴使曾旼身上」。〔註 39〕不僅宋哲宗說：「如此是（曾）旼處得不是。」〔註 40〕右正言鄒浩也對曾旼加以彈劾，據《長編》卷五〇六，說：

宋哲宗元符二年（遼道宗壽昌五年，1099 年）……二月……丁酉（二十四日）……，右正言鄒浩奏：『臣伏聞曾旼往界首接伴北使，與之紛爭，累日方決，終不能奪北使之議。……旼等曾不審處於未見北使之前，而乃輕發於已見北使之後，此何謂也。又況泛使實與常使不同，既未知其的為何求而來，正賴接伴豫以道理處之，使不能妄有生事之漸。而乃無故啟其爭心，尤為可罪。伏望聖慈特降指揮推究，旼等如委有上項事迹，即乞重行黜責，以為後人之戒。』〔註 41〕

因此不僅未能阻止蕭德崇的行為，而且後來蕭德崇也在元符二年三月抵達宋汴京，據《長編》卷五〇七，說：

宋哲宗元符二年（遼道宗壽昌五年，1099 年）三月……丙辰（十三日）遼國泛使左金吾衛上將軍簽書樞密院事蕭德崇、副使樞密直學士尚書禮部侍郎李儼，見於紫宸，曲宴垂拱殿。其遣泛使止為夏國遊說息兵，及還故地也。德崇等見上（宋哲宗），遂言：「北朝皇帝告南朝皇帝，西夏事早與休得，即甚好。」上顧張宗卨令答之曰：「西人累年犯順，理須討伐，何煩北朝遣使。』德崇等唯唯而退。〔註 42〕

〔註 38〕（宋）李燾，《續資治通鑑長編》，卷 506，宋哲宗元符二年二月丁酉條，頁 15。

〔註 39〕曹顯征，《遼宋交聘制度研究》，頁 50。

〔註 40〕（宋）李燾，《續資治通鑑長編》，卷 506，宋哲宗元符二年二月丁酉條，頁 16。

〔註 41〕（宋）李燾，《續資治通鑑長編》，卷 506，宋哲宗元符二年二月丁酉條，頁 16～17。

〔註 42〕（宋）李燾，《續資治通鑑長編》，卷 507，宋哲宗元符二年三月丙辰條，頁 3。

顯然遼泛使蕭德崇在晉見宋哲宗時，以強勢的語氣轉達遼道宗的意旨，不料宋哲宗不干示弱的作了回應，使其「為夏國遊說息兵，及還故地」的企圖，進行得並不順利。據《長編》卷五〇九，說：

> 宋哲宗元符二年（遼道宗壽昌六年，1100 年）四月……辛卯（十九日）……先是，館伴所言：「信使以白箚子云，西人悔過謝罪，許以自新，則是全不干北朝遣使之意，兼未見答『休退兵馬，還復疆土』八字。往復久之，未肯收受。」詔二府改定進呈，（曾）布錄此段在乙丑（三月二十二日），今附此。……既而館伴所又言，此段布錄在丙寅（三月二十三日），今附此信使得改定白箚子，亦不肯受，乞與增特停征討四字。……庚午（三月二十七日）惇謂布：「信使終未肯受白箚子，蓋是前來不合與添北朝勸和意，待卻取來，依前所草定言語與之。」……上曰：「敵人堅不肯受箚子，且勿恤更住數月亦不妨。」……（章）惇曰：「如聖意且更令住數月亦不妨。」……後四日，後甲戌四日丁丑（四月四日）也館伴所又言：「信使未受箚子，欲增抽退兵馬，還復疆土之語。」……翼日遂受白箚子。翼日丁亥（四月十四日）也。……辛卯（十九日），遼國信使蕭德崇、李儼等辭，置酒于紫宸殿。……德崇、儼留京師凡三十七日乃歸。〔註 43〕

根據此段引文的記載，可知蕭德崇對於宋朝廷所提劄子的內容，從三月二十二日開始，數度拒不接受，因此在其所欲未能如願的情況下，久留於宋汴京，不肯辭行返回遼國。另外，也讓我們知道宋哲宗和朝廷大臣對於蕭德崇的舉動，頗有耐心，因此宋哲宗說，「敵人堅不肯受劄子，且勿恤更住數月亦不妨」，大臣章惇也說，「如聖意且更令住數月亦不妨」。可見宋哲宗與朝廷大臣對於蕭德崇久留於宋汴京，如果長達數個月，也可以接受。幸好蕭德崇從三月十三日晉見宋哲宗至四月十九日請辭，共只逗留了三十七天，但是已經嚴重地違背了遼使節只能逗留於宋汴京十天的規定。

從以上所論，蕭禧和蕭德崇兩人先後在宋邊驛白溝驛和宋汴京，均有違背宋遼兩國原先交聘事宜規定的舉動，顯現出遼泛使使宋，確實往往和常使不一樣，有可能在使命必達的壓力下，當其企圖進行不順利時，即會有言行脫序的現象，而做出讓宋朝君臣意想不到的行為，因此有宋朝大臣針對此種

〔註 43〕（宋）李燾，《續資治通鑑長編》，卷 509，宋哲宗元符二年四月辛卯條，頁 4～7。

情況，提出在接送和招待遼泛使的措施辦法上，必須更加周延，據《長編》卷五一〇，說：

> 宋哲宗元符二年（遼道宗壽昌六年，1100 年）六月……己丑（十八日），接伴遼國信使朝散大夫試秘書監曾旼等言：「新修《國信敕令儀制》等，其中條例不無增損，而事干北人者，恐難改革。又信使往來雖係不常，而新令條目，元不該及，乞下元修官審照舊例刊除，略加添修。詳定編敕國信條例所取索合用書狀體式，更切參詳，編修成冊，送國信所收管，準備照使。」〔註 44〕

顯然曾旼在接伴遼泛使蕭德崇之後，對於蕭德崇的強勢與違背宋遼外交事宜的規定，有很深的體認與感受，因此特別提出建言，強調增加接伴遼泛使條例的重要性和必要性。

五、結論

綜上所論，我們可知，遼泛使出使宋國，除了為達成澶淵之盟、增加歲幣、劃河東地界以及代夏求和等交涉的任務，而與宋朝君臣有折衝、辯駁的互動之外，他們在宋的言行，包括前文所列舉言行交鋒的事例，以及兩位遼泛使嚴重違背只能逗留於宋汴京十天的規定，也都讓宋朝君臣深覺困擾，甚至於造成宋朝君臣對遼泛使的到來，產生畏懼、不安與恐慌的心理。據《長編》卷二五〇，說：

> 宋神宗熙寧七年（遼道宗咸雍十年，1074 年）二月……壬申（四日），時契丹將遣泛使蕭禧來，……上（宋神宗）謂（王）安石曰：「契丹若堅要兩屬地，奈何。」安石曰：「若如此，即不可許。」上曰：「不已，奈何。」安石曰：「不已，亦未須力爭，但遣使，徐以道理與之辯而已。」上曰：「若遽交兵，奈何。」安石曰：「必不至如此。」上曰：「然則奈何。」安石曰：「以人情計之，不宜至如此。契丹亦人爾。」〔註 45〕

從宋神宗連續幾句「奈何」，以及王安石強調「契丹亦人爾」，可見宋神宗對於遼派遣泛使前來，頗感擔憂和無奈。

〔註 44〕（宋）李燾，《續資治通鑑長編》，卷 510，宋哲宗元符二年六月己丑條，頁 10。

〔註 45〕（宋）李燾，《續資治通鑑長編》，卷 250，宋神宗熙寧七年四二月壬申條，頁 4。

另外，據《長編》卷二六三，說：

> 王安石言：「……緣契丹習見朝廷憚其泛使，故每言難免往復，今明許其來，來有何傷？」上以為然 ，詔雄州牒涿州如安石言。既而復令進呈牒本，謂安石：「彼若果遣泛使來當如何？」安石曰：「彼以我為憚其泛使，今示以無所憚，彼或不遣，示以憚遣，則其來決矣。泛使於我何苦而憚其來也。」上曰：「來此偃蹇不去如何？」安石曰：「鄉者蕭禧來，陛下兩開天章閣議事，又連遣使就商量地居，乃所以長其偃蹇。今若復遣泛使來，待彼說一句即答一句，若不說即勿語，或不肯去，即厚加館餼節次，牒報契丹，彼亦無所發怒，何由使至交兵？」〔註 46〕

這一段引文描述宋臣王安石正在力勸宋神宗，沒有必要對遼泛使心生畏懼，但是也反映出當時遼泛使使宋，確實帶給宋朝君臣很大的困擾與畏懼。曹顯征在《遼宋交聘制度研究》加以引申，說：

> 北宋朝野有時之所以對泛使之遣頗覺恐慌和失措，主要原因為遼朝派往宋朝的泛使中，有一部分是為了爭得更大利益而派遣的，如索地、劃界和戰爭及戰爭調停等，這些都是宋朝較為敏感的問題。而且接受這些使命的遼朝使臣，也多不遵守常規接待禮儀進入宋境，加之兩朝也未有接待泛使的具體規制，所以，在宋人眼中，遼朝的這些使臣多有製造事端、挑釁以生事之嫌。〔註 47〕
>
> 北宋朝野對（遼）泛使的恐懼心理，多因泛使之使命是為了遼朝利益而來，這也是宋朝最為敏感、最為擔心的問題。使臣以使命所在，絕不會輕言放棄，所以，接待遼朝泛使成為接伴使和館伴使的一道難題。〔註 48〕

可見遼泛使挾著某一企圖前來宋朝廷，進行強勢的交涉，以及在宋國脫序的言行，對於宋遼長期友好和平交聘的氛圍，就如同一顆石頭落在平靜的湖水中，泛起了層層的漣漪，使宋朝的君臣都為之震撼。

〔註 46〕（宋）李燾，《續資治通鑑長編》，卷 263，宋神宗熙寧八年閏四月丙申條，頁 9～10。

〔註 47〕曹顯征，《遼宋交聘制度研究》，頁 58。

〔註 48〕曹顯征，《遼宋交聘制度研究》，頁 61。

因此論述至此，我們可以更加體認宋朝廷在當時宋弱遼強的情勢下，為了與遼維持長期的和平關係，宋朝君臣在委屈求全的狀態中，應是費了很大的心力。尤其是面對遼泛使在宋國各種強勢的交涉與言行，我們如果設身處地，以宋朝君臣的身份來感受當時的情境，必然有很深的感觸。並且對於宋遼兩國能維持一百多年的和平，在體認相當不容易之餘，應該給予宋朝君臣的努力與表現高度的肯定。

徵引書目

一、史料

1. （宋）李燾，《續資治通鑑長編》，上海：上海古籍出版社，1986 年 2 月。
2. （宋）晁說之，《景迂生集》，收錄於《文淵閣四庫全書》，臺北：臺灣商務印書館，1983 年。
3. （宋）彭百川，《太平治蹟統類》，臺北：成文出版社，1966 年 4 月。
4. （宋）蘇頌，〈華夷魯衛信錄總序〉，《蘇魏公文集》，北京：中華書局，1988 年 9 月。
5. （宋）蘇軾，〈富鄭公神道碑〉，《蘇軾全集》，上海：上海古籍出版社，2000 年 5 月。
6. （宋）魏泰，《東軒筆錄》，收錄於《唐宋史料筆記叢刊》，北京：中華書局，1983 年 10 月。
7. （宋）釋文瑩，《玉壺清話》，收錄於《唐宋史料筆記叢刊》，北京：中華書局，1984 年 7 月。
8. （元）脫脫，《宋史》，臺北：鼎文書局，1978 年 9 月。
9. （元）脫脫，《遼史》，臺北：鼎文書局，1975 年 10 月。
10. （清）徐松，《宋會要輯稿》，北京：中華書局，1997 年 6 月。

二、專書

1. 傅樂煥，《遼史叢考》，北京：中華書局，1984 年。
2. 張希清等人主編，《澶淵盟約新論》，上海：人民出版社，2007 年 3 月。
3. 蔣武雄，《宋遼外交研究》，臺北：花木蘭文化出版社，2014 年 3 月。

4. 蔣武雄，《宋遼人物與兩國外交》，臺北：花木蘭文化出版社，2017 年 9 月。
5. 聶崇岐，《宋史叢考》（下），臺北：華世出版社，1986 年 12 月。

三、期刊論文

1. 王民信，〈蘇頌《華戎魯衛信錄》——遼宋關係史〉，《書目季刊》14 卷 3 期，臺北：1980 年 9 月。
2. 孫斌來，〈《華戎魯衛信錄》考略〉，《松遼學刊》1991 年第 3 期。
3. 黄鳳岐，〈遼宋交聘及其有關制度〉，《社會科學輯刊》1985 年第 2 期。
4. 傅樂煥，〈宋遼聘使表稿〉「宋遼泛使表」，收錄於傅樂煥，《遼史叢考》，北京：中華書局，1984 年。
5. 賈玉英，〈有關宋遼交聘中泛使概念的幾點辨析〉，《中國史研究》，2006 年 2 期。
6. 賈玉英，〈宋遼交聘制度之管窺〉，收錄於張希清等人主編，《澶淵盟約新論》，上海：人民出版社，2007 年 3 月。
7. 蔣武雄，〈宋遼外交言行交鋒初探〉，《東吳歷史學報》第 23 期，臺北：東吳大學，2010 年 6 月。
8. 蔣武雄，〈遼代劉六符兄弟與遼宋外交〉，《中央大學人文學報》第 57 期，中壢：中央大學，2014 年 4 月。
9. 蔣武雄，〈宋遼使節逗留對方京城日數的探討〉，《空大人文學報》第 12 期，臺北：空中大學，2003 年 12 月。
10. 聶崇岐，〈宋遼交聘考〉，收錄於聶崇岐，《宋史叢考》（下），台北：華世出版社，1986 年 12 月。

四、博碩士論文

1. 曹顯征，《遼宋交聘制度研究》，中央民族大學博士學位論文，2006 年 4 月。

宋遼白溝驛與兩國使節接送

摘要：

宋遼兩國的邊驛——白溝驛，在彼此的和平交聘活動上，均扮演了相當重要的角色，尤其是宋遼使節出使對方朝廷時，往返都必須經過雙方的白溝驛，並且由該國派遣接伴使、送伴使負責接送。本文即是針對宋遼創設白溝驛的時間作一考證，並且論述兩國在各自白溝驛接送對方使節的情形。

關鍵詞：宋、遼、白溝驛、使節。

一、前言

從宋與遼的和平外交關係史來看，可分為兩個階段，一是起自宋太祖（927～976）開寶七年（遼景宗 948～982 保寧六年，974 年），至宋太宗（939～997）太平興國四年（遼景宗保寧十一年，979 年），約六年的短暫和平外交時期；〔註 1〕二是在宋真宗（968～1022）景德元年（遼聖宗 972～1031 統和二十二年，1004 年），與遼簽訂澶淵盟約之後，直至宋徽宗（1082～1135）宣和四年（遼天祚帝 1075～1126 保大二年，1122 年）為止，前後約有長達一百十八年的和平外交關係。〔註 2〕在此兩階段時期，宋遼雙方經常互相派遣使節至

〔註 1〕可參閱王曉波，〈宋太祖時期宋遼關係的變化〉，《宋代文化研究》第 7 輯（成都：巴蜀書社，1998 年 5 月），頁 222～237；蔣武雄，〈宋滅北漢之前與遼的交聘活動〉，《東吳歷史學報》11（臺北：東吳大學，2004 年 6 月），頁 1～27。

〔註 2〕可參閱聶崇岐，〈宋遼交聘考〉，《宋史叢考》（下）（臺北：華世出版社，1986 年），頁 283～375；傅樂煥，〈宋遼聘使表稿〉，收錄於《遼史彙編》（八）（臺北：鼎文書局，1973 年），頁 554～623；曹顯征，《遼宋交聘制度研究》，中央民族大學博士學位論文，2006 年，頁 1～128。

對方京城（也指遼皇帝的駐帳地）進行交聘的活動，包括賀正旦、賀帝后生辰、賀即位、賀上尊號、賀冊封、回謝、告帝后駕崩、告即位、奠祭、弔慰、送遺留物、商議與訂立盟約等。〔註 3〕

當時宋遼兩國對於彼此使節來聘的事宜均很重視，不僅禮遇有加，而且派遣接伴使、送伴使、館伴使，負責接送對方的使節，以及使節逗留於對方京城時的招待。據聶崇岐（1093～1962）〈宋遼交聘考〉，說：「鄰使及境，例遣人相接，是為接伴使；至都，另易人相伴，是為館伴使；回程，復派人相送，是為送伴使。使皆有副，而接伴往往即充送伴。此則兩朝皆無差異。」〔註 4〕可見宋遼兩國在接伴、送伴、館伴對方使節的制度上，都有一套既定的接送人事安排與辦法。

而在宋遼使節往來以及接送頻繁的情況下，位於兩國邊境上的邊驛——白溝驛，就顯得很重要。因此筆者特別以〈宋遼白溝驛與兩國使節接送〉為題，先對兩國各自創設白溝驛的時間作一考證，然後論述雙方在各自白溝驛接送對方使節的情形，希望筆者以此一角度所作的探討，能幫助讀者對於宋遼外交關係史有進一步的了解。

二、宋遼創設白溝驛時間考

宋遼兩國各自的白溝驛，既然在雙方交聘往來的活動上，均扮演了重要的角色，但是不禁讓我們想到宋遼白溝驛各自創設於何時呢？關於此二問題，筆者發現似乎尚未有學者討論過，因此在本文中首先考證宋國於白溝河南岸創設白溝驛的時間，據李燾（1115～1184）《續資治通鑑長編》（以下簡稱《長編》）卷一六，說：

> （宋太祖）開寶八年（遼景宗保寧七年，975 年）三月己亥（二十七日），契丹遣使克妙骨慎思奉書來聘，詔閤門副使郝崇信至境上迎之。〔註 5〕

以及《宋會要輯稿》，說：

〔註 3〕有關宋遼使節的任務，可參閱聶崇岐，〈宋遼交聘考〉，《宋史叢考》（下），頁 286～287；黃鳳岐，〈遼宋交聘及其有關制度〉，《社會科學輯刊》，1983 年第 2 期，頁 96～97。

〔註 4〕聶崇岐，〈宋遼交聘考〉，《宋史叢考》（下），頁 286～287。

〔註 5〕（宋）李燾，《續資治通鑑長編》（以下簡稱《長編》）（北京：中華書局，2004 年 9 月），卷 16，宋太祖開寶八年三月己亥條，頁 337。

（宋太祖）開寶八年三月二十六日，契丹遣款附使克妙骨慎思等十二人奉書來聘，其書稱契丹國。詔東上閤門副使郝崇信至境上迎之。〔註6〕

此年為宋朝廷與遼建立起第一階段和平外交之後的第一年，也是派遣接伴使副至邊境迎接遼使節的開始。但是值得注意的是，此段引文只提到「境上」兩字，並沒有提到「白溝驛」地名。而且筆者發現宋與遼第一階段六年和平的交往期間，接伴使副迎接遼使節的地點，在史書上都沒有記載為「白溝驛」，都只是以「境上」兩字，來表示宋接伴使副迎接遼使節的地點。可見宋國在此時似乎尚未創設「白溝驛」，或是尚未有「白溝驛」地名。筆者為了更加瞭解此一問題，再詳細查閱《長編》，發現《長編》中最早出現「白溝驛」地名的記載，是在宋真宗景德二年五月乙亥（二十八日）的記事，據《長編》）卷六〇，說：

（宋真宗）景德二年（遼聖宗統和二十三年，1005年）……五月……乙亥（二十八日），……凡契丹使及境，……至白溝驛賜設，……。〔註7〕

因此可知宋國創設白溝驛的時間，應該是在宋真宗景德元年十二月，與遼簽訂澶淵盟約之後，至景德二年五月之間。

接著筆者又想到宋國送伴使副送別遼使節至宋遼邊境，《長編》和《宋會要輯稿》又是如何記載呢？因此筆者再進一步查閱此二史書，發現有關宋遼和平外交第一階段，宋國送伴使副送別遼使節至宋國邊境地點，也都是只記載為「境上」，而不稱為「白溝驛」，例如《長編》卷一九，說：

（宋太宗）太平興國三年（遼景宗保寧十年，978年）……十月……癸酉（二十一日），契丹使耶律諧理等辭歸國，詔供奉官、閤門祇候王侁送至境上。送伴使蓋始此。〔註8〕

以及《宋會要輯稿》，說：

（宋太宗）太平興國二年……十二月，（遼）遣使太僕卿耶律迭列、禮賓副使王英以良馬方物賀正，……及還，又命儀鸞副使孫宴送至境上，……。〔註9〕

〔註6〕（清）徐松，《宋會要輯稿》（北京：中華書局，1997年6月），蕃夷二之一。
〔註7〕（宋）李燾，《長編》，卷60，宋真宗景德二年五月乙亥條，頁1342。
〔註8〕（宋）李燾，《長編》，卷19，宋太宗太平興國三年十月癸酉條，頁435。
〔註9〕（清）徐松，《宋會要輯稿》，蕃夷二之一。

（宋太宗）太平興國三年十月，（遼）遣使太僕卿耶律諧里……來賀乾明節，……命供奉官閤門祇候王侁送至境上。〔註10〕

此三段引文，讓我們更加明確知道，在宋與遼訂立澶淵盟約之前，宋國接、送伴使副在宋國邊境接送遼使節的地點，宋人史書均記載為「境上」，直至宋真宗景德元年十二月與遼訂立澶淵盟約之後，至景德二年五月之間，才在白溝河南岸創設白溝驛，並且成為宋國接送遼國使節的一個明確又重要的地點。

但是在此筆者要特別另外指出，前引《長編》卷一九所稱，太平興國三年十月，「詔供奉官、閤門祇候王侁送（遼使節）至境上。送伴使蓋始此」，應是有誤，因為據前引《宋會要輯稿》稱，在宋太宗太平興國二年十二月，曾「命儀鸞副使孫宴送（遼使節）至境上」，因此《長編》卷一九所言「送伴使蓋始此」，則似有誤。

至於遼國在白溝河北岸創設白溝驛（遼國白溝驛，宋人又稱北白溝或北亭）的時間又是於何年呢？因為遼人所存至今的史料不多，以及《遼史》中未見有與此相關的記載，因此筆者遂查閱宋人所記，發現在《長編》卷六八，說：

（宋真宗）大中祥符元年（遼聖宗統和二十六年，1008 年）……三月……乙酉（二十四日）……，雄州言：「契丹於拒馬河北創亭舍，以候朝廷使命。」〔註11〕

以及《宋會要輯稿》，說：

（宋）真宗大中祥符元年正月，北面言：契丹置館於拒馬河北，以候朝使。〔註12〕

此二則引文，雖然所言時間有異，但是已可讓我們知道應即是指遼國的白溝驛。這真是兩件很難得的記載，因為至目前為止，筆者尚未見有學者引用此二則記載，討論遼國在白溝河北岸創設白溝驛的時間。因此筆者據以推測遼國創設白溝驛的時間，應是在遼聖宗統和二十六年（宋真宗大中祥符元年，1008 年）正月至三月間創設。

從以上的考證，使我們知道了宋遼兩國各自在白溝河南北兩岸創設白溝驛的大概時間，並且也發現兩國並不是同時創設白溝驛，而是遼國比宋國晚

〔註10〕（清）徐松，《宋會要輯稿》，蕃夷二之一。
〔註11〕（宋）李燾，《長編》，卷 68，宋真宗大中祥符元年三月乙酉條，頁 1530。
〔註12〕（清）徐松，《宋會要輯稿》，蕃夷二之一。

了至少兩年以上的時間。但是已可確定宋遼兩國都各自設有白溝驛，以便在此接送對方的使節，因此聶崇岐在〈宋遼交聘考〉，說：

> （宋遼）鄰使入境至都，軺車所經，各有定路，惟皆必過白溝——白溝者，宋遼兩朝之界河也。河旁各置驛，皆因河為名。遼使入宋自白溝起，南行為雄州，……宋使入遼自白溝起，北行為新城縣，……。〔註 13〕

以及曹顯征在其博士論文〈遼宋交聘制度研究〉，也說：

> 要抵達受禮處，無論何方使臣都要經由兩朝的界河——白溝河進入對方境內。遼宋兩朝交聘時期，大部分時間維持著以拒馬河（白溝河）——大清河——海河一線為界的和平局面，白溝河成為兩朝使臣往來的必經之路，其北即屬遼朝邊境，其南則是北宋地界。為此在白溝河兩岸，雙方各置有接待對方使臣的驛站，遼朝的白溝驛屬涿州新城縣，北宋的白溝驛屬雄州地界（在今高碑店市白溝鎮），白溝不僅成為遼宋兩朝接待對方使臣入境的第一站，也是護送對方使臣離境的最後一站，因此這一站至關重要，遼宋兩朝使臣都要在這裏舉行隆重的接待和告別儀式。〔註 14〕

此二位學者雖然未對宋遼各自創設白溝驛的時間作出探討，但是皆稱宋遼兩國都有各自的邊驛——白溝驛，並且強調兩國白溝驛在接送對方使節的活動上，是一個相當重要的地點。

三、宋接伴使副在宋白溝驛迎接遼使節的情形

自從宋真宗景德元年十二月與遼訂立澶淵盟約，兩國建立起長期的和平外交關係之後，雙方也展開頻繁的交聘活動，因此宋朝廷基於此種情勢的發展，進行重新規劃接送遼使節來聘的事宜，據《長編》卷六〇，說：

> 景德二年……五月……乙亥（二十五日），知雄州何承矩（946～1006）言：「將來契丹使入界，欲令暫駐新城（屬遼國涿州），俟接伴使至，迎於界首。」從之。承矩又言：「使命始通，待遇之禮，宜得折中，庶可久行。」乃悉條上。手詔嘉納，仍聽事有未盡者，便宜裁處。凡契丹使及境，遣常參官、內職各一人，假少卿監、諸

〔註 13〕聶崇岐，〈宋遼交聘考〉，《宋史叢考》（下），頁 302～303。

〔註 14〕曹顯征，《遼宋交聘制度研究》，頁 52。

司使以上接伴。內諸司供帳分為三番，內臣主之，至白溝驛賜設，……。〔註15〕

從此段引文，可知遼使節出使宋國時，是先行至遼涿州新城，在此等待宋接伴使副的通知，然後在「界首」，即宋白溝驛，舉行遼使節入宋境的儀式，以宋皇帝名義賜宴迎接遼使節，再一起前往宋汴京，晉見宋朝皇帝。另據《遼史》〈耶律合里只傳〉，說：「（遼興宗1016～1055）重熙中，……（耶律合里只）充宋國生辰使，館于白溝驛。宋宴勞，……。」〔註16〕也可知遼使節出使宋國，宋朝廷會派內臣在宋白溝驛設宴招待遼使節，因此聶崇岐在〈宋遼交聘考〉，說：「宋待遼使，亦如遼待宋使之制，入界，即就驛（白溝驛）賜御筵。」〔註17〕顯見遼使節初入宋境，即由內臣代表宋朝皇帝在宋白溝驛賜宴招待。

遼使節出使宋國，初至宋境，既如以上所論，因此從他們初抵宋白溝驛開始，宋朝廷即展開沿途接待之禮。而在宋白溝驛賜宴，等於是遼使節入宋境後，宋朝廷第一次，也是第一站設宴接待，因此為了表示誠摯的歡迎之意，宋朝廷都會有賜以口宣的儀式。此種具有「宣錫勞賜」性質的口宣，本是皇帝派遣使者曉諭大臣的文告，此時宋朝廷則用之於對遼使節來聘時的撫問與勞賜。當時這種口宣往往是由宋朝廷翰林學士所撰，因此在曾經擔任過翰林學士的宋臣文集中，大多數會收錄他們自己撰寫過的口宣內容。其中有關在宋白溝驛賜宴遼使節的口宣，包括宋祁（998～1061）《景文集》、胡宿（995～1067）《文恭集》、歐陽修（1007～1072）《歐陽修全集》、蘇頌（1020～1101）《蘇魏公文集》、王安石（1021～1076）《臨川集》、鄭獬（1022～1072）《隕溪集》、蘇軾（1037～1101）《蘇東坡全集》、范祖禹（1041～1098）《范太史集》等書均有收錄。筆者特別加以整理列舉如下：

例如宋祁《景文集》卷二十〈雄州白溝驛傳宣撫問契丹賀乾元節人使兼賜御筵口宣〉，說：

卿肅將歡幣，來會慶辰。涉遠已勤，入疆云始。俾陳宴豆，少憩征郵。〔註18〕

〔註15〕（宋）李燾，《長編》，卷60，宋真宗景德二年五月乙亥條，頁1342。

〔註16〕（元）脫脫，《遼史》（北京：中華書局，1974年10月），卷86，列傳第16，耶律合里只傳，頁1327。

〔註17〕聶崇岐，〈宋遼交聘考〉，《宋史叢考》（下），頁310。

〔註18〕（宋）宋祁，〈雄州白溝驛傳宣撫問契丹賀乾元節人使兼賜御筵口宣〉，《景文集》，收錄於《文津閣四庫全書》（北京：商務印書館，2005年1月），卷20，頁513。

卷二十〈雄州白溝驛撫問賀正旦契丹人使兼賜御筵口宣〉，說：

> 有勅：卿等遠將歡聘，來會慶儀。嘉乃馳軺，甫茲就舍。特申宴惠，以達眷懷。今差某官趙及等傳宣撫問，兼賜卿等御筵，想宜知悉。
>
> 卿等肅將慶問，入會華正。甫憩行郵，諒多勞瘁。特頒宴席，以勗歡勤。〔註19〕

胡宿《文恭集》卷二七，〈白溝驛撫問北使口宣〉，說：

> 卿等張是使旟，講于懽聘。來慶誕彌之吉，諒多匽薄之勤。用示眷慈，特頒宴賚。〔註20〕

〈白溝驛撫問北使兼賜御筵口宣〉，說：

> 卿等嗣修鄰好，甫次溝封。載勤使隰之行，宜有詔筵之錫。用嘉冒涉，特示眷存。〔註21〕
>
> 又
>
> 卿等銜奉信辭，講修誕好。惟載馳于使乘，諒甫次于疆亭。用示眷慈，聿伸宴勞。〔註22〕

〈白溝驛撫問遺留人使兼賜御筵口宣〉，說：

> 卿等式將遺意，爰奉訃函。次境舍以方初，駕軺車而良苦，宜伸宴勞，庸示眷懷。〔註23〕

歐陽修《歐陽修全集》卷三《內制集》一，〈雄州白溝驛撫問契丹賀正人使兼賜御筵口宣〉，說：

> 卿等載馳瑞節，爰及疆亭。顧惟夙駕之勤，宜有示慈之宴。用彰寵待，當體眷懷。〔註24〕

卷四《內制集》二，〈雄州白溝驛賜北朝契丹賀正旦人使御筵兼傳宣撫問口宣〉，說：

〔註19〕（宋）宋祁，〈雄州白溝驛撫問賀正旦契丹人使兼賜御筵口宣〉，《景文集》卷二十，頁514。

〔註20〕（宋）胡宿，〈白溝驛撫問北使兼賜御筵口宣〉，《文恭集》，收錄於《文淵閣四庫全書》，卷27，頁5。

〔註21〕（宋）胡宿，〈白溝驛撫問北使兼賜御筵口宣〉，《文恭集》，卷27，頁5～6。

〔註22〕（宋）胡宿，〈白溝驛撫問北使兼賜御筵口宣〉，《文恭集》，卷27，頁6。

〔註23〕（宋）胡宿，〈白溝驛撫問北使兼賜御筵口宣〉，《文恭集》，卷27，頁6。

〔註24〕（宋）歐陽修，〈雄州白溝驛撫問契丹賀正人使兼賜御筵口宣〉，《歐陽修全集》（臺北：河洛圖書出版社，1975年3月），卷3，《內制集》一，頁206。

卿等言飭使軺，時修聘好。涉此沍寒之候，載惟行李之勤。宜示宴慈，用彰眷撫。〔註25〕

蘇頌《蘇魏公文集》卷二五，〈白溝驛賜大遼賀興龍節人使御筵并傳宣撫問口宣元祐四年十二月〉，說：

有勑：卿等使傳及關，候人在界。眷言跋涉，宜安少休。爰錫燕觴，用勤行李。〔註26〕

卷二六，〈白溝驛賜大遼賀正旦人使御筵兼傳宣撫問口宣元祐五年正月〉，說：

有勑：卿等聘旃將命，修塗方冒於風霜。郵館迎賓，式燕少勤於行李。諒惟安適，深副眷懷。〔註27〕

王安石《臨川集》卷第四八，〈撫問雄州白溝驛賜北朝賀正旦人使御筵口宣〉，說：

有勑：卿等並膺朝選，實構鄰歡。擁節在疆，方豫稱觴之禮。馳軺喻指，姑推折俎之恩。〔註28〕

鄭獬《隕溪集》卷十〈白溝驛撫問大遼賀同天節人使及賜御筵口宣〉，說：

有勑：卿等恭修禮聘，來慶誕辰。適臨封館之初，載錫賓筵之盛。兼申慰諭，并示眷慈。〔註29〕

蘇軾《蘇東坡全集》《內制集》卷一，〈雄州白溝驛賜大遼賀正旦人使御筵口宣元祐元年十一月二日〉，說：

有敕：卿等遠馳使節，來慶春朝。屬歲律之凝嚴，涉道塗之修阻。宜頒宴衎，以勞勤劬。〔註30〕

《內制集》卷三，〈白溝驛賜大遼賀坤成節人使御筵兼傳宣撫問口宣元祐二年四月十七日〉，說：

〔註25〕（宋）歐陽修，〈雄州白溝驛賜北朝契丹賀正旦人使御筵兼傳宣撫問口宣〉，《歐陽修全集》，卷4，《內制集》二，頁8。

〔註26〕（宋）蘇頌，〈白溝驛賜大遼賀興龍節人使御筵并傳宣撫問口宣〉，《蘇魏公文集》（北京：中華書局，2004年5月），卷25，頁342。

〔註27〕（宋）蘇頌，〈白溝驛賜大遼賀正旦人使御筵兼傳宣撫問口宣〉，《蘇魏公文集》，卷26，頁347。

〔註28〕（宋）王安石，〈撫問雄州白溝驛賜北朝賀正旦人使御筵口宣〉，《臨川集》（臺北：中華書局，1971年1月），卷第48，內制，頁11。

〔註29〕（宋）鄭獬，〈白溝驛撫問大遼賀同天節人使及賜御筵口宣〉，《隕溪集》，收錄於《文淵閣四庫全書》，卷10，頁1。

〔註30〕（宋）蘇軾，〈雄州白溝驛賜大遼賀正旦人使御筵口宣〉，《蘇東坡全集》（臺北：河洛圖書出版社，1975年9月），內制集，卷1，頁636。

有勑：卿等肅將慶幣，遠涉修涂。風埃浩然，徒馭勤止。宜頒燕衎，以示眷懷。〔註31〕

《內制集》卷四，〈賜大遼賀正旦人使白溝驛御筵并撫問口宣元祐二年九月七日〉，說：

有勑：卿等遠馳華節，冒履薄寒。眷言郵傳之勤，少樂燕嘉之賜。往申寵問，式示眷存。〔註32〕

《內制集》卷五，〈白溝驛傳宣撫問大遼賀興龍節人使及賜御筵口宣元祐二年九月十二日〉，說：

有敕：卿等遠馳信幣，來慶誕辰。念此修塗，喜於入境。宜加燕勞，以示眷存。〔註33〕

《內制集》卷八，〈白溝驛賜大遼賀坤成節人使御筵兼傳宣撫問口宣元祐三年四月二十二日〉，說：

有敕：卿等遠涉暑途，來陳慶幣。眷言徒御，久犯風埃。往錫燕娛，少休行役。〔註34〕

范祖禹《范太史集》卷二九，〈白溝驛賜大遼賀坤成節人使御筵兼傳宣撫問口宣〉，說：

卿等肅將瑞節，來慶壽辰。方暑在塗，入疆授館。特先迎勞，當體眷恩。今差某官賜卿等御筵，兼傳宣撫問，想宜知悉。〔註35〕

卷三一，〈白溝驛賜大遼賀興龍節人使御筵口宣〉，說：

卿等載馳原隰，適及溝封。眷言行李之勤，方屬祁寒之候。爰加郊勞，以示寵私。今差某官某賜卿等御筵，兼傳宣撫問，想宜知悉。〔註36〕

〔註31〕（宋）蘇軾，〈白溝驛賜大遼賀坤成節人使御筵兼傳宣撫問口宣〉，《蘇東坡全集》，內制集，卷3，頁653。

〔註32〕（宋）蘇軾，〈賜大遼賀正旦人使白溝驛御筵并撫問口宣〉，《蘇東坡全集》，內制集，卷4，頁670。

〔註33〕（宋）蘇軾，〈白溝驛傳宣撫問大遼賀興龍節人使及賜御筵口宣〉，《蘇東坡全集》，內制集，卷5，頁672。

〔註34〕（宋）蘇軾，〈白溝驛賜大遼賀坤成節人使御筵兼傳宣撫問口宣〉，《蘇東坡全集》，內制集，卷8，頁699。

〔註35〕（宋）范祖禹，〈白溝驛賜大遼賀坤成節人使御筵兼傳宣撫問口宣〉，《范太史集》，收錄於《文淵閣四庫全書》，卷29，頁11。

〔註36〕（宋）范祖禹，〈白溝驛賜大遼賀興龍節人使御筵口宣〉，《范太史集》，收錄於《文淵閣四庫全書》，卷31，頁4。

卷三一，〈白溝驛賜大遼賀正旦人使御筵口宣〉，說：

> 卿等踐修久好，衝涉祁寒。興言行役之勤，用錫燕休之禮。體茲眷寵，懋乃使華。今差某官某賜卿等御筵，兼傳宣撫問，想宜知悉。〔註37〕

從以上列舉，有關宋朝廷派人在白溝驛設宴招待剛入境的遼使節，以及由翰林學士撰寫的口宣，我們可感受到宋朝廷對於遼使節的來聘，不僅表示歡迎，也很感念遼使節為了促進兩國友好，而長程跋涉至宋國的辛勞。另外，也讓我們益加體認，宋白溝驛在宋國迎接遼使節來聘的事務上，確實扮演了很重要的角色。

四、宋送伴使副在宋白溝驛送別遼使節的情形

遼使節完成出使宋國的交聘任務，向宋朝皇帝請辭之後，即從宋汴京啟程返遼，並且由宋送伴使副沿途護送，最後經過宋邊鎮雄州，再往北行約三十餘里，即到達宋邊驛白溝驛。

宋送伴使副護送遼使節至宋白溝驛時，也會在此舉行辭別的儀式，因此有時會有感人的情景，據《長編》卷七一，說：

> 宋真宗大中祥符二年（遼聖宗統和二十七，1009 年）二月壬寅（十六日），……初，契丹使蕭知可等至白溝驛，與送伴使陳知微酌酒為別，遣舍利以所乘馬遺知微，又以二馬至，令自擇之，知微固辭不受。〔註38〕

當時遼使節蕭知可為了要表達對陳知微殷切接伴、送伴的謝意，因此在宋白溝驛餞別時，有例外饋贈之舉。但是這反而使陳知微頗感為難，因為如果予以拒絕，則有負其誠摯的謝忱，然而假如予以接受，則又會違反宋朝廷接送遼使節的規定。因此宋朝廷針對此事經過討論後，由宋真宗下「詔：『自今契丹使有例外贈遺，接伴、館伴使者再辭不已，則許納之，官給器幣為答。』……上務懷遠俗，故有是命。」〔註39〕

另外，遼使節返國，行至宋白溝驛時，宋朝廷也會派遣內臣設宴撫問，並且賜以口宣，例如夏竦（985～1051）《文莊集》卷三〈賜契丹賀乾元節使副

〔註37〕（宋）范祖禹，〈白溝驛賜大遼賀正旦人使御筵口宣〉，《范太史集》，收錄於《文淵閣四庫全書》，卷31，頁6。

〔註38〕（宋）李燾，《長編》，卷71，宋真宗大中祥符二年二月壬寅條，頁1595。

〔註39〕（宋）李燾，《長編》，卷71，宋真宗大中祥符二年二月壬寅條，頁1595。

迴至雄州白溝驛御筵仍傳宣撫問口宣〉，說：

有勑：卿等載涉歸途，已臻鄰境。冒茲炎燠，諒葉安和。特推慈惠之私，用表恩勤之意。今差官某賜卿等御筵，想宜知悉。〔註40〕

宋祁《景文集》卷二十〈賜契丹賀正旦人使迴至雄州白溝驛御筵口宣〉，說：

卿等克展聘儀，肅驅還鞅。冒春逵之餘，眷夕次之為勞。已舍邊郵，聊停信節。特申式宴，用慰將歸。〔註41〕

胡宿《文恭集》卷二七，〈白溝驛賜卻迴北使御筵并撫問口宣〉，說：

卿等為壽誕辰，戒言歸國。歷疆亭而載邈，率旅從以良勞。特示宴慈，用昭寵餞。〔註42〕

歐陽修《歐陽修全集》卷四，《內制集》二，〈雄州白溝驛賜契丹賀乾元節人使卻回御筵兼傳宣撫問口宣四月十三日〉，說：

卿等聘函時達，使傳言旋。冒茲炎燠之辰，涉此川塗之邈。宜申宴錫，式示眷懷。〔註43〕

卷三，《內制集》一，〈雄州白溝驛賜契丹人使卻回御筵兼傳宣撫問口宣九月二十日〉，說：

卿等言持信節，式戒歸塗。念茲衝涉之勤，宜有撫存之意。仍頒宴餞，以示眷懷。〔註44〕

蘇軾《蘇東坡全集》卷十，〈雄州白溝驛賜大遼賀坤成節人使卻回御筵兼傳宣撫問口宣元祐四年七月七日〉，說：

有敕。卿等飛蓋西風，改轅北道。喜山川之漸近，忘徒禦之久勞。往致眷懷，少留燕衎。〔註45〕

〔註40〕（宋）夏竦，〈賜契丹賀乾元節使副迴至雄州白溝驛御筵仍傳宣撫問口宣〉，《文莊集》，收錄於《文淵閣四庫全書》，卷3，頁13。

〔註41〕（宋）宋祁，〈賜契丹賀正旦人使迴至雄州白溝驛御筵口宣〉，《景文集》卷20，頁513。

〔註42〕（宋）胡宿，〈白溝驛賜卻迴北使御筵并撫問口宣〉，《文恭集》，卷27，頁17～18。

〔註43〕（宋）歐陽修，〈雄州白溝驛賜契丹賀乾元節人使却回御筵兼傳宣撫問口宣四月十三日〉，《歐陽修全集》卷4，《內制集》2，頁20。

〔註44〕（宋）歐陽修，〈雄 1 白溝驛賜契丹人使却回御筵兼傳宣撫問口宣九月二十日〉，《歐陽修全集》卷3，《內制集》一，頁205。

〔註45〕（宋）蘇軾，〈雄州白溝驛賜大遼賀坤成節人使卻回御筵兼傳宣撫問口宣〉，《蘇東坡全集》，內制集，卷10，頁723。

從以上諸所引，有關宋國送伴使副在宋白溝驛餞別遼使節的口宣，我們可感受到宋朝廷對於遼使節來聘完成任務表示感謝，也誠摯致上惜別之意。另外，也讓我們體認了宋國邊驛白溝驛在接送遼使節來聘的事務上，確實具有很重要的角色，誠如王安石〈白溝行〉，所言：「白溝河邊蕃塞地，送迎蕃使年年事。」〔註 46〕

五、遼接伴使副在遼白溝驛迎接宋使節的情形

宋使節從宋汴京啟程赴遼之後，會經過宋國境內長垣縣、書城縣、衛南縣、澶州、德清軍、大名府、永清縣、臨清縣、恩州（原名貝州）、冀州、深州、武強縣、樂壽縣、瀛州、莫州（東路）或高陽縣（西路）、雄州，再往北，前行至宋邊驛白溝驛，過白溝河，至遼白溝驛，由遼國接伴使副帶領進入遼境。據包拯（999～1062）奏議〈請絕三番取索〉，說：「常年兩次國信使，自有久來體制，過界月日，亦須候接伴使副到雄州，方有過界之期。」〔註 47〕可知宋使節使遼行至宋邊鎮雄州時，會依照既定的體制，在此等待遼國接伴使副的通知，再前行至宋邊驛白溝驛，過白溝河，至遼白溝驛，與遼接伴使副舉行入遼境的儀式，然後再由遼接伴使副帶領，一起前往遼皇帝的駐帳地。

至於宋使節入遼境時，遼接伴使副對其迎接的儀式和程序又是如何呢？據鍾邦直《宣和乙巳奉使金國行程錄》，敘述宋使節許亢宗出使金國的情形，說：

> 出鎮（韓城鎮）東行十餘里，至金人所立新地界，……行人并依《奉使契丹條例》，所至州，備車馬，護送至界首。前期具國信使副職位、姓名，關牒虜界，備車馬人夫以待。虜中亦如期差接伴使副于界首伺候。兩界各有幕次，行人先令引接齎國信使副門狀過彼，彼亦令引接，以接伴使副門狀回示，仍請過界。于例，三請方上馬，各于兩界心對立馬，引接互呈門狀，各舉鞭虛揖如儀，以次行焉。四十里至清州，會食，各相勞問。……。〔註 48〕

雖然《宣和乙巳奉使金國行程錄》是敘述北宋末年宋使節與剛興起的金國所

〔註 46〕（宋）王安石，〈白溝行〉，《臨川集》，卷第五，頁 6。

〔註 47〕（宋）包拯，〈請止絕三番取索〉，（宋）張田編輯，《孝肅包公奏議》（臺北：臺灣商務印書館，1966 年），卷 5，頁 57。

〔註 48〕（宋）鍾邦直，《宣和乙巳奉使金國行程錄》，收錄於《全宋筆記》第四編八（鄭州：大象出版社，2008 年 9 月），頁 8。

進行的交聘活動，但是當時宋使節仍然依據原先的《奉使契丹條例》，進行與金國的各項交聘儀式，因此《宣和乙巳奉使金國行程錄》，又說：

金人既滅契丹，遂與我為敵國，依契丹例，以講和好。每歲遣使，除正旦、生辰兩番永為常例外，非常慶弔別論也。甲辰年，阿骨打忽身死，其弟吳乞買嗣立，差許亢宗充奉使賀登位，並關取《奉使契丹條例》案牘，參詳增減，遵守以行。兼行人所須，皆在京諸司百局應辦，纖悉備具，無一缺者，蓋祖宗舊制也。〔註 49〕

可見《宣和乙巳奉使金國行程錄》的記載，可做為我們了解宋使節在遼白溝驛接受遼國接伴使副迎接的參考。

但是前引的記載，比較偏於原則性規定的敘述，因此有關實際進行的情形，筆者查得陳襄（1017～1080）《神宗皇帝即位使遼語錄》，說：

臣襄等昨奉敕，差充皇帝登寶位北朝皇太后、皇帝國信使副，于五月十日治平四年到雄州白溝驛。十一日，接伴使副泰州觀察使蕭好古、太常少卿楊規中差人傳語，送到主名、國諱、官位，及請相見。臣等即時過白溝橋北，與接伴使副立馬相對。接伴使副問：南朝皇帝聖體萬福？臣等亦依例，問其君及其母安否？相揖。至于北亭，規中以其君命賜筵，酒十三琖。〔註 50〕

陳襄此段所言，不僅可以印證前引《宣和乙巳奉使金國行程錄》的記載，也使我們更加明白宋使節使遼時，在遼白溝驛與遼國接伴使副進行入遼境儀式的互動情形。

當時遼接伴使副在遼白溝驛「以其君命賜筵」招待宋使節的情形，除了前引陳襄《神宗皇帝即位使遼語錄》所述之外，例如韓琦（1008～1075）在宋仁宗寶元元年（遼興宗重熙七年，1038 年），以正旦使身份使遼時，也曾在遼白溝驛接受遼接伴使副筵宴的招待，因此撰有〈白溝謝筵狀〉，說：

歲元更歷，時聘講歡。展幣以行，奉邦儀而載肅。謁關而問，推宴禮以兼優。仰荷眷私，彌增感抃。〔註 51〕

〔註 49〕（宋）鍾邦直，《宣和乙巳奉使金國行程錄》，收錄於《全宋筆記》第四編八，頁 5。

〔註 50〕（宋）陳襄，《神宗皇帝即位使遼語錄》，收錄於金毓黻，《遼海叢書》（瀋陽：遼瀋書社，1985 年 3 月），第 8 集，頁 1。

〔註 51〕（宋）韓琦，〈白溝謝筵狀〉，《安陽集》，《欽定四庫全書薈要》（臺北：世界書局，1988 年 2 月），卷 39，頁 1。

另外，楊傑也撰有〈白溝謝御筵奏狀〉，說：

> 將命乘軺，講鄰懽而惟舊。及疆授館，蒙郊勞之至優。豐腆肴觴，溥霑皂隸。荷惠慈之加厚，在誠意以深銘。〔註52〕

以及韋驤（1033～1105）〈代楊侍郎使北表奏書狀賀十二月七日生辰〉〈白溝謝御筵奏狀〉，說：

> 肅將信幣，方趣赴于慶辰。始及鄰疆，遽遠頒于禮宴。旋省馳驅之跡，仰銜犒勞之私。感激良多，敷陳曷諭。〔註53〕

〈代鴻臚陳卿使北表〉〈謝白溝御筵奏狀〉，說：

> 恭持信幣，顓奉慶辰。戒行將謹於出疆，加禮首煩於命介。仍霑宴衎，益佩恩榮。感懌所深，情誠莫既。〔註54〕

〈代衛尉陳少卿使北表奏啟狀〉〈白溝謝御筵狀〉，說：

> 因時講好，尤重春元，銜命出疆，首蒙恩渥。仰荷宴慈之及，益增使事之光。竊感固深，繁言莫究。〔註55〕

此五件謝狀標題中所謂的「白溝」，其實都是指遼國白溝驛，即宋人所稱的「北白溝」，因此可做為我們了解宋使節使遼，在遼白溝驛接受遼國接伴使副筵宴招待的參考。

六、遼送伴使副在遼白溝驛送別宋使節的情形

當宋使節完成出使遼國的任務，向遼皇帝辭行之後，即由遼國送伴使副護送，踏上返宋的行程，返行至遼白溝驛時，會在此與遼送伴使副進行惜別的儀式，據前引鍾邦直《宣和乙巳奉使金國行程錄》，說：

> 行人并依《奉使契丹條例》，……至清州，將出界，送伴使副夜具酒食，為惜別之會。亦出衣服三數件，或幣帛交遣，情意甚歡。次早發行，至界內幕次，下馬而望，我界旗幟、甲馬、車輿、簾幕以待，人皆有喜色。少頃，樂作，酒五行，上馬，復同送伴使副過我幕次，

〔註52〕（宋）楊傑，〈白溝謝御筵奏狀〉，《無為集》，收錄於《文淵閣四庫全書》，卷11，頁6。

〔註53〕（宋）韋驤，〈代楊侍郎使北表奏書狀賀十二月七日生辰〉〈白溝謝御筵奏狀〉，《錢塘集》，收錄於《文淵閣四庫全書》，卷10，頁8。

〔註54〕（宋）韋驤，〈代鴻臚陳卿使北表〉〈謝白溝御筵奏狀〉，卷10，頁15。

〔註55〕（宋）韋驤，〈代衛尉陳少卿使北表奏啟狀〉〈白溝謝御筵狀〉，卷10，頁19～20。

作樂，酒五行，上馬，復送至兩界中，彼此使副回馬對立，馬上一杯，換所執鞭，以為異日之記。引接展辭狀，舉鞭揖別各背馬回顧，少頃，進數步，躊躇不忍別之狀，如是者三乃行。〔註 56〕

關於《宣和乙巳奉使金國行程錄》，如同前文所言，雖然是敘述北宋末年宋使節與剛興起的金國所進行的交聘活動，但是據此段引文，可知宋使節仍然是依《奉使契丹條例》，與金送伴使副進行辭別的儀式，因此可做為我們瞭解宋使節使遼返宋時，在遼白溝驛與遼送伴使副進行惜別儀式的參考。

當時惜別的儀式，據陳襄在《神宗皇帝即位使遼語錄》，說：

至北溝，有東頭供奉官、閤門祇候馬世延來，賜臣等筵，酒九盞。使臣不赴茶酒，余並如儀。行次，送伴使副酌送于白溝河之北，臣等酌送于白溝河之南，酒各三盞。又至于橋中，皆立馬相對酌酒、換鞭、傳辭，并如前例。〔註 57〕

以及蘇轍（1039～1112）在〈渡桑乾〉詩，敘述他使遼返宋時，與遼送伴使副在邊境惜別的感觸，說：

……相攜走馬渡桑乾，旌旆一返無由還。胡人送客不忍去，久安和好依中原。年年相送桑乾上，欲話白溝一惆悵。〔註 58〕

從以上三段引文，我們可知當時宋使節在使遼返宋的行程中，遼送伴使副在遼白溝驛，所進行的惜別儀式，包括有雙方酌酒餞別、交換馬鞭、接傳辭別等動作，甚至有「欲話白溝一惆悵」的感觸，均充分顯現出宋遼兩國和平外交的友好情誼相當濃厚。

七、其他

從以上的論述，我們可知由於宋遼兩國白溝驛都位於雙方邊境的地理位置上，因此在宋遼交聘的接送活動中均扮演了相當重要的角色。但是在宋遼一百多年的和平關係期間，也曾經發生過兩次遼泛使行至宋國白溝驛時，做出了違背交聘事宜規定的行為，據《長編》卷二六〇，說：

〔註 56〕（宋）鍾邦直，《宣和乙巳奉使金國行程錄》，收錄於《全宋筆記》第四編八，頁 8、17。

〔註 57〕（宋）陳襄，《神宗皇帝即位使遼語錄》，收錄於金毓黻，《遼海叢書》，第 8 集，頁 8。

〔註 58〕（宋）蘇轍，〈渡桑乾〉，《欒城集》，《四部叢刊初編本》（臺北：臺灣商務印書館，1965 年 12 月），卷 16，頁 196。

> 先是，敵以河東地界議久不決，復使蕭禧來。詔太常少卿向宗儒、皇城使兼閤門通事舍人王澤接伴。於是宗儒等言:「蕭禧至雄州白溝驛，不肯交馬馱，欲至城北亭，非故事。」上批:「蕭禧於白溝住幾十日，至今未聞起離，向宗儒等雖再三執以舊例，禧殊未有順從之意，欲更遷延。深恐彼情愈肆彊忿，或出不遜之言，或以巡馬擁送南來，益難處置。雄州使人約闌，又致喧爭，萬一擾攘，或傷官吏，恐不可收拾。去歲蔡確接伴，已許馬馱依常使車乘例，於雄州交割，今必難卻其情，可詳度止作朝廷據接伴奏，特許依去年例作兩節交換，庶幾稍通其情，於疆事易為商議。」〔註 59〕又批:「北使久留白溝，已經累日，自通好以來，無此事，朝廷處置實不可緩，蓋所爭者小，而所顧者重。議者若謂恐北人因此得以占據兩屬之土，是甚不然。況人夫一半已于白溝代還，在理委無深害，可速議指揮。」遂遣內侍諭旨，人夫負擔于白溝交割，其馬馱即比常歲車乘聽至城北亭。〔註 60〕

當時遼泛使蕭禧前來宋國，亟欲促使遼宋河東地界的交涉能有所進展，因此從一開始他就採取比較強勢的態度。在抵達宋邊境時，即有意不依照兩國外交事宜慣例的規定，不願意在宋白溝驛與宋接伴使副進行交割禮物，而執意要到宋國雄州城北亭交割禮物。因為此一舉動隱含有以雄州城北亭為宋遼邊界的用意，顯現出宋國疆界有被內縮的嫌疑，因此宋接伴使副向宗儒、王澤堅持制止。而蕭禧竟然也就在宋白溝驛停留近十天的時間，猶尚不起行，前往宋汴京，使宋朝廷君臣頗感困擾。而且最後宋朝廷只好作了讓步，以遂蕭禧所願。

至宋哲宗元符二年（遼道宗壽昌五年，1099 年），遼泛使蕭德崇出使宋國，又再度在宋白溝驛發生類似的事件。當時蕭德崇前來宋國，是「為夏國遊說息兵及還故地也」，〔註 61〕但是他卻如同前文所提及蕭禧的行為一樣，有意違背宋遼兩國外交事宜的規定。當初宋人對此種情況已先有所準備，據《長編》卷五〇五，說：

〔註 59〕（宋）李燾，《長編》，卷 260，宋神宗熙寧八年二月甲申條，頁 6344。

〔註 60〕（宋）李燾，《長編》，卷 260，宋神宗熙寧八年二月甲申條，頁 6344～6345。

〔註 61〕（宋）李燾，《長編》卷 507，宋哲宗元符二年三月丙辰條，頁 12075。

雄州言：「涿州牒稱為夏國差人使告奏，稱南宋興兵侵討，合有計會公事，已差定國信使副。緣自慶曆二年至嘉祐二年，北界泛使一行並只於白溝驛交割。至熙寧七年，蕭禧將牽馬擔擎人等於雄州交割，當日接伴為不依久例，差人說諭，其蕭禧不肯依從，遂直到本州城下永安亭前交換。慮今人使入界，亦要依上件體例，於北亭子交換駝馱，乞指揮接伴使副於白溝交換。」詔接伴使副計會雄州密切商量，從長施行。〔註62〕

及至蕭德崇抵達宋白溝驛，果然即有不依宋遼外交事宜規定的行動，據《長編》卷五〇六，說：

宋哲宗元符二年……二月……丁酉（二十四日），……（接伴使）曾旼奏：「泛使蕭德崇等到白溝不肯乘遞馬，欲帶北界人馬至雄州，如蕭禧例。禧當日凡駝畜車乘皆至雄州。」德崇已交割畜乘，獨欲留人馬至雄州，而旼與張赴堅執不從。〔註63〕

可見遼泛使蕭德崇至宋白溝驛，即「不肯乘遞馬，欲帶北界人馬至雄州」，因此宋接伴使副曾旼、張赴堅執不從，但是後來曾旼和張赴卻因而遭受宋臣鄒浩的彈劾，據《長編》卷五〇六，說：

宋哲宗元符二年……二月……丁酉（二十四日）……，右正言鄒浩奏：「臣伏聞曾旼往界首接伴北使，與之紛爭，累日方決，終不能奪北使之議。……旼等曾不審處於未見北使之前，而乃輕發於已見北使之後，此何謂也。又況泛使實與常使不同，既未知其的為何求而來，正賴接伴豫以道理處之，使不能妄有生事之漸，而乃無故啟其爭心，尤為可罪。伏望聖慈特降指揮推究旼等，如委有上項事迹，即乞重行黜責，以為後人之戒。」〔註64〕

因此不僅未能阻止蕭德崇的行為，而且後來蕭德崇也在元符二年三月抵達宋汴京。

關於遼泛使蕭禧與蕭德崇出使宋國，在宋白溝驛違背宋遼兩國外交事宜規定的脫序行為，以及兩人與宋朝廷交涉的詳細情形，請讀者可再參閱筆者

〔註62〕（宋）李燾，《長編》，卷505，宋哲宗元符二年正月庚戌條，頁12029～12030。

〔註63〕（宋）李燾，《長編》卷506，宋哲宗元符二年三月丁酉條，頁12065。

〔註64〕（宋）李燾，《長編》卷506，宋哲宗元符二年三月丁酉條，頁12067。

所撰〈宋遼外交言行交鋒初探〉〔註 65〕、〈遼泛使蕭德崇使宋始末〉〔註 66〕、〈遼泛使在宋的言行〉〔註 67〕三篇文章。

另外，尚有一事與宋遼使節在兩國的白溝驛接送有關，筆者認為也有提出討論的必要，即是宋遼使節在對方境內不幸死亡，其遺體會經過兩國的白溝驛送返對方境內，〔註 68〕據《長編》卷一一三，說：

> 宋仁宗明道二年（遼興宗重熙三年，1033 年）十一月己丑（二十七日），……章頻時奉使契丹未還，尋卒於紫濛館。契丹遣內侍就館奠祭，命接伴副使吳克荷護其喪，以錦車駕槖駝載至中京，斂以銀飾棺。又具鼓吹羽葆，吏士持甲兵，衛送至白溝。詔遣其子訪乘傳護柩歸，……。〔註 69〕

可知當時宋使節章頻使遼，卻在遼紫濛館病死，其遺體棺木是由遼人護送至宋白溝驛，交由章頻家人接回。

至宋哲宗元祐七年（遼道宗大安八年，1092 年），也發生了類似的事情，據《長編》卷四六九，說：

> 宋哲宗元祐七年正月乙酉（二日），樞密院言：「遼使耶律迪病且殆。緣通好已來，未有故事，今用章頻、王咸宜奉使卒於契丹，北人津送體例，比類預立畫一送館伴所密掌之，如迪死，即施行。」從之。迪尋死於滑州，送伴使校書郎呂希績等以聞。……就差知通州軍趙齊賢假中大夫充監護使，詔遣內供奉官王遘馳驛治喪事，……。〔註 70〕

此次是遼使節耶律迪死於宋國境內，雖然此段引文並未明確提到遼使節耶律迪遺體棺木被護送至遼白溝驛，但是有提到「今用章頻、王咸宜奉使卒於契丹，北人津送體例」，可知當時耶律迪的遺體棺木應該是由宋人護送至遼白溝驛。

〔註 65〕蔣武雄，〈宋遼外交言行交鋒初探〉，《東吳歷史學報》23（臺北：東吳大學，2010 年 6 月），頁 85～122。

〔註 66〕蔣武雄，〈遼泛使蕭德崇使宋代夏求和始末〉，未刊稿。

〔註 67〕蔣武雄，〈遼泛使在宋的言行〉，未刊稿。

〔註 68〕關於宋遼使節死於出使途中的史實，可參閱蔣武雄，〈宋遼對兩國使節病與死的處理〉，《東吳歷史學報》9（臺北：東吳大學，2003 年 3 月），頁 81～95。

〔註 69〕（宋）李燾，《長編》，卷 113，宋仁宗明道二年十一月己丑條，頁 2645。

〔註 70〕（宋）李燾，《長編》，卷 469，宋哲宗元祐七年正月乙酉條，頁 11200。

八、結論

綜合本文以上的討論，以及筆者多年來研究宋遼外交關係史，有一很深的體認，即是宋遼兩國長達一百多年的和平友好情誼和交聘的互動，對於兩國的情勢發展具有深遠的影響，因此也是我們研究宋遼歷史演變中，一個很重要的課題。

而有關此一方面史實的研究，筆者認為除了可從當時兩國相關的歷史人物、事件、活動、文書、制度、辦法、措施，甚至於贈送的禮物進行討論之外，另一可考慮的討論角度，就是從與宋遼兩國交聘活動有關的地點來加以討論。筆者曾發表過〈遼皇帝接見宋使節的地點〉、〔註 71〕〈宋使節出使遼西京和獨盧金考〉，〔註 72〕今又撰成〈宋遼白溝驛與兩國使節接送〉，即是在強調從此一角度進行研究的可行性。因此透過本文，筆者先考證宋遼兩國在白溝河南北岸各自創設白溝驛的時間，也討論了宋遼兩國接伴、送伴使副在各自的白溝驛如何進行迎接、送別的儀式，包括禮儀、口宣、謝狀等，並且也附帶討論兩位遼泛使在宋白溝驛脫序的行為，以及雙方不幸死於途中的使節，其遺體棺木被護送至對方白溝驛的情形。希望筆者這種強調以某一地點為角度、為主軸，來對宋遼和平外交關係史作研究的方式，能對讀者有啟發作用，進而開拓出更深廣的宋遼關係史研究。

徵引書目

一、史料

1. （宋）王安石，《臨川集》，臺北：中華書局，1971 年 1 月。
2. （宋）包拯，（宋）張田編輯，《孝肅包公奏議》，臺北：臺灣商務印書館，1966 年。
3. （宋）宋祁，《景文集》，收錄於《文津閣四庫全書》，北京：商務印書館，2005 年 1 月。
4. （宋）李燾，《續資治通鑑長編》，北京：中華書局，2004 年 9 月。

〔註 71〕蔣武雄，〈遼皇帝接見宋使節的地點〉，《東吳歷史學報》14（臺北：東吳大學，2005 年 12 月），頁 223～252。

〔註 72〕蔣武雄，〈宋使節出使遼西京和獨盧金考〉，《東吳歷史學報》39（臺北：東吳大學，2019 年 12 月），頁 1～30。

5. （宋）胡宿，《文恭集》，收錄於《文淵閣四庫全書》，臺北：臺灣商務印書館，1983 年 10 月。
6. （宋）夏竦，《文莊集》，收錄於《文淵閣四庫全書》，臺北：臺灣商務印書館，1983 年 10 月。
7. （宋）韋驤，《錢塘集》，收錄於《文淵閣四庫全書》，臺北：臺灣商務印書館，1983 年 10 月。
8. （宋）范祖禹，《范太史集》，收錄於《文淵閣四庫全書》，臺北：臺灣商務印書館，1983 年 10 月。
9. （宋）許亢宗，《宣和乙巳奉使金國行程錄》，收錄於《全宋筆記》第四編八，鄭州：大象出版社，2008 年 9 月。
10. （宋）陳襄，《神宗皇帝即位使遼語錄》，收錄於金毓黻，《遼海叢書》，瀋陽：遼瀋書社，1985 年 3 月。
11. （宋）楊傑，《無為集》，收錄於《文淵閣四庫全書》，臺北：臺灣商務印書館，1983 年 10 月。
12. （宋）鄭獬，《隕溪集》，收錄於《文淵閣四庫全書》，臺北：臺灣商務印書館，1983 年 10 月。
13. （宋）歐陽修，《歐陽修全集》，臺北：河洛圖書出版社，1975 年 3 月。
14. （宋）韓琦，《安陽集》，《欽定四庫全書薈要》，臺北：世界書局，1988 年 2 月。
15. （宋）蘇頌，《蘇魏公文集》，北京：中華書局，2004 年 5 月。
16. （宋）蘇軾，《蘇東坡全集》，臺北：河洛圖書出版社，1975 年 9 月。
17. （宋）蘇轍，《欒城集》，《四部叢刊初編本》，臺北：臺灣商務印書館，1965 年 12 月。
18. （元）脫脫，《遼史》，北京：中華書局，1974 年 10 月。
19. （清）徐松，《宋會要輯稿》，北京：中華書局，1997 年 6 月。

二、近人著作

1. 傅樂煥，〈宋遼聘使表稿〉，收錄於《遼史彙編》（八），臺北：鼎文書局，1973 年。

2. 聶崇岐，〈宋遼交聘考〉，《宋史叢考》（下），臺北：華世出版社，1986 年。

三、期刊論文

1. 王曉波，〈宋太祖時期宋遼關係的變化〉，《宋代文化研究》第 7 輯，成都：巴蜀書社，1998 年 5 月。
2. 黄鳳岐，〈遼宋交聘及其有關制度〉，《社會科學輯刊》，1983 年第 2 期。
3. 蔣武雄，〈宋遼對兩國使節病與死的處理〉，《東吳歷史學報》9，臺北：東吳大學，2003 年 3 月。
4. 蔣武雄，〈宋滅北漢之前與遼的交聘活動〉，《東吳歷史學報》11，臺北：東吳大學，2004 年 6 月。
5. 蔣武雄，〈遼皇帝接見宋使節的地點〉，《東吳歷史學報》14，臺北：東吳大學，2005 年 12 月。
6. 蔣武雄，〈宋遼外交言行交鋒初探〉，《東吳歷史學報》23，臺北：東吳大學，2010 年 6 月。
7. 蔣武雄，〈宋使節出使遼西京和獨盧金考〉，《東吳歷史學報》39，臺北：東吳大學，2019 年 12 月。
8. 蔣武雄，〈遼泛使蕭德崇使宋代夏求和始末〉，未刊稿。
9. 蔣武雄，〈遼泛使在宋的言行〉，未刊稿。

四、碩博士論文

1. 曹顯征，《遼宋交聘制度研究》，中央民族大學博士學位論文，2006 年。

宋與遼訂盟初期對北方邊境事宜的調整和改變

摘要：

宋與遼能維持一百多年的和平外交關係，是一件相當不容易的事情，筆者認為這與兩國在訂立澶淵盟約初期，即奠定了良好和平基礎有很大的關係。因此本文擬從宋國角度，討論在與遼訂盟初期，宋朝廷對北方邊境事宜所作的調整和改變，以期有助於讀者對宋遼和平關係史進一步的了解。

關鍵詞：宋、遼、澶淵盟約

一、前言

在宋真宗（968～1022）景德元年（遼聖宗（972～1031）統和二十二年，1004年），與遼簽訂澶淵盟約之後，兩國情勢即由武力對峙的狀態，轉變為和平交往的互動，並且因為雙方君臣的努力維護，使兩國的和平外交關係最終能維持一百多年之久，這可謂是一件相當不容易的事情。筆者認為此種情勢的發展，與雙方在訂盟初期所奠定的良好和平基礎有很大關係，尤其是在宋真宗與遼聖宗時期，兩國訂盟後，雙方在邊境事宜方面，即儘量地朝穩定和平關係的方向，進行多項的調整和改變，因此使兩國能夠很快地從原先戰爭的狀態趨於和平的交往，並且維持長久。

關於以上的史實，筆者曾經發表〈論宋真宗對建立與維護宋遼和平外交的心意〉，〔註1〕從身為皇帝的宋真宗個人角度，論述他在與遼訂盟過程和之後維護宋遼和平的心意，以及其所發揮的作用和影響。今筆者再以〈宋與遼訂盟初期對北方邊境事宜的調整和改變〉為題撰寫本文，則是從人事角度，針對宋真宗時期，宋國對北方邊防事宜的調整和改變、重新開放榷場、禁止邊民進入遼界掠奪、修葺邊城、對邊屯邊塘邊林事宜的調整等五個項目加以論述，希望能幫助讀者對於宋遼和平關係史的演變有進一步的了解。

二、宋遼澶淵盟約僅對邊境事宜作原則性的約定

有關宋遼兩國所訂立的澶淵盟約，筆者據李燾（1115～1184）《續資治通鑑長編》（以下簡稱《長編》）卷五八，節錄其誓書內容如下：

> ……大宋皇帝謹致書於大契丹皇帝闕下：……沿邊州軍，各守疆界，兩地人戶，不得交侵。或有盜賊逋逃，彼此無令停匿。至於隴畝稼穡，南北勿縱驚騷。所有兩朝城池，並可依舊存守，淘壕完葺，一切如常，即不得創築城隍，開拔河道。誓書之外，各無所求。必務協同，庶存悠久。自此保安黎獻，慎守封疆，……。〔註2〕

從這段引文來看，我們可以發現誓書的內容，其實是針對兩國訂約之前邊境情況所作的一種約束，也就是在訂約之前，兩國在邊境上互相交侵、互相停匿逋逃盜賊、互相驚騷耕作田畝之事、防禦城池也因交戰而時有創建。因此如今既然訂約，就針對以上情況訂出約束的條文，要求雙方遵守。但是筆者認為，這些約束的條文都只是原則性，象徵兩國和平友好的關係而已。實際在訂盟之後，以宋國的北方邊境而言，除了依據誓書的約定處理邊境事宜之外，也對多項邊境事宜進行了具體的自我調整和改變，這對於奠定兩國和平基礎具有很大的促進作用，因此筆者在下文中，列舉五項相關事例加以論述。

三、宋國對北方邊防事宜的調整和改變

宋與遼簽訂澶淵盟約，建立起長期的友好和平關係之後，不僅儘力遵守盟約中的約定，並且也為了向遼表示友善，以及緩和雙方戰爭的氛圍，特別將昔日在北方與遼對峙的邊防事宜作了以下的調整和改變：

〔註1〕蔣武雄，〈論宋真宗對建立與維護宋遼和平外交的心意〉，《東吳歷史學報》15（臺北：東吳大學，2006年6月），頁91～116。

〔註2〕（宋）李燾，《續資治通鑑長編》（以下簡稱《長編》）（北京：中華書局，2004年9月），卷58，宋真宗景德元年十二月辛丑條，頁1299。

（一）改變北方邊防軍的名稱

由於在宋太祖（927～976）、宋太宗（939～997）以及宋真宗初期，曾經與遼發生多次的戰爭，因此宋國駐防在宋遼邊境上的北方邊防軍，其名稱大多具有明顯與遼互相抗衡的含意。但是在宋真宗景德元年十二月，與遼訂盟和好之後，宋朝廷即在同一個月，進行了對北方邊防軍名稱的改名，據《長編》卷五八，說：

> （宋真宗景德元年）十二月甲辰（二十五日），改威虜軍曰廣信，靜戎曰安肅，破虜曰信安，平戎曰保定，甯邊曰永定，定遠曰永靜，定羌曰保德，平虜城曰肅甯。〔註3〕

雖然只是改變邊防軍的名稱，但是我們可以很明顯地感受到，宋國此時把宋太宗太平興國六年（981 年），所建的破虜軍、平戎軍、靜戎軍、寧邊軍等北方邊防軍，具有對遼隱含歧視性、對峙性的名稱，改變為比較緩和性、一般性的名稱，充分顯現出宋與遼訂盟之後，已不再把遼視之為絕對的敵國。因此特別釋出善意，將北方邊防軍的名稱加以改變。筆者認為宋國這樣的舉動，對於宋遼剛建立的和平關係，具有正面的作用，也相信當時遼國應該有很清楚地感受到宋國所傳達的善意。

（二）調整北方邊州長官的人事

自從宋真宗景德元年十二月，宋與遼訂盟後，不僅改變北方邊防軍的名稱，對於北方邊州地方長官的人事也作了調整，甚至於改變對人選特質的考量，據《長編》卷五九，說：

> （宋真宗景德二年，1005 年）正月……甲寅（五日），……上以河北守臣宜得武幹善鎮靜者。乙卯（六日），命西上閤門使馬知節知定州、孫全照知鎮州、刑部侍郎趙昌言知大名府、給事中馮起知澶州、洺州團練使上官正知貝州、莫州團練使楊延朗知保州、滁州刺史張禹珪知石州、崇儀使張利涉知滄州、供備庫使趙繼昇知邢州、西上閤門副使李允則知雄州、供備庫副使趙彬知霸州。上親錄其姓名付中書，且曰：「朕如此裁處當否？卿等共詳之。」畢士安曰：「陛下所擇，皆才適於用，望付外施行。」從之。〔註4〕

〔註 3〕（宋）李燾，《長編》，卷 58，宋真宗景德元年十二月甲辰條，頁 1301。
〔註 4〕（宋）李燾，《長編》，卷 59，宋真宗景德二年正月甲寅條、乙卯條，頁 1308。

可知在宋與遼訂盟後，宋真宗不僅對北方邊州長官的人事安排作了調整，也在人選的才能和性格上，有了和以往不同的考量，尤其是為了維護剛與遼建立的和平友好關係，特別強調「宜得武幹善鎮靜者」，也就是以擁有軍事幹練和能持鎮靜不毛燥者為優先考量。因此在與遼訂盟之後翌月，即景德二年正月，宋真宗為了配合宋遼邊境情勢的改變，就即時對北方邊州長官人事作了以上的調整。

過一個多月，至景德二年二月，宋真宗對於北方邊州長官的人事安排，又進行了另一次的調整，據《長編》卷五九，說：

> （景德二年）二月…甲辰（二十六日），徙瀛州團練使李延渥知邢州、西上閤門副使、知雄州李允則知瀛州、引進使、華州團練使何承矩知雄州。允則言：「朝廷不欲困軍民，故屈己議和。雖國費甚多，較之用兵，其利固不侔也。但擇邊將謹守誓約，有言和好非利者，請一切斥去。」上曰：「茲朕意也，邊將皆如是，朕豈復有北顧之憂乎？」〔註5〕

顯然宋真宗為了維護宋遼和平的關係，確實特別以「武幹善鎮靜者」為北方邊州長官人選的考量，因此在與遼訂盟之後，僅一、兩個月內，即對北方邊州長官作了兩次的調整，而邊官李允則（953～1028）也頗知宋真宗的心意，強調「但擇邊將，謹守誓約，有言和好非利者，請一切斥去」，使宋真宗對於李允則的知心倍感欣慰。

後來隨著宋遼兩國和平友誼日濃，宋真宗於景德三年十一月庚子（一日），又「詔減河北、河東、陝西諸州指揮使、使臣，以邊防無事故也。」〔註6〕可知宋國與遼訂盟後，不僅對北方邊州長官進行人事安排的調整，甚至於因邊警的解除，以及雙方和平關係的穩定，因此酌量減少北方邊州指揮使、使臣的人數。

（三）重新部署北方沿邊的駐軍

宋與遼的軍事對峙，既然在兩國訂盟之後緩和下來，因此不久宋朝廷對於北方沿邊的駐軍也進行調整，並且重新加以部署。據《長編》卷五九、六五，說：

〔註5〕（宋）李燾，《長編》，卷59，宋真宗景德二年二月甲辰條，頁1319～1320。

〔註6〕（宋）李燾，《長編》，卷64，宋真宗景德三年十一月庚子條，頁1432。

（景德二年）正月……壬子（三日），詔：「河北諸州強壯，除瀛州城守得功人，第其等級以聞，餘並遣歸農，令有司市耕牛送河北。」癸丑（四日），以河北諸州禁軍分隸鎮、定、高陽都部署，合鎮、定兩路為一。天雄軍、滄、邢、貝州留步卒六指揮，其餘營在河陽及京城者並放還，行營之號悉罷。……丁卯（十八日），……罷晉、絳等七州博糴芻粟，省河東部署鈐轄司使臣百餘人，又省河北諸州戍兵十之五，緣邊三之一。……己巳（二十日），……令河北部署司各留指揮使使臣、天文、醫官共十員，餘悉遣還，仍令計所在軍儲，分兵屯戍，勿復調民飛輓……庚午（二十一日），……令河東發并、代廣銳騎軍三十指揮歸本道，代自京所遣禁卒萬七千餘。……二月……戊戌（二十日），詔：「澶州秦翰所領兵留步軍三指揮，餘令翰將還京師。」……四年（遼聖宗統和二十五年，1007 年），……四月……己巳（三日），徙河東兵代鄜延戍兵，以北邊徹警故也。〔註 7〕

以上為宋國在宋真宗景德年間，與遼訂盟之後不久，所作的北方沿邊駐軍的調整，包括軍隊重新部署、裁軍、遣還本道或京師、遷徙戍兵等項目。

及至宋真宗大中祥符年間（1008～1016 年），隨著宋遼兩國和平關係的穩定發展，雙方軍事對峙的情勢也更加趨於緩和，因此宋朝廷在此期間，對於北方沿邊駐軍的部署，又作了進一步的調整和改變，據《長編》卷六八、七一、七二，說：

（宋真宗）大中祥符元年（遼聖宗統和二十六年，1008 年），……三月，……乙酉（二十四日），徙麟、府州戍兵及鈐轄於河東，以邊部甯謐，減轉餉之勞也。……二年（遼聖宗統和二十七年，1009 年），……六月，……壬辰（九日），召河北、河東、陝西諸路部署司祗應翰林天文歸闕，以邊防無事故也。……九月……壬戌（十一日），合鎮州、定州路部署為一，命定州副都部署，邕州觀察使王能領之。鈐轄部監路分如故。鎮、定舊各置部署，既罷兵，亟省其一。尋又分，命桂州觀察使石普。於是普還保平留後，便道之任，

〔註 7〕（宋）李燾，《長編》，卷 59，宋真宗景德二年正月壬子條、癸丑條，頁 1307、丁卯條，頁 1312、己巳條、庚午條，頁 1313、二月戊戌條，頁 1318、卷 65，宋真宗景德四年四月己巳條，頁 1451。

乃復合為一。〔註8〕

由以上引文中，提到「以邊郡甯謐」、「以邊無事故也」，可知從宋真宗景德元年與遼訂立澶淵盟約之後，兩國的關係確實頗能維持和睦的交往，因此在與遼訂盟初期，邊境無戰事的情況下，先後對北方沿邊駐軍作了以上兩次重新部署的動作。

從筆者列舉以上三項事例的討論，我們可以感受到宋朝與遼訂盟後，在北方邊防事宜方面很明顯地由原先積極應戰的部署，調整和改變為防守安內的部署。段承恩在其博士論文《宋對遼的邊防政策與措施》，對於此種調整和改變提出分析，說：

> 在澶淵之盟盟約建立後，北宋整個城防部署亦產生新的變化，真宗於澶淵之盟後採純防衛守勢，在真宗由反攻改為守勢的狀態下，值得觀察的地方有二點，一為改番號。二是撤銷行營之號。首先將具有攻擊性稱謂的番號裁撤，如改威虜軍為廣信軍，靜戎軍改為安肅軍，破虜軍改為信安軍，平戎軍改為保定軍，寧邊軍改為永定軍，……等。先由真宗更改軍隊番號，可知他務求安定，不再以進攻為目的，且為免除因部隊番號給予遼人不當聯想，將具攻擊性質的稱謂更改。
>
> 之後又將河北各州軍隸屬於鎮、定、高陽關都部署統轄，並將鎮、定兩州合為一路，只留緣邊州軍的六個指揮，其他具攻擊性的行營，一律廢止。將行營都部署裁撤，即是宣告將作為戰爭部署的出征行營，改變為以駐紮當地防守的軍隊，不再進行任何攻擊攻勢。〔註9〕

筆者認為此兩段分析頗為正確，可謂是對宋與遼訂盟初期，在北方邊防事宜所進行的調整和改變，作了扼要的論述。

另外，筆者也進一步認為，宋國在與遼訂盟初期，即改變北方邊防軍的名稱、調整北方邊州長官的人事、重新部署北方沿邊的駐軍，不僅抒解了宋遼之前軍事的對峙，緩和了雙方原先緊繃的氣氛，也為日後兩國和平關係的穩定發展，奠定了良好的基礎。

〔註 8〕（宋）李燾，《長編》，卷 68，宋真宗大中祥符元年三月乙酉條，頁 1530、卷 71，宋真宗大中祥符二年六月壬辰條，頁 1611、卷 72，宋真宗大中祥符二年九月壬戌條，頁 1633。

〔註 9〕段承恩，《宋對遼的邊防政策與措施》，中國文化大學史學系博士論文，民國 102 年 6 月，頁 7。

四、重新開放榷場

關於宋與遼在沿邊建置榷場的情形，據《宋史》〈食貨志〉，說：

契丹在太祖時，雖聽緣邊市易，而未有官署。太平興國二年（977年），始令鎮、易、雄、霸、滄州為各置榷務，輦香藥、犀象及茶與交易。後有范陽之師，罷不與通。雍熙三年（986年），禁河北商民與之貿易。時累年興師，千里饋糧，居民疲乏，太宗亦頗有厭兵之意。端拱元年（988年），詔曰：「朕受命上穹，居尊中土，惟思禁暴，豈欲窮兵？至於幽薊之民，皆吾赤子，宜許邊疆互相市易。自今緣邊戍兵，不得輒恣侵略。」未幾復禁，違者抵死。北界商旅輒入內地販易，所在捕斬之。淳化二年（991年），令雄、霸州、靜戎軍、代州雁門砦置榷署如舊制，所鬻物增蘇木，尋復罷。咸平五年（1002年），契丹求復置署，朝議以其翻覆不許。知雄州何承矩繼請，乃聽置於雄州，六年（1003年），罷。〔註10〕

由以上的引文，可知宋與遼的榷場貿易，在雙方訂盟之前，即宋太祖、宋太宗時期曾經建置過，但是隨著兩國情勢的演變，時建時廢。

及至宋真宗景德元年十二月，宋與遼訂立澶淵盟約之後，雙方建立起和平友好的關係，宋朝廷遂又在兩國的邊境上重新開放榷場，據《長編》卷五九、六十，說：

（景德二年）正月……辛未（二十日），詔雄州：「如北商齎物至境上，且與互市。仍諭北界官司，自今宜先修牒，俟奏報。」……二月……辛巳（三日），令雄、霸州、安肅軍復置榷場，仍移牒北界，使勿於他所貿易。……五月……丙辰（九日），詔雄州，契丹請榷場市易者，優其直與之。〔註11〕

以及《宋史》〈食貨志〉，說：

景德初，復通好，請商賈即新城貿易。詔北商齎物貨至境上則許之。二年（1005年），令雄、霸州、安肅軍置三榷場，北商趨他路者，勿與為市。遣都官員外郎孔揆等乘傳詣三榷場，與轉運使劉綜并所

〔註10〕（元）脫脫，《宋史》（北京：中華書局，1997年），卷186，志第139，食貨志下八，榷場，頁4562。

〔註11〕（宋）李燾，《長編》，卷59，宋真宗景德二年二月辛巳條，頁1315、卷60，宋真宗景德二年五月丙辰條，頁1340。

在長吏平互市物價，稍優其直予之。又於廣信軍置場，皆廷臣專掌，通判兼領之。〔註12〕

可知當時宋國在與遼訂盟之後不久，即於河北邊境雄州、霸州、安肅軍、廣信軍等地恢復開置榷場，並且給予遼國前來市易者優惠的價格。

當時宋朝廷對於重新開放的榷場頗為重視，因此特別任命恰當的官員負責管理，或下達相關的禁令，據《長編》卷五九、六一、六二、六四、六五，說：

（景德二年）……三月……戊辰（二十日），令雄州勿以錦綺綾帛付榷場貿易。上慮戎心無厭，若開其端，則求市無已，故也。……八月……戊子（十三日），命河北轉運使劉綜提點雄州榷場。孔撝等與諸州軍長吏共平榷場物價。以和好之始，務立永制也。……（景德三年）四月……乙酉（十日），置河北緣邊安撫使、副使、都監於雄州，命雄州團練使何承矩、西上閤門使李允則、榷易副使楊保用為之，並兼提點諸州榷場。初，禁榷場通異物，而邏者得所易珉玉帶及婦人首飾等物。允則曰：「此以我無用易彼有用也。」從之。……九月……壬子（十三日），詔：「民以書籍赴緣邊榷場博易者，自非九經書疏，悉禁之。違者案罪，其書沒官。」……戊午（十九日），詔：「選使臣二員，為長城口巡檢，各給兵百人，分道巡邏。」以邊民多齎禁物及盜販北界馬故也。……（景德四年）三月……壬寅（五日），詔：「北面緣邊趨境外徑路，自非榷場所歷，並令轉運使因案部規度斷絕之。」〔註13〕

可知當時宋朝廷除了派遣官員負責穩定榷場的物價之外，也要求他們負責檢查在榷場中禁止販售的物品。

從以上的論述，可知宋與遼訂盟之後，有關宋遼邊境的榷場，不僅重新開放，也在地點、辦法、措施、人員等方面，作了多項的調整和改變，而且因為雙方和平關係的穩定發展，使兩國的榷場貿易得以維持長久，因此直至

〔註12〕（元）脫脫，《宋史》，卷186，志第139，食貨志下八，榷場，頁4563。

〔註13〕（宋）李燾，《長編》，卷59，宋真宗景德二年三月戊辰條，頁1325、卷61，宋真宗景德二年八月戊子條，頁1358、卷62，宋真宗景德三年四月乙酉條，頁1394、卷64，宋真宗景德三年九月壬子條，頁1425、戊午條，頁1426、卷65，宋真宗景德四年三月壬寅條，頁1447。

「終仁宗（1010～1063）、英宗（1032～1067）之世，契丹固守盟好，互市不絕」。〔註 14〕

五、禁止北方邊境軍民進入遼界掠奪

在前述的宋遼澶淵盟約誓書中，有提及「沿邊州軍各守疆界，兩地人戶，不得交侵。或有盜賊逋逃，彼此無令停匿。至於隴畝稼穡，南北勿縱驚騷」，〔註 15〕因此宋朝廷與遼建立起和平關係後，即要求邊境軍民嚴格遵守誓書中的約定，不得進入遼境掠奪，據《長編》卷五九、六十，說：

> （景德二年）正月……丙辰（七日），詔諭緣邊諸州軍各遵契丹誓約，不得輒與境外往還，規求財利。……三月……庚申（十二日），禁邊民入敵界掠奪貲畜，犯者捕繫，罪至死者論如法，流以下部送赴闕。〔註 16〕

這可謂是宋國對於邊境軍民昔日出入遼邊境行為的一大改變，因為在這之前，宋遼處於敵對的狀態，因此邊境軍民進入遼境掠奪貲畜，或多或少有打擊遼國的作用，宋朝廷並未加以嚴格禁止。但是如今宋遼兩國已經訂盟友好，並且為了維持雙方的和平關係，因此宋朝廷特別嚴格禁止邊境軍民有出入遼境掠奪的行為。

當時宋遼兩國訂盟未久，禁令初下，雙方邊境軍民頗有未能遵守者，據《長編》卷六十、六三、六四，說：

> （景德二年）……三月……丁卯（十九日），雄州言：「容城縣狀稱：戎人大驅馬，越拒馬河放之，其長遣人持雉逸來問遺，求假草地。」上曰：「拒馬河去雄州四十餘里，頗有兩地輸租民戶。然其河橋乃雄州所造，標立疆界素定，豈得輒渡河南牧？此蓋恃已通和，謂無間阻，可亟令邊臣具牒，列誓書之言，使聞於首領，嚴加懲戒，況今歡好之始，尤宜執守，不可緩也。」……六月……辛巳（五日），……安肅軍言：「部民數輩私至北界易州，州將執之送還。」詔諭邊臣，如北人擅至封內，亦登時執送。……丙申（二十日），定州軍城寨言：「得契丹西南飛狐安撫使牒，請諭採木民無越疆境。」命轉運使與

〔註 14〕（元）脫脫，《宋史》，卷 186，志第 139，食貨志下八，榷場，頁 4563。
〔註 15〕（宋）李燾，《長編》，卷 58，宋真宗景德元年十二月辛丑條，頁 1299。
〔註 16〕（宋）李燾，《長編》，卷 59，宋真宗景德二年正月丙辰條，頁 1309、三月庚申條，頁 1324。

本州，據部民取材之所，召其疆吏，同立標幟以示眾。」……（景德三年）八月……癸酉（三日），契丹移文北平寨，捕為盜者。寨遣人與俱往，或言其不便。甲戌（四日），詔邊臣自今當自擒逐畀付，勿使外境人同詣鄉村。……戊寅（八日），詔緣邊州軍，自今彊竊盜入北界，如贓屬北界，但追見存者，已費用者勿追。……癸未（十三日），……禁緣邊河南州軍民於界河捕魚。時契丹民有漁於界河者，契丹即按其罪，移牒安撫司，因命條約。……九月……丙寅（二十七日），……詔北界盜賊亡命至緣邊州、軍者，所在即捕送之。時有盜賊亡入北界，彼即擒付邊將故也。〔註17〕

由以上引文的記載，可知宋真宗對於宋遼兩國軍民越界，有違誓約規定，相當在意，因此多次下詔令與訓示，提醒宋朝廷、邊官和邊民必須遵守誓約，以及該如何處理這一類的事件。關於此一史實，筆者認為不僅反映出宋真宗對於維護宋遼長久和平的心意，具有高度的熱誠，也顯現出宋國對邊境軍民越界進入遼境行為的調整和改變，進行得很積極、很確實。

六、修葺邊城

在宋與遼簽訂的澶淵盟約誓書中，有提到「所有兩朝城池，並可依舊存守，淘壕完葺，一切如常，即不得創築城隍，開拔河道」，〔註18〕顯示雙方在邊境的城池如有損壞者，仍然可以依約進行修葺，但是不能創建新城。關於此項約定，宋國頗能遵行，據《長編》卷五九、六五、六七、七一、七二，說：

（景德二年）三月……丙寅（十八日），上慮河北諸州緣兵罷遂弛備，詔敵樓、戰棚有隳壞者即葺之。……四月……己亥（二十二日），詔河北諸州軍增葺城池。……四年……五月……庚子（五日），雄州李允則於城外疏治渠田，邊臣奏渠通界河，慮為戎人所疑。陳堯叟亟請罷之。上曰：「決渠障邊，乃防遏所須。然誓書舊約不可不守也。」……壬寅（七日），詔：「自今緣邊城池，依誓約止行修葺外，自餘移徙寨柵，開復河道，無大小悉禁止之。」……十月甲午朔（一

〔註17〕（宋）李燾，《長編》，卷60，宋真宗景德二年三月丁卯條，頁1325、六月辛巳條，頁1345、丙申條，頁1347、卷63，宋真宗景德三年八月癸酉條、甲戌條，頁1416、戊寅條，頁1417、癸未條，頁1418、卷64，宋真宗景德三年九月丙寅條，頁1427。

〔註18〕（宋）李燾，《長編》，卷58，宋真宗景德元年十二月辛丑條，頁1299。

日），詔河北諸州軍增葺城池樓櫓之具，令轉運使、緣邊安撫都監分往檢校。選殿前司龍騎卒材勇者隸龍猛。先是，此軍十三指揮皆募強盜以充，時寇賊希少，故議併省。……（大中祥符二年），……三月……壬戌（七日），詔：「向以邊防不可無備，遂令河北、河東修葺城隍，繕治器甲。樞密院可作條件付邊臣，每季首同閱視訖以狀聞，遵為永制。」……九月……壬申（二十一日），詔河北諸州軍城壘有經夏雨摧圮者，並完葺之。〔註19〕

據以上引文，可知宋國在與遼訂盟之後，頗能依據誓書中的約定，只進行北方邊境城池的修葺，而不再如往日與遼戰爭時期常創建新城，增加防禦工程。甚至於有些緣邊州軍為了遵守誓約，而不加以修葺城池。因此宋真宗曾「謂王欽若（962～1025）曰：『訪聞河北州軍城池廨宇頗多摧圮，皆云：赦文條約，不敢興葺。今雖承平無事，然武備不可廢也。宜諭令及時繕修，但無改作爾。』」〔註20〕可見宋真宗認為修葺城池是可以的，並未違背誓書中的約定，並且可以採取彈性的作法，例如大中祥符四年三月，宋真宗曾經「詔罷河北緣邊工役非急者」，〔註21〕但是如有修葺的必要，仍然允予進行，例如天禧二年二月，曾「遣使葺天雄軍城樓及編排衣甲」。〔註22〕筆者認為宋真宗此一想法與作為，對於宋國在遵守誓約的行為上，可謂是很正確和恰當的。

另外，相對的，宋真宗也希望遼國能遵守兩國所訂的盟約，據《長編》卷七二，說：

（大中祥符二年）……十月……癸未（二日），雄州奏：「契丹改築新城。」上謂輔臣曰：「景德誓書有無創修城池之約，今此何也？」陳堯叟曰：「彼先違誓修城，亦此之利也。」上曰：「豈若遺利而敦信乎？且以此為始，是當有漸。宜令邊臣詰其違約，止之，則撫馭遠俗，不失其歡心矣。」〔註23〕

〔註19〕（宋）李燾，《長編》，卷59，宋真宗景德二年三月丙寅條，頁1325、四月己亥條，頁1329、卷65，宋真宗景德四年五月庚子條、壬寅條，頁1455、卷67，宋真宗景德四年十月甲午條，頁1495、卷71，宋真宗大中祥符二年三月壬戌條，頁1597～1598、卷72，宋真宗大中祥符二年九月壬申條，頁1634。

〔註20〕（宋）李燾，《長編》，卷81，宋真宗大中祥符六年七月乙未條，頁1837。

〔註21〕（宋）李燾，《長編》，卷75，宋真宗大中祥符四年三月庚辰條，頁1715。

〔註22〕（宋）李燾，《長編》，卷91，宋真宗天禧二年二月戊子條，頁2102。

〔註23〕（宋）李燾，《長編》，卷72，宋真宗大中祥符二年十月癸未條，頁1635～1636。

以及《長編》卷七八，說：

（大中祥符五年）……七月……壬申（六日），知雄州李允則言：「契丹議築武清、安次、涿郡州城。」上曰：「是正違誓約。若俟其興功而言，則必恥于中輟。」乃詔允則因使北境者諭之。既而允則言彼國聞命，即罷其役。〔註 24〕

可知宋真宗不僅頗能自我要求，遵守誓約，只修葺邊城，不再創建新城，而且為了保障宋國邊境的防衛與安全，也特別要求遼國方面能遵守盟約中的約定。

關於宋與遼訂盟後，受限於盟約中的約定，只許修葺邊城，不能創建新城一事，曾有邊官採行變通的辦法，據司馬光（1019～1086）《涑水紀聞》，說：

李允則知雄州十八年。初，朝廷與契丹和親，約不修河北城隍，允則欲展雄州城，乃置銀器五百兩於城北神祠中。或曰：「城北孤迴，請多以人守之。」允則不許。數日，契丹數十騎盜取之，允則大怒，移牒涿州捕賊，因且急築其城。契丹內慚，不敢止也。〔註 25〕

另據沈括（1031～1095）《夢溪筆談》，說：

李允則守雄州，北門外民居極多，城中地窄，欲展北城，而以遼人通好，恐其生事。門外舊有東嶽行宮，允則以銀為大香爐，陳於廟中，故不設備。一日，銀爐為盜所攘，乃大出募賞，所在張牓捕賊甚急。久之不獲，遂聲言廟中屢遭寇，課夫築墻圍之，其實展北城也。不踰旬而就，虜人亦不怪之，則今雄州北關城是也。〔註 26〕

以及張舜民《畫墁錄》，說：

北人信誓，兩界非時不得葺理城堞。李元（允）則知雄州，欲展城，無由。因作銀香爐，置城北土地堂。一旦使人竊取之，遂大喧敎，蹤跡去來，辭連北疆，紛紜久之，因興工起築，今雄州城北是也。〔註 27〕

李允則為人精明能幹，時任邊官頗有表現，因此在遵守盟約的約定下，僅能修葺城池，不得創建新城，他卻能以此計謀進行築城，使遼人也沒理由提出抗議。

〔註 24〕（宋）李燾，《長編》，卷 78，宋真宗大中祥符五年七月壬申條，頁 1774。

〔註 25〕（宋）司馬光，《涑水紀聞》（北京：中華書局，2017 年 11 月），卷 6，頁 116。

〔註 26〕（宋）沈括，《夢溪筆談》，收錄於《叢書集成新編》第 11 冊（臺北：新文豐出版公司，1984 年 6 月），卷 13，頁 90。

〔註 27〕（宋）張舜民，《畫墁錄》，收錄於《叢書集成新編》第 86 冊，卷 1，頁 12。

七、對北方邊屯、邊塘、邊林事宜的調整和改變

由於在五代後晉時期，燕雲十六州割予遼國，使原先以長城為防遼的軍事工程喪失。因此至宋代遂有於北方邊境建構邊屯、邊塘、邊林，以便防止遼軍入侵的設施。關於此種情形，據《宋史》〈食貨志〉，說：

> （宋太宗朝）自雄州東際於海，多積水，契丹患之，不得肆其侵突；順安軍西至北平二百里，其地平曠，歲常自此而入。議者謂宜度地形高下，因水陸之便，建阡陌，濬溝洫，益樹五稼，可以實邊廩而限戎馬。〔註 28〕

以及顧祖禹（1631～1692）《讀史方輿紀要》，說：

> 宋置保塞軍，為備邊要地。時易州既沒於契丹，軍城以西，塘水差少，於是廣植林木，以限朔騎奔衝。蓋府境自西而北而東，雖多層巒列嶂，而步騎易於突入，自東而南，地尤坦平，滱、易諸川塘濼之利，皆在安州以東，故宋人保塞之備，比諸邊為尤切。〔註 29〕

可見在宋太宗時期，宋朝廷即在北方邊境建構邊屯、邊塘、邊林，對防禦遼軍的入侵有很大的作用。

有關宋與遼訂盟後，在邊屯事宜方面的調整和改變，據《長編》卷五九、六六，說：

> （景德二年，1005 年）正月……丙辰（七日）……詔：「定、保、雄、莫、霸州、順安、平戎、信安軍長吏，並兼制置屯田事，舊兼使者仍舊。」先是，雄州長吏獨兼領使名，其諸州即別命官掌之。上慮通好之後，或漸成弛慢，故申敕焉。……四年（1007 年）……八月……丁巳（二十四日），知雄州李允則言：「應係屯田皆在緣邊州軍，臣自來只移牒制置，不獲躬按。其安撫、都監二員常巡邊郡，望令兼屯田事，因便檢校。」從之。〔註 30〕

顯然宋真宗在與遼訂盟後，頗擔心邊州軍屯田工作的鬆弛，因此特別命令邊官兼領制置屯田，以便加強督促屯田工作。

〔註 28〕（元）脫脫，《宋史》，卷 176，志第 129，食貨上四，屯田，頁 4263。

〔註 29〕（清）顧祖禹，《讀史方輿紀要》（臺北：臺灣商務印書館，1968 年 12 月），卷 12，直隸三，頁 531～532。

〔註 30〕（宋）李燾，《長編》，卷 59，宋真宗景德二年正月丙辰條，頁 1310、卷 66，宋真宗景德四年八月丁巳條，頁 1486。

另據《長編》卷六四，說：

（景德三年，1006 年）……十二月……己卯（十一日），知保州趙彬請於州城東北，更廣屯田，以圖來獻。上曰：「北方既和，邊封撤警，當勸課農民，咸使樂業，不用侵占畎畝，妨其墾殖也。」〔註 31〕

可知在宋與遼訂盟後，宋真宗頗希望北方邊境上的農民能在邊境已得安寧的情況下，努力從事屯田的工作。並且在大中祥符九年（1016 年）三月，接納李允則的建議，「改定州、保州、順安軍營田務為屯田務」，〔註 32〕以表示重視屯田的工作。

至於宋朝初期在北方邊境建構塘泊的情形，由於塘泊不僅可以灌溉農田，也具有阻止遼國騎兵入侵的作用，因此早在宋太宗朝，知滄州節度副使何承矩（946～1006）即曾上奏朝廷，強調可在北方緣邊築堤儲水，建構塘泊，他說：

臣（何承矩）幼侍先臣關南征行，熟知北邊道路、川源之勢，若於順安砦西開易河蒲口，導水東注至海，東西三百餘里，南北五、七十里，茲其陂澤，可以築堤儲水為屯田以助要害，免蕃騎奔軼，俟其歲間，塘注關南諸泊，定水播作稻田，其緣邊州軍地臨塘水者，只留壯城軍士，不煩發兵廣戍，收水田以實邊，設險固以防塞，春夏課農，秋冬備寇，縱贍師旅，不失耕耘，不費國用，不勞民力，如此虜弱我強，彼勞我逸，以強備弱，以逸待勞，制匈奴之術也，順安以西至西山道路百里以來無水田處，亦望遣兵戍以練其精銳，擇其將領以去其冗繆。……水田之盛，誠可以限戎馬，而省轉粟之費，實萬世之利也。〔註 33〕

從何承矩所言，顯見在緣邊諸州建構塘泊、水田，「可以限戎馬，而省轉粟之費」，確實是一項相當可行的辦法。

及至宋太宗淳化四年（993 年），何承矩擔任制置河北緣邊屯田使，即將原先的構想，付之於實行，據《長編》卷三四，說：

（宋太宗）淳化四年……三月辛亥（二十三日）……初，何承矩至滄州，即建屯田之議，上意頗嚮之。既而河朔頻年霖雨水潦，河流

〔註 31〕（宋）李燾，《長編》，卷 64，宋真宗景德三年十二月己卯條，頁 1435。

〔註 32〕（宋）李燾，《長編》，卷 86，宋真宗大中祥符九年三月戊辰條，頁 1981。

〔註 33〕（元）脫脫，《宋史》，卷 273，列傳第 33，何繼筠傳附何承矩傳，頁 9328。

湍溢，壞城壘民舍，處處蓄為陂塘，妨民種藝。于是，承矩請因其勢大興屯田，種稻以足食。會臨津令黃懋亦上書，請于河北諸州興作水田，懋自言閩人，「本鄉風土，惟種水田，緣山導泉，倍費功力。今河北州軍陂塘甚多，引水溉田，省功易就，三五年內，公私必獲大利。」因詔承矩往河北諸州案視，復奏如懋言。

壬子（二十四日），以何承矩為制置河北緣邊屯田使，內供奉官閻承翰、殿直段從古同掌其事，以黃懋為大理寺丞，充判官。發諸州鎮兵萬八千人給其役，凡雄、莫、霸州、平戎、破虜、順安軍興堰六百里，置斗門，引淀水灌溉。〔註34〕

至宋真宗即位不久，何承矩知雄州，又於咸平三年（1000年）四月上奏，強調在北方邊境建構塘泊加強防禦的想法，據《長編》卷四七，說：

（宋真宗）咸平三年……夏四月庚戌（二十四日）……承矩山陵水泉，地陣也。……今用地陣而設險，以水泉而作固，建為陂塘，互連滄海，縱有敵騎，何懼奔衝。昨者，戎人犯邊，高陽一路，東負海，而抵順安，士庶安居，即屯田之利也。今順安西至西山，地雖數軍路才百里，縱有邱陵岡阜，亦多川瀆泉源，儻因而廣之，制為塘埭，則可戢敵騎，息邊患矣。〔註35〕

因此在宋真宗時期，宋國很積極地於北方緣邊地區塘泊分佈地廣置方田，據《長編》卷五五，說：

靜戎軍王能奏，於軍城東新河之北開田，廣袤相去皆五尺許，深七尺，狀若連鎖，東西至順安、威虜軍界，必能限隔戎馬，縱或入寇，亦易於防捍，仍以地圖來上。上召宰相李沆等示之，沆等咸曰：『沿邊所開方田，臣僚累曾上言，朝廷繼亦商榷，皆以難於設防，恐有奔突，尋即罷議。今專委邊臣，漸為之制，斯可矣。乞并威虜、順安軍皆依此施行。且慮興功之際，敵或侵軼，可選兵五萬人分據險要，漸次經度之。』是日，詔靜戎軍、順安、威虜軍界，並置方田，鑿河以遏敵騎。〔註36〕

〔註34〕（宋）李燾，《長編》，卷34，宋太宗淳化四年三月辛亥條，壬子條，頁746～747。

〔註35〕（宋）李燾，《長編》，卷47，宋真宗咸平三年四月庚戌條，頁1009～1010。

〔註36〕（宋）李燾，《長編》，卷55，宋真宗咸平六年十月甲子條，頁1214。

以及沈括《夢溪筆談》，說：

> 瓦橋關（即雄州）北與遼人為鄰，素無關河為阻。往歲六宅使何承矩守瓦橋，始議因陂澤之地，瀦水為塞，欲自相視，恐其謀泄，日會僚佐，汎船置酒賞蓼花，作《蓼花吟》數十篇，令座客屬和，畫以為圖，傳至京師，人莫喻其意。自此如壅諸淀。〔註 37〕

至景德元年六月，宋國在北方緣邊所建構的塘泊已大致完成，據《長編》卷五八，說：

> （景德元年，1004 年）……六月……丁丑（二十四日），上謂宰相曰：「今年北面防秋兵馬，已各有制置。順安、靜戎軍，先開河道屯田，導治溝洫，以為險阻。蓋欲保庇邊民，俾其耕殖，今聞戎人欲自西路入寇，必先分兵堙塞此溝洫河道，靜戎、順安軍屯兵既少，難於赴援。若果為敵所堙塞，即異時修復，倍為煩費。況此設險之計，蓋邊臣上言，因從其請。朕嘗諭之，若遇寇犯邊，須別為備禦，此險亦不可恃。平時賊騎偵邏，即有所限隔，自訖役以來，邊民得遂耕種，頗亦安堵。朕熟計此，若必須固護河渠，即至時令莫州部署石普移兵馬屯村西，寧邊軍部署楊延朗壁靜戎軍之東，兩軍屯田，庶獲無虞，且可以斷黑蘆口萬年橋敵騎奔衝之路，及會諸路兵犄角追襲。其地理稍遠難於守護處，縱為賊所堙塞，異時修復，人亦自無異議，卿等以為如何？或難於分兵，守護亦無固必也。」李沆咸以為便。……庚辰（七日），詔諭延朗及普等，仍益延朗兵滿萬人，務申嚴斥候，以備侵軼。又詔北面緣邊州軍，河渠隄堰及屯田溝洫。宜令所在常切固護，毋使墮廢。〔註 38〕

此段引文所稱的方田，乃是指利用塘泊之水，所作成的水田，也顯現出在宋國尚未與遼訂盟之前，即已在北方緣邊地區普遍建構了塘泊，充分發揮抵禦遼騎兵的作用。

但是至宋真宗景德元年十二月，宋與遼所訂的澶淵盟約中，有規定「不得創築城隍，開掘河道」，〔註 39〕因此自景德二年，宋朝廷即依誓書的約定，不再擴建塘泊，據《長編》卷六五，說：

〔註 37〕（宋）沈括，《夢溪筆談》，收錄於《叢書集成新編》第 11 冊，卷 13，頁 88。
〔註 38〕（宋）李燾，《長編》，卷 58，宋真宗景德元年六月丁丑條，頁 1241～1242。
〔註 39〕（宋）李燾，《長編》，卷 58，宋真宗景德元年十二月辛丑條，頁 1299。

> （景德四年，1007 年）……五月……庚子（五日），雄州李允則於城外疏治渠田，邊臣奏渠通界河，慮為戎人所疑。陳堯叟請亟罷之。上曰：「決渠障邊，乃防遏所須，然誓書舊約不可不守也。」壬寅（七日），詔：「自今緣邊城池依誓約止行修葺外，自餘移徙塞柵，開復河道，無大小悉禁止之。」〔註 40〕

雖然宋國在與遼訂盟之後，於建構邊塘的事宜上，即不再加以增建。但是宋國對邊塘的事宜仍然進行了調整和改變，也就是在已經既有的塘泊規模上，作出規格的規範，即水利圖式，以便能在農務方面作充分的利用，例如在景德五年（1008 年），賈宗於〈請將水利圖式付緣邊州軍收管下屯田司提舉遵守奏景德五年七月六日〉，說：

> 緣邊開塞塘泊水勢，修疊堤道深淺、月日、定式、圖譜，乞付緣邊州軍收管，仍下屯田司提舉遵守。〔註 41〕

另據《長編》卷八二，說：

> （大中祥符七年，1014 年），……六月……乙丑（十一日），河北緣邊安撫司，上制置緣邊浚陂塘築隄道條式、畫圖，請付屯田司提振遵守，從之。又言於緣邊軍城種柳蒔麻，以備邊用，詔獎之。〔註 42〕

可見宋真宗頗為讚許邊官重視邊塘規劃的處理，而且對於畫出疏浚邊塘隄道的圖式也很肯定。

接著論述宋國在北方邊境種植邊林，防禦遼軍入侵的情形，據王明清《揮麈錄後錄》，說

> 太祖嘗令於瓦橋一帶南北分界之所，專植榆柳，中通一徑，僅能容一騎，後至真宗朝，以為使人每歲往來之路，歲月浸久，日益繁茂，合抱之木，交絡翳塞。〔註 43〕

可知起自宋太祖開始，即曾在北方邊境種植邊林，以阻止遼騎兵侵入。

〔註 40〕（宋）李燾，《長編》，卷 65，宋真宗景德四年五月庚子條、壬寅條，頁 1455。

〔註 41〕（宋）賈宗，〈請將水利圖式付緣邊州軍收管下屯田司提舉遵守奏〉，收錄於《全宋文》（上海、合肥：上海辭書出版社、安徽教育出版社，2006 年 8 月），卷 318，頁 374。

〔註 42〕（宋）李燾，《長編》，卷 82，宋真宗大中祥符七年六月乙丑條，頁 1880。

〔註 43〕（宋）王明清，《揮麈錄後錄》，收錄於《叢書集成新編》第 84 冊，卷 1，頁 230。

及至宋真宗時，因為與遼訂盟，增加建構塘泊的事宜受到約束，宋國遂加強種植具有防禦性質的邊林。據《長編》卷七九、八八，說：

（大中祥符五年，1012 年），……十一月……庚申（二十七日），令河北緣邊官道左右及時植榆柳。……（大中祥符九年，1016 年），……九月……己巳（二十八日），河北安撫司言：「緣邊官地所種榆柳，望令逐處官籍其數，以時檢校。」從之。〔註 44〕

顯然宋國邊官頗能配合宋真宗的要求，加強在北方緣邊種植榆柳的訓示，並且建議朝廷要求邊官計算種植榆柳的數目，以備檢查，可見當時種植邊林的工作進行得很有成效。據《長編》卷八二、八八，說：

（大中祥符七年，1014 年），……六月……乙丑（十一日），河北緣邊安撫司，上制置緣邊浚陂塘築隄道條式畫圖，請付屯田司提振遵守，從之。又言於緣邊軍城種柳蒔蔴，以備邊用。詔獎之。……（大中祥符九年，1016 年），……九月……庚午（二十九日），內出北面榆柳圖示輔臣，數踰三百萬。上曰：「此可代鹿角也。雄州李允則頗用心於此，朕嘗詢其累任勞課書歷否？對曰：『設官本要涖事，但當竭力，何得更謀課最？』此言亦可嘉也。」〔註 45〕

從以上引文可知，至大中祥符九年，宋國邊官在北方邊境種植榆柳已達三百萬株，確實發揮了防禦遼軍入侵的作用。

以上為筆者論述宋與遼訂盟初期，在北方邊境建構邊屯、邊塘、邊林的情形，顯見成效頗為良好。據《長編》卷九三，提到李允則在雄州十四年的表現，說：

（天禧三年，1019 年），……六月……丁酉（十二日），……允則取材木西山，大為倉廩營舍。始教民陶瓦甓，標里閈，置廊市、邸舍、水磑。城上悉累甓，下環以溝塹、蒔麻，植榆柳。廣闊承翰所修屯田，架橋引水，作石梁，築構亭榭，列堤道，以通安肅、廣信、順安軍。歲修禊事，召界河戰棹為競渡，縱北人遊觀，潛寓水戰。州北舊設陷馬坑，城上起樓為斥候，望十里，自罷兵，人莫敢登。允

〔註 44〕（宋）李燾，《長編》，卷 79，宋真宗大中祥符五年十一月庚申條，頁 1806、卷 88，宋真宗大中祥符九年九月己巳條，頁 2020。

〔註 45〕（宋）李燾，《長編》，卷 82，宋真宗大中祥符七年六月乙丑條，頁 1880、卷 88，宋真宗大中祥符九年九月庚午條，頁 2020。

> 則曰：「南北既講和矣，安用此為？」命撤樓夷坑，為諸軍蔬圃，浚井疏洫，列畦壟，築短垣，縱橫其中，植以荊棘，而其地益阻險。因治坊巷，徙浮圖北垣上，州民旦夕登望三十里。下令安撫司所治境有隙地悉種榆。久之，榆滿塞下，謂僚佐曰：「此步兵之地，不利騎戰，豈獨資屋材耶？」〔註46〕

此段記載，雖然是有關宋國邊官李允則個人在北方邊屯、邊塘、邊林事宜的表現和所作的調整與改變，但是我們可以推知，宋朝廷在與遼簽訂盟初期，也就是在宋真宗時期對於北方邊屯、邊塘、邊林事宜，確實是曾作了很大的調整和改變，並且也獲得了很大的成果。

八、宋與遼訂盟初期仍然重視邊防

根據上文的論述，我們可知宋與遼簽訂澶淵盟約初期，宋朝廷為了維持與遼友好的情誼，以及配合兩國情勢的發展，因此作出以上各項北方邊境事宜的調整和改變。但是筆者在此節中要特別強調與論述的是，宋真宗時期對於宋國北方的邊防事宜並未鬆懈，仍然很重視對遼的防範工作。關於此一史實，筆者擬舉兩個事例加以討論，一是宋真宗在與遼訂盟後，還是常有重視邊防的言論與指示，據《長編》卷五九、七一，說：

> （景德二年）正月……丙辰（七日），詔：「定、保、雄、莫、霸州、順安、平戎、信安軍長吏，並兼制置屯田事，舊兼使者仍舊。」先是，雄州長吏獨兼領使名，其諸州即別命官掌之。上慮通好之後，或漸成弛慢，故申敕焉。……四月……辛卯（十四日），上謂輔臣曰：『昨減邊城戍兵甚眾，然恐此後難以復增，其廣信、安肅軍見屯兵及二年以上，悉令更代。並以軍旅人數完足者，易其部伍殘闕者，則雖實增之，無嫌也。』仍密諭河朔長吏：『凡軍士數闕，自當廣務招置，勿以隣敵通歡，輒怠兵事。』……大中祥符九年(1016年)，……二月……乙未（九日），詔：「河北諸州強壯，自今歲十月至正月，以旬休日，召集校閱，免奪農時。」……乙巳（十九日），命河北、東緣邊諸州，本城軍校有闕者，即以次遷補，勿復奏裁。〔註47〕

〔註46〕（宋）李燾，《長編》，卷93，宋真宗天禧三年六月丁酉條，頁2150～2151。

〔註47〕（宋）李燾，《長編》，卷59，宋真宗景德二年正月丙辰條，頁1310、四月辛卯條，頁1327、卷71，宋真宗大中祥符九年二月乙未條，頁1594、乙巳條，頁1596。

可見當時宋真宗雖然下令定州、保州、雄州、莫州、霸州、順安軍、平戎軍、信安軍長官另兼屯田事務，但是仍然訓示這些邊官不能因為與遼和好，就疏忽了邊防的工作。

另外，第二個事例是宋國在與遼訂盟後，於北方沿邊加強保密的動作和對遼用諜的情形，〔註48〕據《長編》卷六三、六四，說：

> （景德三年）……五月……戊申（七日），詔河北轉運司及諸州軍，每詔敕事關機宜者，謹密行之，勿付胥吏，致其漏洩。……十二月……戊子（二十日），雄州言：「頃者用兵之際，本州每有密事不欲漏落，因擇馴謹吏專主行之，號機宜司。今契丹修和，請改為國信司。」從之。〔註49〕

可知宋朝廷為了維護與遼的和平關係，將原先對遼用諜的機構名稱，從「機宜司」改為「國信司」，顯現出兩國友好的氣氛。但是在對遼用諜的工作上並未鬆懈，據《長編》卷五九，說：

> （景德二年）二月……丁未（二十九日），詔緣邊諸州軍：「如擒獲北界姦人，可詰其事狀，部送闕下，當釋其罪，縻置內地。」先是，上曰：「朝廷雖與彼通好，減去邊備，彼之動靜，亦不可不知，間諜偵候，宜循舊制。又慮為其所獲，歸曲於我，朕熟思之，彼固遣人南來伺察，自今擒獲，當赦勿誅，但羈留之，待彼有詞，則以此報答可也。」〔註50〕

以及《宋會要輯稿》，說：

> 大中祥符三年（1010 年），密諭沿邊諸州所幹邊機之事，只令知州軍與逐處通判、鈐轄、都監商議施行，其餘官員使臣，不得輒有干預。
>
> 天禧三年（1019 年），河北緣邊安撫使知雄州劉承宗提出，北面有密報事宜，其通判官以下，勿復參閱。〔註51〕

〔註48〕有關宋國對遼用諜的情形，可參閱蔣武雄，〈宋對遼用諜幾個問題的探討〉，《東吳歷史學報》10（臺北：東吳大學，2003 年 12 月），頁 1～18。

〔註49〕（宋）李燾，《長編》，卷 63，宋真宗景德三年五月戊申條，頁 1401、卷 64，宋真宗景德三年十二月戊子條，頁 1437。

〔註50〕（宋）李燾，《長編》，卷 59，宋真宗景德二年二月乙巳條，頁 1320。

〔註51〕（清）徐松，《宋會要輯稿》（北京：中華書局，1997 年 6 月），兵二七之一○、職官四一之八七。

以上諸所引，皆為宋與遼訂盟初期，對遼用諜與保密的作為，包括對於捕獲遼諜的處理，從死罪調整為「當釋其罪，縻置內地」，以及縮減干預的單位和人員，以便可加強對軍事機密的保密，這都顯現出宋朝廷並不因為與遼和好，即忽略對遼用諜的事宜。

九、結論

有關宋遼和平關係史的研究，其中重要的課題之一，即是雙方所簽訂的澶淵之盟，並且長期以來受到學者的關注，作出了頗為豐碩的研究成果。但是筆者認為訂盟之後，兩國對於澶淵盟約的遵守、實踐，以及違背的情形如何，也是很重要的研究課題，值得我們作深廣的探討。今筆者發表本文，即是對此方面史實作一初步的探討，希望能引起學者更關注此一方面的史實，進而使宋遼和平關係史的研究能更加熱烈、完整。

另外，透過以上的論述，筆者認為，宋與遼訂盟之後，為了表示宋國本身有誠意與遼結好，因此不僅對北方邊防事宜作了調整和改變，也重新開放榷場、禁止邊境軍民進入遼界掠奪，並且遵守盟約，僅修葺邊城，不另創建新城。凡此皆為宋國對遼表示友善的作為，但是宋國在向遼示好，以及必須遵守盟約的情勢之下，有關禦遼、防遼的邊防基本措施並沒有予以忽略和鬆弛，因此宋朝廷在與遼訂盟初期，對於北方邊屯、邊塘、邊林等事宜也都作了調整與改變，誠如段承恩在《宋對遼的邊防政策與措施》，所說：

> 北宋是確實找到防禦遼騎兵入侵的方法，在宋遼邊界防禦上，河北、河東北部為防禦主體，河東北境較河北為佳，因太行山以西，山高路險具有天然屏障，故而在河東地區，除以保州以西廣植林木，形成榆塞以為防禦，又設置太原城為對遼主體防禦。河北地區保州以東設置塘泊為險阻，以禦遼騎之南下。在無塘水防、林木不足，又為遼騎必經之地，厚築城壘，以城壘為依托，層層抵抗，以拖待變，使攻擊方後勤補給不足，再以逸待勞大舉反攻，使遼鐵騎無用之地，這即為北宋所建構之防衛體系。〔註52〕

論述至此，筆者又更進一步認為，在宋真宗與遼訂盟初期，就是因為宋朝廷在這些北方邊境的事宜上，作了多方面的調整與改變，並且仍然維持邊防的基本措施與能力，因此使宋國在北方邊防猶有相當保障的情況下，能放心地

〔註52〕段承恩，《宋對遼的邊防政策與設施》，中國文化大學史學系博士論文，頁185。

與遼建立起和平的關係，以及進行與遼訂盟初期的友善動作，進而奠定了日後兩國和平友好穩定發展的基礎，使雙方的和平交聘活動，能維持長達一百多年之久。

徵引書目

一、史料

1. （宋）王明清，《揮塵錄後錄》，收錄於《叢書集成新編》第 84 冊，臺北：新文豐出版公司，1984 年。
2. （宋）司馬光，《涑水紀聞》，北京：中華書局，2017 年。
3. （宋）沈括，《夢溪筆談》，收錄於《叢書集成新編》第 11 冊，臺北：新文豐出版公司，1984 年。
4. （宋）李燾，《續資治通鑑長編》，北京：中華書局，2004 年。
5. （宋）張舜民，《畫墁錄》，收錄於《叢書集成新編》第 86 冊，臺北：新文豐出版公司，1984 年。
6. （宋）賈宗，〈請將水利圖式付緣邊州軍收管下屯田司提舉遵守奏〉，收錄於《全宋文》，上海、合肥：上海辭書出版社、安徽教育出版社，2006 年。
7. （元）脫脫，《宋史》，北京：中華書局，1997 年。
8. （清）徐松，《宋會要輯稿》，北京：中華書局，1997 年。
9. （清）顧祖禹，《讀史方輿紀要》，臺北：臺灣商務印書館，1968 年。

二、碩博士論文

1. 段承恩，《宋對遼的邊防政策與措施》，中國文化大學史學系博士論文，2013 年。

三、期刊論文

1. 蔣武雄，〈宋對遼用諜幾個問題的探討〉，《東吳歷史學報》10，臺北：東吳大學，2003 年 12 月。
2. 蔣武雄，〈論宋真宗對建立與維護宋遼和平外交的心意〉，《東吳歷史學報》15，臺北：東吳大學，2006 年 6 月。

附錄：河東與五代政權轉移的歷史關係

摘要：

本文並非要強調河東地區的軍事地理形勢，與五代時期國防、戰爭的關係，而是要討論河東與五代政權轉移的歷史關係。也就是要闡明當時的歷史人物在據有河東之後，如何發展，如何稱帝建國，或如何對抗敵國，維護國家的生存。因此本文除了前言與結論之外，特別就（一）李克用、李存勗據河東建後唐滅後梁；（二）石敬瑭據河東聯遼建後晉滅後唐；（三）劉知遠據河東趁勢建後漢；（四）劉崇據河東建北漢依遼對抗後周與北宋等項目加以論述。

關鍵詞：河東、山西、五代、北宋、政權轉移。

一、前言

山西在唐與五代時期稱河東，自古以來即以優越的軍事地理形勢，顯現出重要的國防作用，至五代時期仍然具有舉足輕重的地位。但是本文並不是要強調河東地區的軍事地理形勢，與當時國防、戰爭的關係，而是擬討論河東與五代政權轉移的歷史關係。因為在五代時期有幾位開國君主，例如李存勗、石敬瑭、劉知遠三人所建立的後唐、後晉、後漢，都是先以河東為根據地，再進而稱帝建國；至於五代十國的北漢，也是以河東大部分的地區為其版圖範圍，與後周、北宋進行長期的對抗。因此本文特別從史實演變的角度，分別就（一）李克用、李存勗據河東建後唐滅後梁；（二）石敬瑭據河東聯遼建後晉滅後唐；（三）劉知遠據河東趁勢建後漢；（四）劉崇據河東建北漢依遼對抗後周與北宋等項目，闡明河東與五代政權轉移的歷史關係，以期使讀者知道這些歷史人物在據有形勢險要的河東之後，如何求發展，進而稱帝建國，或如何對抗敵國，以維護其國家的生存。

二、李克用、李存勗據河東建後唐滅後梁

關於五代後唐建國的過程，筆者認為必須先論述李克用據河東與朱全忠對抗的情形。在唐僖宗中和三年（883）三月，李克用率沙陀精騎征剿黃巢之亂，獲得五次大捷，收復長安，戰功彪炳，因此同年七月，被任命為河東節度使，治太原（晉陽）。八月，李克用赴太原視事，自此李克用即致力於河東的經營，在充實軍隊方面，曾於大順元年（890）上唐昭宗自訴表中，稱「已集蕃、漢兵五十萬」。〔註1〕而在擴大地盤方面，則先於中和三年（883）十月，取潞州，復於大順二年（891）七月，兼領雲州，因此轄有太原府和汾、沁、遼、石、嵐、憲、忻、代、蔚、朔、雲、麟等十二州，涵蓋了河東境內大部分的地區。

當時宣武軍節度使朱全忠與李克用不和，兩人互相對立。朱全忠的勢力範圍本來不如李克用，只控有汴州、孟州、洛陽一帶，即今河南省中、東、北地區。但是至中和四年（884）六月，黃巢敗死，使朱全忠的勢力得以增強，及至唐僖宗文德元年（888），朱全忠攻殺黃巢之亂餘黨秦宗權之後，收降其殘部，勢力更加壯大。因此想進一步排除對其頗具威脅的河東節度使李克用，採行的擴張方略是「（一）拉攏魏博遏制河東，阻止李克用之勢力向河北發展；（二）遠交淄、青，近攻徐、兗、鄆，然後趁機進攻淮南，或趁李克用有事於關中之際，轉兵北進略取河北諸地，以作為進攻河東之準備；（三）平河北後，或攻略河北告一段落後，即大舉進攻惟一強敵李克用，消滅河東勢力，然後進軍關中，征服關中各鎮；（四）接著脅迫唐帝室遷都洛陽，以便『挾天子以令諸侯』，並進行篡奪」。〔註2〕

朱全忠此一擴張方略，後來大部分都實現了。也就是在唐昭宗光化三年（900），朱全忠降服河北諸鎮後，翌年天復元年（901）一月，開始進攻河東，

〔註1〕（宋）司馬光，《資治通鑑》（臺北：明倫書局，1977年），卷258，唐紀74，昭宗，大順元年十一月條，頁8409。

〔註2〕三軍大學，《中國歷代戰爭史》（十）（臺北：黎明文化公司，1976年10月），頁39；另可參閱桂齊遜，〈河東軍對晚唐政局的影響〉，《中國歷史學會史學集刊》26，1994年9月，頁51～69。

先攻取李克用女婿王珂所盤據的河中地區。當時朱全忠曾召集諸將，說：「王珂駑材，恃太原自驕汰，吾今斷長蛇之腰，諸君為我以一繩縛之。」〔註3〕因此取得河中地區後，使朱全忠得以進一步攻打太原。當時朱全忠調兵遣將，從西北、東、東南等幾個方面進攻，取得關中數州，兵抵太原。李克用則據城抵抗，幸逢連雨多日，朱全忠軍隊士兵多患病，與糧草供應不及而退兵。但是至天復二年（902）三月，朱全忠又進圍太原，李克用見情勢危急，本想棄城北逃，召集諸將商議退保雲州。據《資治通鑑》卷263，說：

> 克用晝夜乘城，不得寢食。召諸將議保雲州，李嗣昭、李嗣源、周德威曰：「兒輩在此，必能固守。王勿為此謀，動搖人心。」李存信曰：「關東、河北皆受制於朱溫，我兵寡地蹙，守此孤城，彼築壘穿塹環之，以積久制我，我飛走無路，坐待困斃耳。今事勢已急，不若且入北虜，徐圖進取。」嗣昭力爭之，克用不能決。劉夫人言於克用曰：「存信，北川牧羊兒耳，安知遠慮。……今一足出城，則禍變不測，塞外可得至邪？」克用乃止。居數日，潰兵復集，軍府浸安。〔註4〕

並且趁朱全忠軍隊遭受大疫，將其加以擊退，但是此後數年，李克用均不敢和朱全忠爭強。

李克用既然無法與朱全忠相爭，因此使朱全忠得以轉兵西向，進圍關中，並且陰結朝廷宰相崔胤，以為內應。至唐哀宗天祐四年（907）四月，終於「廢其主（唐哀宗），尋弒之，自立為帝，國號梁」，〔註5〕是為後梁太祖。當時李克用曾試圖聯結契丹，阻止朱全忠篡唐的行動。據《舊五代史》〈唐武皇本紀〉，說：

> （唐哀宗）天祐二年（905）春，契丹阿保機始盛，武皇（李克用）召之，阿保機領部族三十萬至雲州，與武皇會於雲州之東，握手甚歡，結為兄弟，旬日而去，留馬千匹，牛羊萬計，期以冬初大舉渡河。〔註6〕

〔註3〕（宋）司馬光，《資治通鑑》，卷262，唐紀78，昭宗，天復元年正月己亥條，頁8547。

〔註4〕（宋）司馬光，《資治通鑑》，卷263，唐紀79，昭宗，天復二年三月辛酉條，頁8569～8570。

〔註5〕（元）脫脫，《遼史》（臺北：鼎文書局，1976年10月），卷1，本紀第1，太祖上，頁3。

〔註6〕（宋）薛居正，《舊五代史》（臺北：鼎文書局，1977年9月），卷26，唐書2，武皇紀下，頁360。

但是耶律阿保機另有打算，並未誠心配合盟約，同時朱全忠也「遣人浮海奉書、幣、衣帶、珍玩來聘」，〔註 7〕使耶律阿保機本來即只是表面上支持李克用的態度，進而不願渡河與李克用共擊朱全忠，甚至於和朱全忠展開密切的交往，使朱全忠得以稱帝建國成功。而李克用則在恢復唐室無望的情況下，於後梁開平二年（908）一月，抑鬱而終。

以上所論，為唐末李克用據河東與朱全忠相抗衡的情形。顯然在此一段期間，李克用無法與朱全忠競爭，只好固守河東，以求自保。但是至李克用養子李存勗繼嗣為晉王後，此種情勢即逐漸轉變。先是朱全忠稱帝建國時，仍然認為李克用是對後梁最具威脅的一股勢力，必須儘快排除。因此於開平元年（907）五月派兵圍攻潞州，企圖攻下上黨地區，以便控制由東南進出河東的關口，並且可以進逼太原，但是梁軍久攻不下，在潞州周圍築重城，稱為「夾寨」。及至李存勗繼嗣為晉王，準備解除潞州之圍，於開平二年（908）四月，「與諸將謀曰：『上黨，河東之藩蔽，無上黨，是無河東也。且朱溫（朱全忠）所憚者獨先王耳，聞吾新立，以為童子未閑軍旅，必有驕怠之心。若簡精兵倍道趣之，出其不意，破之必矣。取威定霸，在此一舉，不可失也。』」〔註 8〕因此李存勗於同月下旬即率大軍自太原南下，五月，大破梁軍夾寨。

此一戰役頗具關鍵性，因為晉勝梁敗的結果，使晉兵由被動轉為主動，扭轉了晉軍原先的劣勢，當時朱全忠「聞夾寨不守，大驚，既而嘆曰：『生子當如李亞子（李存勗小名），克用為不亡矣。至如吾兒，豚犬耳。』」〔註 9〕因此朱全忠停止對晉的攻伐，而李存勗也利用此段期間進行穩定政治、社會的措施，「命州縣舉賢才，黜貪殘，寬租賦，撫孤窮，伸冤濫，禁姦盜，境內大治」。〔註 10〕並且「以河東地狹兵少，乃訓練士卒，令騎兵不見敵無得乘馬；部分已定，無得相踰越，及留絕以避險；分道並進，期會無得差晷刻，犯者必斬」。〔註 11〕這些措施都成為後來李存勗能滅亡後梁的有利條件，因晉軍先於

〔註 7〕（元）脫脫，《遼史》，卷 1，本紀第 1，太祖上，頁 2。

〔註 8〕（宋）司馬光，《資治通鑑》，卷 266，後梁紀 1，太祖，開平二年四月壬子條，頁 8693～8694。

〔註 9〕（宋）司馬光，《資治通鑑》，卷 266，後梁紀 1，太祖，開平二年五月辛未條，頁 8695。

〔註 10〕（宋）司馬光，《資治通鑑》，卷 266，後梁紀 1，太祖，開平二年五月辛未條，頁 8696。

〔註 11〕（宋）司馬光，《資治通鑑》，卷 266，後梁紀 1，太祖，開平二年五月辛未條，頁 8696。

後梁乾化元年（911）一月，打敗梁軍於柏鄉。此一戰役是晉與梁在河北的爭霸戰，使李存勗的勢力延伸至幽州為鄰，可以正式展開完成李克用遺志的第一步——奪取劉守光所據的幽州。〔註12〕於乾化二年（912）一月，李存勗派兵進抵幽州城下，劉守光向梁求援。二月，朱全忠率兵往援，不料在途中卻被晉軍打敗，在慚憤之餘，原先已生病的狀況也因而加劇。五月，返抵洛陽，思及自己即將死去，曾「謂近臣曰：『我經營天下三十年，不意太原餘孽更昌熾如此，吾觀其志不小，天復奪我年，我死，諸兒非彼敵也，吾無葬地矣。』因哽咽，絕而復蘇」。〔註13〕至六月，朱全忠因傳位問題被其次子朱友珪殺死，其少子朱友貞又與禁軍聯合，逼朱友珪自殺，自即帝位於開封。此一骨肉相殘的過程，不僅使後梁政局很不穩定，也更增加了李存勗擴充地盤進而滅掉後梁的機會。因此至乾化三年（913）十一月，李存勗親臨督軍，終於攻下幽州。至後梁貞明元年（915）四月，李存勗又攻下魏州，將後梁在河北的地盤全部納為晉有，並且以魏州為南進的基地，與後梁爭奪濮、鄆等地。

當時耶律阿保機已平定諸弟叛亂，領導權趨於鞏固，〔註14〕因此有餘力率軍南下協助後梁與李存勗對抗，也可藉此擴展自己的勢力。後梁貞明二年（遼神冊元年，916）二月，耶律阿保機建元神冊，是為遼太祖，不久即展開攻晉的軍事行動，但是因為雙互有勝負，〔註15〕使遼軍的南侵並不順利，也使李存勗得以繼續與梁進行持久的消耗戰，並且獲得南方吳、蜀及河北諸鎮的支持，〔註16〕在後梁龍德三年（923）四月，稱帝於魏州，自謂承繼唐統，

〔註12〕據（宋）薛居正，《舊五代史》，卷26，唐書2，武皇紀下，注引五代史闕文，頁363，說：「世傳武皇（李克用）臨薨，以三矢付莊宗（李存勗），曰：『一矢討劉仁恭，汝不先下幽州，河南未可圖也。一矢擊契丹，且曰耶律阿保機與吾把臂而盟，結為兄弟，誓復唐家社稷，今背約附賊，汝必討之。一矢滅朱溫，汝能成吾志，死無憾矣。』莊宗藏三矢於武皇廟庭。」

〔註13〕（宋）司馬光，《資治通鑑》，卷268，後梁紀3，太祖下，乾化二年閏五月壬午條，頁8757。

〔註14〕參閱蔣武雄，〈耶律阿保機諸弟叛亂之始末〉，《空大人文學報》3（臺北：1994年4月），頁85～98；李漢陽，〈遼太祖諸弟之亂考〉，《史學會刊》16（臺北：1976年6月），頁51～61。

〔註15〕參閱蔣武雄，〈遼太祖與五代前期政權轉移的關係〉，《東吳歷史學報》1（臺北：1996年5月），頁121；另收錄於蔣武雄，《遼與五代政權轉移關係始末》，（臺北：新化圖書公司，1998年6月），頁21～22。

〔註16〕參閱（宋）司馬光，《資治通鑑》，卷271，後梁紀6，均王下，龍德元年正月條，頁8862。

國號仍稱唐，是為後唐莊宗，年號同光。並且旋即興兵伐後梁，渡過黃河，閏四月，後唐將領李嗣源攻取鄆州，使後梁局勢日益危急。九月，後梁將領王彥章反攻鄆州敗死，造成後梁在鄆州至曹州一帶的防務空虛，而李存勗則趁勝率軍倍道直取開封，至十月，後梁末帝朱友貞自殺亡國。

論述至此，我們可知李克用、李存勗據河東與朱全忠、朱友貞相對抗，長達近四十年。初期朱全忠擴張很快，使李克用有兩次幾乎敗亡，幸好李克用據有易守難攻的河東地理形勢，以及壁高城堅的太原城，而得以不亡。至李存勗即位後，先解潞州之圍，又在河東境內進行穩定政治、社會的措施，安定局勢，收撫人心，使其能以憑據河東的良好基礎，進一步求發展。後來從取得魏州開始，以該地為南進基地，直至在魏州稱帝，滅亡後梁為止。此一段時間約有十年，雖然李存勗大部分時間不在河東，但是河東方面仍然是其能建國成功的重要憑藉。也就是當時李存勗將河東軍政交由監軍張承業負責，使河東的政治、經濟仍能穩定發展，並且充分供應前線作戰所需的人力、物力。因此我們可謂李克用、李存勗據有河東，進而求發展，應是其能建立後唐的一項重要原因。

三、石敬瑭據河東聯遼建後晉滅後唐

石敬瑭能入據河東，固然一方面是因其為後唐明宗李嗣源的女婿，頗受重用。另一方面則是因其戰功所致，當時「平汴水，滅梁室，成莊宗一統，集明宗大勳，帝（石敬瑭）與唐末帝（李從珂）功居最」。〔註17〕尤其李嗣源即位，是為後唐明宗，改元天成（926）後，更常委以重任，並且因其功勞，一再提升其官位、軍階，使石敬瑭在短短數年中，即獲得後唐重要的軍政權力。

後唐明宗長興三年（遼太宗天顯七年，932）十月，「秦王（李）從榮奏：『伏見北面頻奏報，契丹族移帳近塞，吐（谷）渾、突厥已侵邊地，戍兵雖多，未有統帥，早宜命大將一人，以安雲、朔。』……帝（石敬瑭）素不欲為禁軍之副，即奏曰：『臣願北行。』明宗曰：『卿為吾行，事無不濟。』……十一月……加兼侍中、太原尹、北京留守、河東節度使、兼大同、振武、彰國、威塞等軍蕃漢馬步軍總管，改賜竭忠匡運寧國功臣」。〔註18〕石敬瑭入

〔註17〕（宋）薛居正，《舊五代史》，卷75，晉書1，高祖紀第1，頁979。
〔註18〕（宋）薛居正，《舊五代史》，卷75，晉書1，高祖紀第1，頁981～982。

河東之後，即利用河東險要的地理形勢，建立起自己的勢力，〔註19〕「以部將劉知遠、周瓌為都押衛，委以心腹，軍事委知遠，帑藏委瓌。瓌晉陽人也」。〔註20〕

長興四年（933）十一月，後唐明宗死，子李從厚繼位，是為閔帝，翌年（934）一月，改年號為應順。未久，李從珂以「清君側之惡」〔註21〕為名，在鳳翔起兵，四月，李從珂即帝位，是為後唐末帝，並且派人縊殺閔帝。當時政局紛亂，朝廷無紀律可言，然而令李從珂感到最大隱憂的，卻是他與石敬瑭之間的矛盾，彼此猜忌越來越深難以化解。因為石敬瑭是後唐明宗的女婿，李從珂則是明宗的養子，兩人「皆以勇力善鬥，事明宗左右，然心競，素不相悅」，〔註22〕而今李從珂即帝位，「敬瑭不得已入朝，山陵既畢，不敢言歸。時敬瑭久病羸瘠，太后及魏國公主（石敬瑭妻）屢為之言，而鳳翔將佐多勸帝留之，惟韓昭胤、李專美以為趙延壽在汴，不宜猜忌敬瑭。帝亦見其骨立，不以為虞，乃曰：『石郎不惟密親，兼自少與吾同艱難，今我為天子，非石郎尚誰託哉？』乃復以為河東節度使」。〔註23〕此實為李從珂的失策，不應該仍以石敬瑭為河東節度使。〔註24〕但是石敬瑭已有如驚弓之鳥，對李從珂的疑懼、不滿更為加深，「既還鎮，陰為自全之計。……多於賓客前自稱羸瘠不堪為帥，冀朝廷不之忌」。〔註25〕並且以備邊為藉口，請求增兵運糧，使太行、常山之東的百姓流離失所，也在所不惜。〔註26〕

李從珂和石敬瑭既然互相猜疑，因此雙方稍有動作，彼此的疑懼就顯得很強烈，例如後唐末帝清泰二年（遼太宗天顯十年，935）六月，石敬瑭「將

〔註19〕參閱寧可、閻守誠，〈唐末五代的山西〉，《晉陽學刊》1984年第5期，頁74。

〔註20〕（宋）司馬光，《資治通鑑》，卷278，後唐紀7，明宗下，長興三年十一月己丑條，頁9080。

〔註21〕（宋）司馬光，《資治通鑑》，卷279，後唐紀8，潞王下，清泰元年二月乙酉條，頁9105。

〔註22〕（宋）司馬光，《資治通鑑》，卷279，後唐紀8，潞王下，清泰元年五月丙子條，頁9119。

〔註23〕（宋）司馬光，《資治通鑑》，卷279，後唐紀8，潞王下，清泰元年五月丙子條，頁9119。

〔註24〕三軍大學，《中國歷代戰爭史》（十），頁227。

〔註25〕（宋）司馬光，《資治通鑑》，卷279，後唐紀8，潞王下，清泰二年六月條，頁9131。

〔註26〕（宋）司馬光，《資治通鑑》，卷279，後唐紀8，潞王下，清泰二年六月條，頁9131。

大軍屯忻州，朝廷遣使賜軍士夏衣，傳詔撫諭，軍士呼萬歲者數四。敬瑭懼，幕僚河內段希堯請誅其唱首者，敬瑭命都押衙劉知遠斬挾馬都將李暉等三十六人以徇。……帝（李從珂）聞之，益疑敬瑭」。〔註 27〕同時，李從珂對於石敬瑭的勢力擴大至此地步，深感不安，也很後悔當初縱虎歸山的不智之舉，因此進行補救的行動，於七月「以武寧節度使張敬達為北面行營副總管，將兵屯代州，以分石敬瑭之權」。〔註 28〕翌年（936）一月，李從珂「以千春節置酒，晉國長公主上壽畢，辭歸晉陽，帝（李從珂）醉，曰：『何不且留，遽歸，欲與石郎反邪？』石敬瑭聞之，益懼」。〔註 29〕可見李從珂對石敬瑭的疑慮已很強烈，因此酒醉吐真言，也等於促使石敬瑭早日反叛。同年五月「辛卯（三日），以敬瑭為天平節度使，以……宋審虔為河東節度使」。〔註 30〕同月，「甲午（六日），以建雄節度使張敬達為西北蕃漢馬步都部署，趣敬瑭之鄆州」。〔註 31〕李從珂這些作為無異是在逼石敬瑭造反，因為要他離開已經營數年的河東，當然不甘願，因此接受了桑維翰的建議，聯結遼國起兵反叛後唐。據《資治通鑑》卷 280，說：

> 掌書記洛陽桑維翰曰：「主上初即位，明公入朝，主上豈不知蛟龍不可縱之深淵邪？然卒以河東復授公，此乃天意，假公以利器也。明宗遺愛在人，主上以庶孽代之，群情不附。公明宗愛婿，今主上以反逆見待，此非首謝可免，但力為自全之計。契丹主素與明宗約為兄弟，今部落近為雲、應，公誠能推心屈節事之，萬一有急，朝呼夕至，何患無成？」敬瑭意遂決。」〔註 32〕

因此一方面派人向遼求援，另一方面也上表，斥責李從珂無繼承帝位的資格。

〔註 27〕（宋）司馬光，《資治通鑑》，卷 279，後唐紀 8，潞王下，清泰二年六月條，頁 9131。

〔註 28〕（宋）司馬光，《資治通鑑》，卷 279，後唐紀 8，潞王下，清泰二年七月乙巳條，頁 9132。

〔註 29〕（宋）司馬光，《資治通鑑》，卷 280，後晉紀 1，高祖上，天福元年正月癸丑條，頁 9138～9139。

〔註 30〕（宋）司馬光，《資治通鑑》，卷 280，後晉紀 1，高祖上，天福元年五月庚寅條，頁 9141～9142。

〔註 31〕（宋）司馬光，《資治通鑑》，卷 280，後晉紀 1，高祖上，天福元年五月甲午條，頁 9142。

〔註 32〕（宋）司馬光，《資治通鑑》，卷 280，後晉紀 1，高祖上，天福元年五月甲午條，頁 9142～9143。另見（宋）薛居正，《舊五代史》，卷 75，晉書 1，高祖紀第 1，頁 983～984。

〔註 33〕李從珂很震怒，即於六、七月間捕殺石敬瑭在洛陽的家人。〔註 34〕並且加緊佈署，準備討伐石敬瑭，以太原四面兵馬都部署張敬達「統兵三萬，營於晉安鄉」。〔註 35〕

至於石敬瑭聞知家人已遭殺害，也不再有所顧忌，準備以戰爭相向，在七月「遣間使求救於契丹，令桑維翰草表稱臣於契丹主（遼太宗），且請以父禮事之，約事捷之日，割盧龍一道及鴈門關以北諸州與之」。〔註 36〕八月，「張敬達築長圍以攻晉陽。……（石）敬瑭親乘城，坐臥矢石下，……城中日窘，糧儲浸乏」，〔註 37〕幸好至「九月，契丹主（遼太宗），將五萬騎，號三十萬，自揚武谷而南，旌旗不絕五十餘里。……辛丑（十五日），契丹主至晉陽，陳於汾北之虎北口。……使者未至，契丹已與唐騎將高行周、符彥卿合戰，敬瑭乃遣劉知遠出兵助之。……唐兵大敗，……敬達等收餘眾保晉安，契丹亦引兵歸虎北口。……是夕，敬瑭出北門，見契丹主。契丹主執敬瑭手，恨相見之晚」。〔註 38〕遼軍來援，正值石敬瑭困守晉陽危急之際，因此石敬瑭非常感激，也很贊嘆遼太宗的用兵之道。〔註 39〕

石敬瑭獲得遼軍的援助之後，即轉守為攻，「引兵會契丹圍晉安寨」。〔註 40〕此種情勢的轉變，使石敬瑭更加感激遼太宗，事遼的態度也益加恭謹，深得遼太宗的歡心，因此先於十月九日，封石敬瑭「為晉王，幸其府。敬瑭與妻李氏率其親屬，捧觴上壽」。〔註 41〕又於十一月十二日，召石敬瑭至行在所，

〔註 33〕（宋）司馬光，《資治通鑑》，卷 280，後晉紀 1，高祖上，天福元年五月戊戌條，頁 9143。另見（宋）薛居正，《舊五代史》，卷 48，唐書 24，末帝紀下，頁 661。

〔註 34〕（宋）司馬光，《資治通鑑》，卷 280，後晉紀 1，高祖上，天福元年六月丙子條、七月戊子條，頁 91425～9146。

〔註 35〕（宋）薛居正，《舊五代史》，卷 70，唐書 46，列傳第 22，張敬達，頁 933。

〔註 36〕（宋）司馬光，《資治通鑑》，卷 280，後晉紀 1，高祖上，天福元年七月丙辰條，頁 9146。

〔註 37〕（宋）司馬光，《資治通鑑》，卷 280，後晉紀 1，高祖上，天福元年八月癸亥條、戊寅條，頁 9147～9148。

〔註 38〕（宋）司馬光，《資治通鑑》，卷 280，後晉紀 1，高祖上，天福元年九月辛丑條，頁 9148～9149。

〔註 39〕（宋）司馬光，《資治通鑑》，卷 280，後晉紀 1，高祖上，天福元年九月辛丑條，頁 9149。

〔註 40〕（宋）司馬光，《資治通鑑》，卷 280，後晉紀 1，高祖上，天福元年九月壬寅條，頁 9149。

〔註 41〕（元）脫脫，《遼史》，卷 3，本紀第 3，太宗上，頁 38。

賜其坐，「謂石敬瑭曰：『吾三千里赴難，必有成功。觀汝器貌識量，真中原之主也。吾欲立汝為天子。』敬瑭辭讓者數四，將吏復勸進，乃許之。契丹主作冊書，命敬瑭為大晉皇帝，自解衣冠授之，築壇於柳林，是日即皇帝位。割幽、薊、瀛、莫、涿、檀、順、新、媯、儒、武、雲、應、寰、朔、蔚十六州以與契丹，仍許歲輸帛三十萬匹。己亥（十四日），制改長興七年為天福元年，大赦。敕命法制，皆遵明宗之舊」。〔註 42〕

至同年閏十一月，晉安寨隨著張敬達被叛將所殺及降遼而失陷，〔註 43〕遼繼遣將領「高謨翰為前鋒，與降卒偕進。丁卯（十二日），至團柏，與唐兵戰，趙德鈞、趙延壽先遁，符彥饒、張彥琦、劉延朗、劉在明繼之，士卒大潰，相騰踐死者萬計」。〔註 44〕李從珂見情勢危急，只好於同月「丁丑（二十二日），命……萇從簡與……劉在明守河陽南城，遂斷浮梁，歸洛陽。遣宦者秦繼旻、皇城使李彥紳殺昭信節度使李贊華於其第。……庚辰（二十五日），唐主（李從珂）又與四將議復向河陽，而將校皆已飛狀迎帝（石敬瑭）。帝慮唐主西奔，遣契丹千騎扼澠池」。〔註 45〕可見後唐諸將大多已不願再為李從珂而戰，甚至於準備迎接石敬瑭的到來。李從珂見情勢無可挽回，遂於二十六日「與曹太后、劉皇后、雍王重美及宋審虔等攜傳國寶登玄武樓自焚」。〔註 46〕

論述至此，我們可知當時石敬瑭入據河東，所轄之地其實只限於太原附近，其勢力遠較後唐為小，晉南、晉北都在後唐手中，而後唐將領張敬達又駐守於雁門。〔註 47〕因此石敬瑭與李從珂不和，演變至衝突，以戰爭相向時，即被張敬達以優勢兵力包圍，石敬瑭只好固守河東太原，並且允以歲幣、割地、稱臣、稱子向遼求援，聯合遼軍轉守為攻，圍困張敬達於晉安寨，又獲得遼太宗冊封，稱帝，建立晉朝，不久，取得晉安寨，直趨洛陽，滅亡後唐。此一建國的過程，再度顯現了五代時期河東地區勢力與政權轉移史實的關聯性。

〔註 42〕（宋）司馬光，《資治通鑑》，卷 280，後晉紀 1，高祖上，天福元年十一月丁酉條、己亥條條，頁 9154～9155。

〔註 43〕（宋）薛居正，《舊五代史》，卷 70，唐書 46，列傳第 22，張敬達，頁 934。

〔註 44〕（宋）司馬光，《資治通鑑》，卷 280，後晉紀 1，高祖上，天福元年閏十一月丙寅條、丁卯條，頁 9159。

〔註 45〕（宋）司馬光，《資治通鑑》，卷 280，後晉紀 1，高祖上，天福元年閏十一月己丑條、庚寅條，頁 9162～9163。

〔註 46〕（宋）司馬光，《資治通鑑》，卷 280，後晉紀 1，高祖上，天福元年閏十一月辛巳條，頁 9163。

〔註 47〕參閱三軍大學，《中國歷代戰爭史》（十），頁 213。

四、劉知遠據河東趁勢建後漢

劉知遠早年屢因戰功，獲得後晉高祖石敬瑭的器重，授以軍政高位，至後晉高祖天福六年（941）七月，被「授北京留守、河東節度使」，〔註 48〕此為劉知遠出鎮河東的開始。並且在當地努力經營，例如收撫人心方面，據《資治通鑑》卷 282，說：

> 知遠微時，為晉陽李氏贅婿，嘗牧馬，犯僧田，僧執而笞之。知遠至晉陽，首召其僧，命之坐，慰諭贈遺，眾心大悅。〔註 49〕

關於此事，胡三省注，說：「不念舊怨，故眾心大悅。為劉知遠自河東大業張本」。〔註 50〕而在農業方面，據《舊五代史》卷 99，說：「（天福）七年（942）正月……時天下大蝗，惟不入河東界。」〔註 51〕這些情形均顯現了劉知遠出鎮河東後，頗有仿效李克用、石敬瑭等人在河東建立起自己勢力的企圖。

至於劉知遠與後晉出帝石重貴不和，起自於「石敬瑭疾亟，有旨召河東節度使劉知遠入輔政，齊王（石重貴）寢之，知遠由是怨齊王」。〔註 52〕此種狀況對於後晉國運的演變有很大的影響。因此胡三省注，說：「為劉知遠不入援張本」。〔註 53〕另外，《新五代史》卷 10，也提到：

> （後晉出帝）與契丹絕盟，用兵北方，常疑知遠勳位已高，幸晉多故而有異志，每優尊之。拜中書令，封太原王、幽州道行營招討使，又拜北面行營都統。開運二年（945）四月，封北平王，三年（946）五月，加守太尉，然王未嘗出兵。〔註 54〕

可見後晉出帝雖然對劉知遠頗為猜疑，心結很重，但是仍然屢授以高位，而劉知遠並不領情，不願出兵入援。尤其當後晉出帝與遼太宗交惡後，遼軍大

〔註 48〕（宋）薛居正，《舊五代史》，卷 99，漢書 1，高祖紀上，頁 1323。

〔註 49〕（宋）司馬光，《資治通鑑》，卷 282，後晉紀 3，高祖中，天福元年七月己巳條，頁 9225～9226。

〔註 50〕（宋）司馬光，《資治通鑑》，卷 282，後晉紀 3，高祖中，天福元年七月己巳條，頁 9226。

〔註 51〕（宋）薛居正，《舊五代史》，卷 99，漢書 1，高祖紀上，頁 1323。

〔註 52〕（宋）司馬光，《資治通鑑》，卷 283，後晉紀 4，高祖下，天福元年六月乙丑條，頁 9238。

〔註 53〕（宋）司馬光，《資治通鑑》，卷 283，後晉紀 4，高祖下，天福元年六月乙丑條，頁 9238。

〔註 54〕（宋）歐陽修，《新五代史》（臺北：鼎文書局，1976 年 11 月）卷 10，漢本紀第 101，高祖，頁 100。

舉攻打後晉，劉知遠仍停駐河東，不願引兵來援。據《資治通鑑》卷 283，說：

> 河東節度使劉知遠知（景）延廣必致寇，而畏其方用事，不敢言，但益募兵，奏置興捷、武節等十餘軍，以備契丹。〔註 55〕

顯然劉知遠不僅不出兵，反而更擁兵自重。

當時後晉出帝被迫於遼的入犯，無法處置劉知遠，反而仍然加以重用，於八月「以河東節度使劉知遠為北面行營都統，順國節度使杜威為都招討使，督十三節度以備契丹」，〔註 56〕但是劉知遠不願受命的心意已很堅決，據《資治通鑑》卷 284，說：

> 契丹之入寇也，帝（石重貴）再命劉知遠會兵山東，皆後期不至，帝疑之，謂所親曰：「太原殊不助朕，必有異圖。果有分，何不速為之？」至是雖為都統，而實無臨制之權，密謀大計，皆不得預，知遠亦自知見疏，但慎事自守而已。郭威見知遠有憂色，謂知遠曰：「河東山川險固，風俗尚武，士多戰馬，靜則勤稼穡，動則習軍旅，此霸王之資，何憂乎？」〔註 57〕

可見至此時後晉出帝與劉知遠的君臣關係已經決裂，因此雖然後晉出帝無力派兵討伐劉知遠，但是自此也不再召其參預政事。至於劉知遠則按兵不動，並未有叛變的行動出現，同時儘量以充實兵力為務，以靜觀變，不與後晉挑起衝突，也不和遼為敵，甚至於趁此機會併吞吐谷渾的勢力，以壯大自己。〔註 58〕至開運三年（946）十二月，後晉與遼的戰爭，終因將領杜威偕張彥澤在陣前降遼，使後晉迅速處於危亡的邊緣，出帝「召李崧、馮玉、李彥韜入禁中計事，欲招劉知遠發兵入援」。〔註 59〕但是此刻的劉知遠當然更不可能受命入援抗遼，何況太原距離開封有千里以上的路程，因此未久後晉出帝即向遼太宗投降而亡國。

〔註 55〕（宋）司馬光，《資治通鑑》，卷 283，後晉紀 4，齊王上，天福八年九月戊子條，頁 9254。

〔註 56〕（宋）司馬光，《資治通鑑》，卷 284，後晉紀 5，齊王中，開運元年八月辛丑條，頁 9274。

〔註 57〕（宋）司馬光，《資治通鑑》，卷 284，後晉紀 5，齊王中，開運元年八月辛丑條，頁 9275。

〔註 58〕（宋）司馬光，《資治通鑑》，卷 285，後晉紀 6，齊王下，開運三年八月丁卯條，頁 9306～9307。

〔註 59〕（宋）司馬光，《資治通鑑》，卷 285，後晉紀 6，齊王下，開運三年十二月壬申條，頁 9320。

天福十二年（947）正月，遼太宗入開封，建立大遼帝國，年號大同，並且有意久據中原。〔註60〕而劉知遠則仍持觀望的態度，據《資治通鑑》卷286，說：

初晉主（後晉出帝）與河東節度使、中書令、北平王劉知遠相猜忌，雖以為北面行營都統，徒尊以虛名，而諸軍進止，實不得預聞。知遠因之廣募士卒，陽城之戰諸軍散卒歸之者數千人，又得吐谷渾財畜，由是河東富強冠諸鎮，步騎至五萬人。晉主與契丹結怨，知遠知其必危，而未嘗論諫。契丹屢深入，知遠初無邀遮、入援之志，及聞契丹入汴，知遠分兵守四境以防侵軼。〔註61〕

同時派人往謁遼太宗，以示結好，據《資治通鑑》卷286，說：

（劉知遠）遣客將安陽王峻奉三表詣契丹主（遼太宗），一、賀入汴；二、以太原夷、夏雜居，戍兵所聚，未敢離鎮；三、以應有貢物，值契丹將劉九一軍自土門西入屯於南川，城中憂懼，俟召還此軍，道路始通，可以入貢。契丹主賜詔褒美，及進畫，親加『兒』字於知遠姓名之上，仍賜以木拐。胡法，優禮大臣則賜之，如漢賜几杖之比，惟偉王以叔父之尊得之。〔註62〕

遼太宗見劉知遠遣使來賀，頗為欣喜，並且仍想採行對待石敬瑭的往例，也以劉知遠為兒、為臣，因此要其親自來見。不久劉知遠又派遣北都副留守太原白文珂入獻奇繒、名馬，遼太宗「知知遠觀望不至，及文珂還，使謂知遠曰：『汝不事南朝，又不事北朝，意欲何所俟邪？』」〔註63〕可見此時劉知遠仍持觀望以行進退的態度，至於向遼示好，也只是策略上的運用而已。

〔註60〕（元）脫脫，《遼史》，卷4，本紀第4，太宗下，頁59。另參閱蔣武雄，〈遼太宗入主中國失敗的探討〉，《空大人文學報》5（臺北：1996年5月），頁75～88；另收錄於蔣武雄，《遼與五代政權轉移關係始末》，第3章，頁109～132。

〔註61〕（宋）司馬光，《資治通鑑》，卷286，後漢紀1，高祖上，天福十二年正月條，頁9335。

〔註62〕（宋）司馬光，《資治通鑑》，卷286，後漢紀1，高祖上，天福十二年正月條，頁9335～9336。

〔註63〕（宋）司馬光，《資治通鑑》，卷286，後漢紀1，高祖上，天福十二年正月條，頁9336。

至天福十二年（947）二月，有「將佐勸知遠稱尊號，以號令四方，觀諸侯去就，知遠不許」。〔註64〕因為此時遼太宗佔有開封，正在處理滅亡後晉的善後工作，情勢仍不明朗，劉知遠認為時機尚未成熟而不答應。但是不久隨著開封和太原兩地情勢的變化，遂使劉知遠得以先進行稱帝，據《資治通鑑》卷286，說：

> 聞晉主（後晉出帝）北遷，（劉知遠）聲言欲出兵井陘，迎歸晉陽。（天福十二年二月）丁卯（二十一日），命武節指揮使滎澤史弘肇集諸軍於毬場，告以出軍之期。軍士皆曰：「今契丹陷京城，執天子，天下無主。主天下者，非我王而誰？宜先正位號，然後出師。」爭呼萬歲不已。知遠曰：「虜勢尚強，吾軍威未振，當且建功業，士卒何如！」命左右遏止之。己巳（二十三日），行軍司馬潞城張彥威等三上牋勸進，知遠疑未決。郭威與都押牙冠氏楊邠入說知遠曰：「今遠近之心，不謀而同，此天意也，王不乘此際取之，謙讓不居，恐人心且移，移則反受其咎矣！」知遠從之。……辛未（二十五日），劉知遠即皇帝位，自言未忍改晉，又惡開運之名，乃更稱天福十二年。……甲戌（二十八日），帝（劉知遠）自將東迎晉主及太后，至壽陽，聞已過恆州數日，乃留兵戍承天軍而還。〔註65〕

當遼太宗得知劉知遠在太原稱帝時，甚為緊張，因此為了能繼續控制中原的局勢，馬上進行人事的調動，「詔以耿崇美為昭義軍節度使、高唐英為昭德軍節度使、崔廷勳為河陽軍節度使，分據要地」。〔註66〕但是劉知遠的勢力在稱帝之後，正穩定而又迅速的擴展，並且得到中原軍民的支持，據《資治通鑑》卷286，說：

> （天福十二年二月）戊寅（二十二日），帝（劉知遠）還至晉陽，議率民財以賞將士，夫人李氏諫曰：「陛下因河東創大業，未有以惠澤其民，而先奪其生生之資，殆非新天子所以救民之意也，今宮中所

〔註64〕（宋）司馬光，《資治通鑑》，卷286，後漢紀1，高祖上，天福十二年二月丙寅條，頁9340。

〔註65〕（宋）司馬光，《資治通鑑》，卷286，後漢紀1，高祖上，天福十二年二月丙寅、丁卯、己巳、辛未、甲戌條，頁9340～9341。

〔註66〕（元）脫脫，《遼史》，卷4，本紀第4，太宗下，頁59。

有，請悉出之以勞軍，雖復不厚，人無怨言。」帝曰：「善。」即罷率民，領內府蓄積以賜將士，中外聞之，大悅。〔註 67〕

至於遼太宗本是有意長期統治中國，然而在開封三個月期間，因為「三失」〔註 68〕引發漢人叛亂四起，使他深覺漢地難制，並且以氣候漸熱、北返省親、打獵為理由，於四月率眾北歸，不料病死於途中。〔註 69〕這種情勢的變化，均非遼太宗本人及劉知遠所能預料，造成後來劉知遠在中原無主，以及遼軍主要兵力北遷的情況下，得以率兵入開封建國。起先劉知遠「聞契丹北歸，欲經略河南，故以（史）弘肇為前驅，又遣閻萬進出北方，以分契丹兵勢」〔註 70〕至五月，因遼太宗已逝，而原先奉遼太宗命令留守於開封的蕭翰，不僅兵力單薄，又怯於漢人的叛亂，因此使劉知遠益覺進兵開封建國有很大的把握。並且先進行佈署，於「（四月）甲申（二十九日），以太原尹（劉）崇為北京留守，以趙州刺史李存孝為副留守，河東幕僚真定李驤為少尹，牙將太原蔚進為馬步指揮使以佐之」。〔註 71〕至「（五月）丙申（十二日）帝（劉知遠）發太原，……六月，……乙卯（二日），帝至新安，西京留司官悉來迎。……丙辰（三日），帝至洛陽，入居宮中，汴州百官奉表來迎」。〔註 72〕至於原先留守開封的遼將蕭翰，見中國已亂，恐怕自己將無法北返，乃立許王李從益為帝，然後北歸。因此劉知遠「命鄭州防禦使郭從義先入大梁清宮，密令殺李從益及王淑妃。……戊午（五日），帝（劉知遠）發洛陽，……辛酉（八日），汴州百官竇貞固等迎於滎陽。甲子（十一日），帝至大梁，晉之藩鎮相繼來

〔註 67〕（宋）司馬光，《資治通鑑》，卷 286，後漢紀 1，高祖上，天福十二年二月戊寅條，頁 9343。

〔註 68〕按，遼太宗滅後晉，曾入主中國，但未久即自開封率眾北歸，途中「聞河陽亂起，歎曰：『我有三失，宜天下之叛我也，諸道括錢，一失也；令上國人打草穀，二失也；不早遣諸節度使還鎮，三失也。』」（（宋）司馬光，《資治通鑑》，卷 286，後漢紀 1，高祖上，天福十二年四月辛未條，頁 9354。）

〔註 69〕（元）脫脫，《遼史》，卷 4，本紀第 4，太宗下，頁 60。另參閱蔣武雄，〈遼太宗入主中國失敗的探討〉，《空大人文學報》5，頁 75～88，並收錄於蔣武雄，《遼與五代政權轉移關係始末》，第 3 章，頁 109～132。

〔註 70〕（宋）司馬光，《資治通鑑》，卷 286，後漢紀 1，高祖上，天福十二年四月丁卯條，頁 9353。

〔註 71〕（宋）司馬光，《資治通鑑》，卷 287，後漢紀 2，高祖中，天福十二年五月甲申條，頁 9360。

〔註 72〕（宋）司馬光，《資治通鑑》，卷 287，後漢紀 2，高祖中，天福十二年五月丙申條、六月乙卯條、丙辰條，頁 9361、9365、9366。

降。……戊辰（十五日），帝下詔大赦，凡契丹所除節度使，下至將吏，各安職任，不復變更。復以汴州為東京，改國號曰漢，仍稱天福年，曰：『余未忍忘晉也。』復青、襄、汝三節度。壬申（十九日），以北京留守（劉）崇為河東節度使、同平章事」。〔註 73〕

論述至此，我們可知劉知遠自從與後晉出帝石重貴不和後，即長期留駐河東，即使後晉朝廷不斷令其出兵救援，以對抗遼軍來犯，劉知遠仍然不願出兵，反而加強兵力，鞏固自己在河東的勢力，並且吸收吐谷渾部眾。及至遼太宗滅亡後晉，入主中國未成，北返道死之後，劉知遠遂趁勢從河東，經洛陽入開封，完成帝業。此一過程，顯然又是五代時期以節度使身份據有河東進而建國成功的一個例子。

五、北漢據河東對抗後周與北宋

北漢是後漢高祖劉知遠弟劉崇所建，其版圖範圍主要在河東大部分地區，當劉知遠至開封建立後漢時，「以北京留守（劉）崇為河東節度使、同平章事」。〔註 74〕此為劉崇入據河東的開始。但是他與後來篡後漢建立後周，時任樞密副使的郭威互相爭權，相處不睦，曾「謂判官鄭珙曰：『主上幼弱，政在權臣，而吾與郭公不協，時事如何？』珙曰：『漢政將亂矣，晉陽兵雄天下，而地形險固，十州征賦足以自給。公為宗室，不以此時為計，後必為人所制。』旻（劉崇本名）曰：『子言，吾意也。』乃罷上供征賦，收豪傑，籍丁民以益兵」。〔註 75〕可見劉崇早先在與郭威不和的情況下，已有意在河東另建勢力。

至乾祐三年（950）十一月，後漢隱帝被亂兵所殺，郭威曾立劉崇的兒子劉贇為帝，但是不久郭威自即帝位，國號周，改元廣順，是為後周太祖，並且派人殺死劉贇，使在河東的劉崇立誓復國、復仇，於太原即帝位，沿用乾祐年號，國號仍稱漢，史稱北漢，是為北漢世祖。〔註 76〕其所領土地僅有并、汾、忻、代、嵐、憲、隆、蔚、沁、遼、麟、石等十二州，地盤狹小，又處於

〔註 73〕（宋）司馬光，《資治通鑑》，卷 287，後漢紀 2，高祖中，天福十二年六月丙辰、戊午、辛酉、甲子、戊辰、壬申條，頁 9366～9367。

〔註 74〕（宋）司馬光，《資治通鑑》，卷 287，後漢紀 2，高祖中，天福十二年六月壬申條，頁 9367。

〔註 75〕（宋）歐陽修，《新五代史》，卷 70，東漢世家第 10，劉旻，頁 863。

〔註 76〕（宋）司馬光，《資治通鑑》，卷 290，後周紀 1，太祖上，廣順元年正月戊寅條，頁 9453。

荒僻地區，但是劉崇復仇心意堅決，頗節儉自勵。〔註 77〕當時北漢為了能和後周相對抗，特別仿效後晉石敬瑭的作法，一意奉承遼，接受遼的冊封，以換取遼的軍援。據《契丹國志》卷 4，說：

（遼世宗天祿五年，951）二月，遼帝聞北漢主立，使招討使潘聿撚遺其子劉承鈞書，漢主使承鈞復書言：「本朝淪亡，欲循晉室故事求援。」帝大喜。至是，北漢主遣使如遼乞兵。〔註 78〕

因此北漢建國後不久，即於廣順元年二月二十五日，「遣通事舍人李𧦬使于契丹，乞兵為援」。〔註 79〕同年四月，又派使臣鄭珙「以厚賂謝契丹，自稱『姪皇帝致書于叔天授皇帝』，請行冊禮」。〔註 80〕六月，遼世宗「遣燕王述軋等冊命北漢主為大漢神武皇帝，妃為皇后」。〔註 81〕至七月，劉崇復「遣翰林學士博興衛融等詣契丹謝冊禮，且請兵」。〔註 82〕至此時兩國的主從關係終於建立起來，北漢也因而獲得遼的軍援，能據河東地區和後周進行長期的對抗。

在後周太祖郭威時期，北漢聯結遼與後周作戰，其規模並不大。直至後周顯德元年（954）一月，郭威死，養子柴榮即帝位，不改元，是為後周世宗，雙方的戰爭才開始趨於劇烈。尤其是同年三月所發生的高平之役，因劉崇輕敵以及和遼將楊袞在陣前產生嫌隙，使北漢在未得遼軍協助的情況下遭受慘敗，〔註 83〕甚至於劉崇本人也落荒而逃，「自高平被褐戴笠，乘契丹所贈黃騮，帥百餘騎由雕窠嶺遁歸。宵，俘村民為導，誤之晉州，行百餘里，乃覺之，殺導者，晝夜北走，所至，得食未舉筯，或傳周兵至，輒蒼黃而去。北漢主衰老

〔註 77〕（宋）司馬光，《資治通鑑》，卷 290，後周紀 1，太祖上，廣順元年正月己卯、庚辰條，頁 9454～9455。

〔註 78〕（宋）葉隆禮，《契丹國志》，收錄於《遼史彙編》（七），（臺北：鼎文書局，1973 年 10 月）卷 4，世宗紀，頁 42。另見（清）吳任臣，《十國春秋》，收錄於《遼史彙編》（七），（臺北：鼎文書局，19736 年 11 月），卷 104，北漢 1，世祖本紀，頁 2。

〔註 79〕（宋）司馬光，《資治通鑑》，卷 290，後周紀 1，太祖上，廣順元年二月丁巳條，頁 9457。

〔註 80〕（宋）司馬光，《資治通鑑》，卷 290，後周紀 1，太祖上，廣順元年四月丁未條，頁 9460。

〔註 81〕（宋）司馬光，《資治通鑑》，卷 290，後周紀 1，太祖上，廣順元年六月丁巳條，頁 9462。

〔註 82〕（宋）司馬光，《資治通鑑》，卷 290，後周紀 1，太祖上，廣順元年七月條，頁 9462。

〔註 83〕（宋）司馬光，《資治通鑑》，卷 291，後周紀 2，太祖中，顯德元年三月癸巳條，頁 9504～9506。

力憊，伏於馬上，晝夜馳驟，殆不能支，僅得入晉陽」。〔註84〕接著劉崇又得知後周世宗趁勝前進，在二十三日已到達潞州，準備進攻太原，使其更加恐慌，趕緊「收散卒，繕甲兵，完城塹以備周」。〔註85〕並且為了北漢的生存，乃再度向遼求援。而遼將楊袞既然不願援助劉崇，將遼軍北屯於代州，劉崇也就只好「遣王得中送袞，因求救於契丹，契丹主遣得中還報，許發兵救晉陽」。〔註86〕

後周世宗在高平之役獲勝後，想趁勝滅亡北漢，因此在同年四月底，率軍「發潞州，趣晉陽」，〔註87〕五月初，「至晉陽城下，旗幟環城四十里」。〔註88〕此時北漢危在旦夕，幸好遼軍來援，在晉陽城外打敗後周軍隊，使後周世宗只好於六月初下令撤軍，並且暫時擱置攻取北漢的企圖，轉向南征後蜀、南唐。而北漢也利用雙方休兵期間，休養生息，再加上新即位的北漢孝和帝劉承鈞「勤於為政，愛民禮士，境內粗安」。〔註89〕後來後周世宗又轉而進行伐遼的軍事行動，因此至顯德六年（959）六月，後周世宗死為止，後周與北漢之間，並未再發生大規模的戰爭。

宋太祖趙匡胤建國後，無意立即對北漢進行征伐，據《續資治通鑑長編》卷1，說：

> 建隆元年（960）八月丙子（九日），忠武節度使兼侍中陽曲張永德徙武勝節度使。……時，上（宋太祖）將有事於北漢，因密訪策略，永德曰：「太原兵少而悍，加以契丹為援，未可倉卒取也。臣愚以為每歲多設遊兵，擾其田事，仍發間使諜契丹，先絕其援，然後可圖。」上曰：「善。」〔註90〕

〔註84〕（宋）司馬光，《資治通鑑》，卷291，後周紀2，太祖中，顯德元年三月丁酉條，頁9507。

〔註85〕（宋）司馬光，《資治通鑑》，卷291，後周紀2，太祖中，顯德元年三月庚子條，頁9508。

〔註86〕（宋）司馬光，《資治通鑑》，卷291，後周紀2，太祖中，顯德元年三月庚子條，頁9508。

〔註87〕（宋）司馬光，《資治通鑑》，卷291，後周紀2，太祖中，顯德元年四月庚午條，頁9513。

〔註88〕（宋）司馬光，《資治通鑑》，卷292，後周紀3，太祖下，顯德元年五月丙子條，頁9514。

〔註89〕（宋）司馬光，《資治通鑑》，卷292，後周紀3，太祖下，顯德元年十一月戊戌條，頁9520。

〔註90〕（宋）李燾，《續資治通鑑長編》（上海：上海古籍出版社，1986年2月）卷1，宋太祖建隆元年八月丙子條，頁18。

因此其間約有六、七年，宋太祖都未與北漢有大規模的戰爭發生。又據《續資治通鑑長編》卷 9，說：

> 開寶元年（968）七月丙午（二十五日），上自即位，數出微行，或過功臣之家，……（趙）普從容問曰：「夜久寒甚，陛下何以出？」上曰：「吾睡不能著，一榻之外皆他人家也。故來見卿。」普曰：「陛下小天下耶，南征北伐，今其時也。願聞成算所向。」上曰：「吾欲收太原。」普嘿然，良久曰：「非臣所知也。」上問其故，普曰：「太當西北二邊，使一舉而下，則邊患我獨當之，何不姑留，以俟削平諸國，彼彈丸黑子之地，將何所逃？」上笑曰：「吾意正爾，姑試卿耳。」於是用師荊湖，繼取西川。〔註 91〕

可見暫時存留北漢的用意，以及何時攻打北漢，宋太祖已自有定計，甚至於將存留北漢的心意轉告北漢主，「嘗因北漢界上諜者謂北漢主曰：『君家與周世仇，宜不屈，今我與爾無所間，何為困此一方之人也。若有志中國，宜下太行以決勝負。』北漢主遣諜者復命曰：『河東土地兵甲，不足當中國之十一，區區守此，蓋懼漢氏之不血食也。』上哀其言，笑謂諜者曰：『為我語劉承鈞，開爾一路以為生。』故終孝和之世，不以大軍北伐」，〔註 92〕因此宋太祖先進行了南征各國的軍事行動。但是在該年七月，北漢主劉承鈞死，養子劉繼恩繼位，政情不穩，人心不安。而宋在此時已平定後蜀，因此宋太祖把握時機，將大軍轉向北伐，先後對北漢進行三次大規模的攻擊。

起自開寶元年（968）八月十五日，宋太祖展開征伐北漢的軍事佈署，準備從潞、晉二州分兩路進圍太原。〔註 93〕至九月十一日，北漢主劉繼恩被其供奉官侯霸榮所殺，劉繼元繼位。而此時宋軍已入北漢境內，情勢更加緊張。不久宋軍將太原包圍，並致勸降書予北漢主，但是因遼軍來援北漢，迫使宋

〔註 91〕（宋）李燾，《續資治通鑑長編》，卷 9，宋太祖開寶元年七月丙午條，頁 6。另見（宋）邵伯溫，《邵氏聞見前錄》，收錄於《中國野史集成》第 9 冊（成都：巴蜀書社，1993 年 11 月）卷第 1，頁 5；（元）脫脫，《宋史》（臺北：鼎文書局，1978 年 9 月）卷 1，本紀第 1，太祖 1 頁 3～4。

〔註 92〕（宋）李燾，《續資治通鑑長編》，卷 9，宋太祖開寶元年七月丙午條，頁 6。另見（宋）彭百川，《太平治蹟統類》（臺北：成文出版社，1966 年 4 月），卷 2，太祖太宗親征北漢條，頁 28。

〔註 93〕（宋）李燾，《續資治通鑑長編》，卷 9，宋太祖開寶元年八月丙寅、戊辰條，頁 8。

軍退兵，甚至於北漢兵趁機入犯宋的晉、絳兩州。〔註 94〕

然而宋太祖並未因第一次征伐北漢失利，放棄攻取北漢的企圖，仍然於開寶二年（969）一月，又展開更積極征伐北漢的準備工作，並且下詔親征。〔註 95〕另外，宋太祖鑑於上次圍攻太原失敗，是因遼軍入援北漢，因此這次特別加以防範，擬將其阻於途中。而在此年三月二十二日，遼穆宗「如懷州，獵獲熊，歡飲方醉，馳還行宮。是夜，近侍小哥、盥人花哥、庖人辛古等六人反，帝遇弒，年三十九」。〔註 96〕此時宋軍正在進兵，而遼卻發生皇帝被殺事件，正好給宋太祖一個很好的機會。因此前進至太原後，於東、西、南、北角建四寨準備進攻。並且兩次打敗來援北漢的遼軍，使宋太祖更增加攻取太原的信心。反觀北漢則遭受很大的震撼與威脅，其宰相郭無為即曾經說：「奈何以孤城抗百萬之師乎？」〔註 97〕幸好此時遼又增派北院大王耶律屋質率兵援救北漢，使北漢太原守軍士氣大振，堅定守城的決心。宋軍久攻不下，又因「大軍頓甘草地中，會暑雨多被腹病」，〔註 98〕使宋太祖感到非一時能攻滅北漢，乃於閏五月七日，「始議班師也，……壬戌（十六日），車駕發太原」，〔註 99〕這是宋太祖第二次征伐北漢失利的情形。

至開寶八年（975）十月，宋太祖平定南唐之後，又興起滅亡北漢的企圖，因此於九年（976）八月，下令征伐北漢，進行軍事佈署，九月宋軍兵臨北漢太原城下，頗有斬獲，使北漢再度面臨危機，趕緊派遣使節向遼求援。遼景宗乃於九月十九日，「命南府宰相耶律沙、冀王敵烈赴之。……戊子（二十五日），漢以宋師壓境，遣駙馬都尉盧俊來告」。〔註 100〕此為宋太祖第三次征伐北漢的情形，可是史書對於此次的征伐，記載的並不多，因為宋太祖逝於當年十月二十日，晉王趙光義即位後，改元太平興國，是為宋太宗，並且於十二月，「詔罷河東之師。癸卯（十一日），宣徽南院使潘美、侍衛馬軍

〔註 94〕（宋）李燾，《續資治通鑑長編》，卷 9，宋太祖開寶元年十月、十一月條，頁 11、12。

〔註 95〕（宋）李燾，《續資治通鑑長編》，卷 10，宋太祖開寶二年正月壬寅、丙午條、二月乙卯、戊午條，頁 1、2。

〔註 96〕（元）脫脫，《遼史》，卷 7，本紀第 7，穆宗下，頁 87。

〔註 97〕（宋）李燾，《續資治通鑑長編》，卷 10，宋太祖開寶二年二月丙午條，頁 3。

〔註 98〕（宋）李燾，《續資治通鑑長編》，卷 10，宋太祖開寶二年閏五月己酉條，頁 8。

〔註 99〕（宋）李燾，《續資治通鑑長編》，卷 10，宋太祖開寶二年閏五月壬戌條，頁 10。

〔註 100〕（元）脫脫，《遼史》，卷 8，本紀第 8，景宗上，頁 93。

都指揮使黨進，皆自行營歸闕」。〔註 101〕因此宋太祖三度征伐北漢，遂隨著其去世而終告失敗。

在太平興國四年（979），宋太宗下令征伐北漢之前，宋朝已經平定南方各國，版圖比宋太祖時期擴大一倍，而且隨著中央集權的加強，政治的穩定，國力充實不少，軍隊士氣也很旺盛。反觀北漢則是財政困竭，經濟蕭條，國力不裕，士氣普遍低落，至於遼國內亂頻繁，政治不安，也無力伐宋。〔註 102〕因此宋太宗時期可傾力征伐北漢，從太平興國二年（977）即進行準備的工作，此舉引起了北漢的注意和緊張。劉繼元特別於三年（978）一月，「遣其子，續質於契丹，納重幣以求援」。〔註 103〕宋太宗對於此次征伐北漢很有信心，態度也很堅定，據《續資治通鑑長編》卷 20，提到四年（979）一月，宋太宗和大臣們討論征伐北漢的看法時，說：

> 上（宋太宗）初即位，謂齊王廷美曰：「太原我必取之。」乃議致討，召樞密使曹彬問曰：「周世宗及我太祖皆親征太原，以當時兵力而不能克，何也？豈城壁堅完不可近乎？」彬對曰：「世宗時，史超敗於石嶺關，人情震恐，故師還。太祖頓兵甘草地中，軍人多被腹疾，因是中止，非城壘不可近也。」上曰：「我今舉兵，卿以為何如？」彬曰：「國家兵甲精銳，人心忻戴，若行弔伐，如摧枯拉朽耳，何有不可哉？」上意遂決。宰相薛居正等曰：「昔世宗起兵太原，倚北戎之援，堅壁不戰，以致師老而歸。及太祖破敵於鴈門關，盡驅其人民，分布河洛之間，雖巢穴尚存，而危困已甚，得之不足以闢土，舍之不足以為患，願陛下熟慮之。」上曰：「今者，事同而勢異，彼弱而我彊，昔先帝破此敵，徙其人而空其地，正為今日事也。朕計決矣，卿等勿復言。」乃遣常參官分督諸州軍儲赴太原。〔註 104〕

〔註 101〕（宋）李燾，《續資治通鑑長編》，卷 17，宋太祖開寶九年十二月癸卯條，頁 21。

〔註 102〕參閱李裕民，〈宋太宗平北漢始末〉，《山西大學學報》1982 年第 2 期，頁 86。

〔註 103〕（宋）李燾，《續資治通鑑長編》，卷 19，宋太宗太平興國三年正月條，頁 1。

〔註 104〕（宋）李燾，《續資治通鑑長編》，卷 20，宋太宗太平興國四年正月丁亥條，頁 1～2。另見（宋）曾鞏，《隆平集》（臺北：文海出版社，1967 年 1 月），卷 2，行幸，頁 1。

於是宋太宗征伐北漢至此時遂成為定局。而且值得我們注意的是，宋太宗吸取了後周世宗和宋太祖征伐北漢失敗的經驗與教訓，使這次征伐的準備工作和軍事的佈署都比前兩位更加積極、完備。〔註 105〕其本人也於太平興國四年二月十五日從開封出發。

至於北漢則於二月十八日，緊急「以宋兵壓境，遣使乞援」，〔註 106〕遼景宗下「詔南府宰相耶律沙為都統、冀王敵烈為監軍赴之。又命南院大王斜軫以所部從，樞密副使抹只督之。」〔註 107〕至三月十日，又「詔左千牛衛大將軍韓信、大同軍節度使耶律善補以本路兵南援」。〔註 108〕不料至十六日，遼的援軍在太原城附近被宋軍打敗，使宋軍得以逐漸逼近太原。至四月二十二日，宋太宗也親「至太原，駐蹕於汾水之東」，〔註 109〕對太原孤城進行一連串的攻擊，至五月六日，終於迫使劉繼元率其官屬投降於宋。

論述至此，我們可知從劉崇在河東建立北漢之後，即依附遼國，受其冊封，甘願稱臣、稱子，給予歲幣，以換取遼軍的援助，再配合河東有利的軍事地理形勢，因此能數次抵擋後周世宗與宋太祖大規模的進攻，使其國運在河東地區能持續二十九年之久。但是最後因宋太宗累積前人的經驗和教訓，作積極、充分的準備，在打敗遼的援軍之後，終於將北漢滅亡。這一段史實，足可說明河東勢力在五代十國後期政權轉移的過程中，確實曾經扮演了很重要的角色。

六、結論

綜合以上的論述，我們可知五代時期來自河東地區的勢力，在當時政權轉移的史實上，曾經產生過很大的影響。關於這種情形，筆者也很認同許多學者的說法，其原因在於該地區具有優越的軍事地理形勢所造成。例如嚴耕望院士在《中國歷史地理》〈五代十國篇〉，說：「河東太原地形特殊，唐、晉、漢皆據之以成帝業，北漢據之以抗周命，為十國中惟一在北方者，亦地勢然

〔註 105〕（宋）李燾，《續資治通鑑長編》，卷 20，宋太宗太平興國四年正月庚寅、辛卯、丁酉、壬寅、癸卯、己酉條，頁 2、3。另見李裕民，〈宋太宗平北漢始末〉，《山西大學學報》1982 年第 2 期，頁 87。

〔註 106〕（元）脫脫，《遼史》，卷 9，本紀第 9，景宗上，頁 101。

〔註 107〕（元）脫脫，《遼史》，卷 9，本紀第 9，景宗上，頁 101。

〔註 108〕（元）脫脫，《遼史》，卷 9，本紀第 9，景宗上，頁 105。

〔註 109〕（宋）李燾，《續資治通鑑長編》，卷 20，宋太宗太平興國四年四月庚午條，頁 7。

也。」〔註 110〕但是後唐、後晉、後漢以及北漢的開國者，在據有河東的情況下，又是如何發展，進而稱帝建國，或如何對抗敵國，以維護其國家的生存，筆者發現這一方面的問題，較少有學者加以整合探討，因此筆者撰寫本文的主要用意，是要闡明這些歷史人物如何運用其所據有的河東，在五代時期政權轉移的歷史過程中，作了哪些事情？扮演了什麼樣的角色？而透過本文以上的論述，河東勢力在五代時期政權轉移的史實中，確實誠如寧可、閻守誠〈唐末五代的山西〉所說：「中國北方五代的歷史實際可以當作建都于開封（或洛陽）的中央政權同以太原為根據地的割據勢力，激烈鬥爭的歷史來看。這種一次又一次的激烈鬥爭，在相當長的時期內，都是以太原割據勢力的勝利而告終的。」〔註 111〕這一段話應可讓我們對以上的討論有進一步的體認。

總之，在研究五代政權轉移的問題上，我們除了可從內在因素（例如藩鎮割據）、外在因素（例如受遼國直接或間接的影響）加以探討外，地理因素與史實演變的關係應也是我們不能予以忽略的。

徵引書目

一、史料

1. 司馬光，《資治通鑑》，臺北：明倫書局，1977 年。

2. 吳任臣，《十國春秋》，臺北：鼎文書局，1976 年。

3. 李燾，《續資治通鑑長編》，上海：上海古籍出版社，1986 年。

〔註 110〕嚴耕望，〈五代十國篇〉，收錄於石璋如等著，《中國歷史地理》（二）（臺北：中華文化出版事業委員會，1954 年 9 月），頁 3。另見任崇岳，〈契丹與五代山西割據政權〉，說：「山西在五代史上占有特殊的歷史地位。這不僅因為五代中有後唐、後晉、後漢三個朝代以山西為根據地，進而化家為國，成就一代帝業，十國中的北漢更是盤據山長達二十八年之久；也不僅因為石敬瑭、劉知遠、劉崇等人都和契丹結下過不解之緣，從而引起人們探討的興趣；更重要的是山西地理位置重要，不占領山西，就無法奄有全國。」同文又說：「李存勗、石敬瑭、劉知遠、劉崇等人都從山西發跡建國，其中的奧妙就在于地理環境。由于山西離當時的政治中心河南稍遠，而北邊又扼著契丹進入中原的孔道，五代的統治者往往把最強的將領部署在那裏，從而給了這些將領以坐大之機。」（《晉陽學刊》1984 年第 5 期，頁 79、83）而馮寶志《三晉文化》，也說：「在諸多稱王爭帝的藩鎮中，僅山西地區就有三個獲得了成功，而且都是改朝換朝代的君主，比本朝皇族內的嬗替難度更大，這不能不令我想到地理形勢和地域文化的特色。」（瀋陽：教育出版社，1991 年 7 月，頁 89）

〔註 111〕寧可、閻守誠，〈唐末五代的山西〉，《晉陽學刊》1984 年第 5 期，頁 73。

4. 邵伯溫，《邵氏見聞前錄》，收錄於《中國野史集成》，成都：巴蜀書社，1983 年。
5. 脫脫，《遼史》，臺北：鼎文書局，1975 年。
6. 脫脫，《宋史》，臺北：鼎文書局，1978 年。
7. 歐陽修，《新五代史》，臺北：鼎文書局，1976 年。
8. 曾鞏，《隆平集》，臺北：文海出版社，1967 年。
9. 彭百川，《太平治蹟統類》，臺北：成文出版社，1966 年。
10. 薛居正，《舊五代史》，臺北：鼎文書局，1977 年。
11. 葉隆禮，《契丹國志》，收錄於《遼史彙編》，臺北：鼎文書局，1973 年。

二、專書

1. 三軍大學，《中國歷代戰爭史》(十)，臺北：黎明文化公司，1976 年。
2. 石璋如等，《中國歷史地理》(二)，臺北：中華文化出版事業委員會，1954 年。
3. 馮寶志，《三晉文化》，瀋陽：教育出版社，1991 年。
4. 蔣武雄，《遼與五代政權轉移關係始末》，臺北：新化圖書公司，1998 年。

三、論文

1. 任崇岳，〈契丹與山西割據政權〉，《晉陽學刊》，1984 年第 5 期。
2. 李裕民，〈宋太宗平北漢始末〉，《山西大學學報》，1982 年第 2 期。
3. 李漢陽，〈遼太祖諸弟之亂考〉，《師大史學會刊》，第 16 期，1976 年 6 月。
4. 桂齊遜，〈河東軍對晚唐政局的影響〉，《中國歷史學會史學集刊》，第 26 期，1994 年 9 月。
5. 寧可、閻守誠，〈唐末五代的山西〉，《晉陽學刊》，1984 年第 5 期。
6. 蔣武雄，〈耶律阿保機諸弟叛亂之始末〉，《空大人文學報》，第 3 期，1994 年 4 月。
7. 蔣武雄，〈遼太祖與五代前期政權轉移的關係〉，《東吳歷史學報》，第 1 期，1995 年 4 月。
8. 蔣武雄，〈遼太宗入主中國失敗的探討〉，《空大人文學報》，第 5 期，1996 年 5 月。

9. 嚴耕望，〈五代十國篇〉，收錄於《中國歷史地理》(二)，臺北：中華文化出版事業委員會，1954 年 9 月。

(發表於中國文化大學史學研究所主辦「中國史地關係學術研討會」，民國 89 年 11 月)